オバちゃんオジさんがキレやすいのは昭和のIC(愛しい)チップのせいだから

山本シュウ（レモンさん）

小学館

まえがき

この本に込めた**念い（おもい）**は、

笑顔の人、笑顔の家族、笑顔のチーム、
笑顔の会社、笑顔の地域、笑顔の数を一つでも多く、
「1秒でもハッピーに！」いてほしい！
そんな『ミニマム世界平和』を目指しています！

レモンさんと同じ**昭和世代**の方々には、

「昭和最高！」「次世代と共に進化しましょう！」「脱皮しましょう！」

とお伝えしたい！

また、**次の世代**の方々には、

「なぜ、オバちゃん、オジさんはキレやすいの？」という謎を解明し、無駄に争わず、**自分のハッピーを守ってほしい！** ただそれだけです！

どうも！「男の顔した、ただのお節介なシンセキのオバちゃん」と言われ、快い「お節快」を届け続ける、**オセッカイダー・レモンさん**と言います。

この本を手にしてくださったあなたは、レモンさんにとって、とても大切な **"Weareシンセキ！"（レモンさんの合言葉）**（笑）

だから勝手に心配なのです！ 最近、ストレスたまってませんか？

レモンさん調べでは、日本人の、特に昭和世代の9割は、〈あるもの〉の影響を強く受けて、ストレスが増え続け、とは言えハラスメントを恐れ、大声も出せなくて、さらにストレスが増えていく！ という悪循環になっていませんか？

実はその〈あるもの〉とは……。レモンさんはそれを次のように命名しました。

【昭和のＩＣチップ】と！

「昭和生まれの人たちの脳内に、昔は『普通』だったのに、今じゃ『迷惑』だと言われる行動を勝手にさせてしまうＩＣチップが、もれなく埋め込まれている」と考えてみたのです。

「平成生まれだから関係ないね」と言うあなた！ 安心しないで〜〜！

なぜなら、昭和生まれのお父さんお母さんの影響を受けているかもです！

でも心配いりません。

たとえ影響していたとしても、【昭和のＩＣチップ】と捉えれば、対処法（レモンさん流の必殺技）もあります。

そこで、そんなすべての世代のシンセキのあなたに、レモンさんから次の「3つのこと」をお伝えさせてください!!（ザ・お節介）

とてもシンプルですが、**【令和維新】**とレモンさんが表現している今こそ、読んでいただくことが、とても重要かつ、ハッピーが増えると信じています！（笑）

なぜなら、この本の内容を知れば、昭和世代も、それ以降の若い世代の方々にとっても、「昭和」のことが少しは理解できて、お互いに無駄なもめ事が減るのです！　日本中を回って実証済みです。特に、昭和世代の方々には、はじめだけちょっと**酸っぱい内容**になると思いますが、きっと最後は元氣になれます！　昔から「良薬は、口に酸っぱし！」と言って……ないか？（笑）

伝えたいこと1つ目は？

【あなたは悪くない！】

例えば、自分の子供や、あるいは孫に、

「人が話しているときにスマホを見ながら話すのはやめなさい！」とか、

「私たちの育った時代だったら、怒鳴られてるよ！」

『気』は中が「〆る」なので、お米好きのレモンさんは「しっかり食べれば、エネルギーが四方八方に出る！」ということで『氣』の字を使います。

という言葉がつい口をついて出たり、出そうになったりしたなんて場面、ありませんか？

そして、相手からは生返事が返ってきて……。挙げ句の果てには、「べつに〜」。そこでもし条件反射的に声を荒らげて「何が『べつに〜』だ！」と発したら、乾いた声で**「それってパワハラですよ」**なんて言われかねない時代ですよね〜。言うよね〜。腹立つよね〜。（笑）

そして「俺らの時代の〝当たり前〟は、どこに行ったんだあ？」となります。

昭和世代の方なら想像できると思いますが、『巨人の星』の星飛雄馬（ひゅうま）がスマホを見ながら、父の一徹（いってつ）さんと話している場面なんかがあったら、ビックリしませんか？（笑）「とうちゃん、ウザ〜」とか言われた日にゃ〜〜〜〜〜。（笑）

そんなムカついた両方の世代に伝えたい！**「あなたは悪くない！」**

伝えたいこと2つ目は？

【〝昭和のＩＣチップ〟が問題！】

じゃあ、なぜ〝昭和生まれ〟のあなたは「悪くない！」のに、こんなにも気持ちを抑えないといけないのでしょうか？

人間なんだから、怒りたくもなるでしょ？　怒ることが必要なときもあるでしょ！　と思いませんか？

そこで気づいてほしいと思うことが、この本のメインテーマ、**「昭和のＩＣ（愛しい）チップ」の存在なんです！**

昭和という激動の時代を生き抜くために、とても大切だったＩＣチップ！

真面目に生きてきたからこそ、一生懸命に生きてきたからこそ、高度経済成長を成しえて、「東洋の奇跡」と世界を驚かせたのも、我々昭和世代にもれなく**「昭和のＩＣ（愛しい）チップ」**が装着させられていたからなのです！

そこで！　問題なのは、そのいくつかの昭和のＩＣチップが、**消費期限切れ**になっている！　ということなのです（全部じゃないですからね！）。このことを大急ぎでお伝えしたいのです！　あなたを愛するシンセキのオバちゃんと

しても！（笑）

伝えたいこと3つ目は？

【だったら、今後はどうしたらいいのでしょうか？】

そこで紹介したいのが、**「除身力（よけみりょく）」**と、**「私得力（しとくりょく）」**です。

この2つの力（技）を身に付けることによって、昭和のICチップの発動を回避することができ、逆に若い世代の方々にとっては、この時代には、もう使用してはいけないと言われている、「昭和の武器」による暴発を避けることができるようになり、自分の幸せを守れるのです！　大袈裟（おおげさ）じゃないんです！（笑）

つまり、これからご紹介する**10種類のチップ**の具体例を出しながら、レモンさんの**「秘義伝授」**をします！（大袈裟！　大袈裟！）（笑）

正直に言います。専門家に、「アスペルガーでADHDっぽい」と言われた僕が、自分の子育てで一度もキレたり、怒ったりしなくて済んだのです。つまり感情のコントロールがうまくできたのです！
昭和世代の同志にしたらビックリですよね？ 僕が一番驚いてます。（笑）
もちろん日々多少は「イラッ」とすることはありますがね。（笑）

是非この本を読んで、**「怒り」より「ハッピー」**を増やしてほしいのです！


ただし、先にお願いがあります!!

くれぐれも、この本を「昭和のＩＣチップ」を発動させて読まないように、注意してくだちゃい。お願いいちまちゅ！ 偉そうに書くつもり、ゼロでちゅ！

それでももし、内容をはき違えたり、誤解させて怒らせてしまったりしたら、先に謝ります！「言葉足らずで大変失礼いたしました。ごめんなさい」（土下座）

レモンさんは、昭和という時代が大好き！

決して昭和を批判、否定するものではありません！

読者の方を応援したいという一心ですから！
だから、この本を読んで自分を責めたり、凹んだりなんてもってのほかです！
やめて〜〜〜〜！ あなたは悪くない！ 被害者側なのかもしれませんよ！
次世代の方にもハッピーが増える本だと信じています！ 誰も悪くない！

だからこの本は、そんなオセッカイダーの、お節介な活動、略して
「お節活」の一つなんです。（笑）

（お節快人）
オセッカイダー・レモンさん

もくじ

第1章

暴走が止まらない！これが「昭和のICチップ」愛しい10選

私たち昭和世代の人間は、昭和という激動の時代を生き抜くために、【昭和のIC（愛しい）チップ】を組み込まれたんですね。

どうやって？

学校や部活動、塾や家庭など、あらゆる場所で愛情を持って、しかしほぼ同じような価値観で、教育という名のもと、洗脳を受けてきたからです。

特に、当時は**「体育会系」**などと言われ、怒鳴られ、殴られることは普通だったわけです。それも、教育の現場で行われていたのです。

要は、**「軍隊式」**の教育によって、そのチップは激しく我々の中にセットされたのです。もちろん、その恩恵もたくさんありました！

それが今や、全てではないけど多くの**【昭和のIC（愛しい）チップ】の消費期限が切れてしまっている**ということに、気づいていない大人が多いのです。

若い世代の人も、昭和世代の親御さんからそのICチップを入れられている可能性が十分あるので、平成や令和生まれの人にもチップが入っていることがあります。もちろん、それでも愛情が伝わり、仲良く暮らしている人もいます。

ここで気が付いてほしいのは、**「ICチップ」の当て字として、「愛しい（あいしい）」**と書いていること。それは、私たち昭和生まれの人間にとっては、昭和という時代に**親しみと愛しさ**を感じることがあるからです（もちろん、嫌いだという人もいるとは思いますが……）。

だから、この昭和のICチップという名の価値観を「良い、悪い」と言っているのでは決してありません！**その時代の文化**だっただけなのですからね。

江戸時代に武士が刀を持っていることは当たり前で、悪いことではありませんよね。ちょんまげも、明治に入っていわゆる**「断髪令」**というお達しが出るまでは当たり前で、今の子供たち風に言えば、「ふつ～」だったのですから。

がしかし、**「廃刀令（はいとうれい）」**が出されて、「武士の魂」であった「刀」を取り上げるぞ、と言われても応じられないという武士も、やはり中にはいて、逃げたりもしたようです。そういった人は、**処罰された**そうですね。

今は、まさに「令和維新の時代」。

パワハラ、**セクハラ**、**モラハラ**などと、いろいろなものが取り上げられている真っ最中です。もちろんそれは、「人権」の上ではいいことなんですよ。

この時代にも、やはり、令和へとアップデートできなくて、処罰（制裁）されている昭和の人がたくさんいます。

レモンさんは、「被害者」も「加害者」も出したくない！

罪は罪。しかし、誰も悪くありません。
昭和のICチップが作動して、
やらされていることが問題なのです。

だから、一日でも早く、そのことを敏感に感じ取って、**「変わる」のではなく、あなたのままで「進化」「脱皮」「アップデート」する**必要があるだけなんです。

なぜなら、それによって処罰（制裁）されてしまうという危険性があるから。そして特に、年下世代とのコミュニケーションが取れなくなり、孤立してしまう危険性も十分あるからです。

人間にとって「孤立」は、**とても危険な状態**だからです。

ここで、認識しておいたほうがよいと思うのは、**「自分を信じる」というのと「ただ頑固」とは似て非なるもの！**ということです。

その違いは、**「話を聴くか、聴かないか」**ということだけですね。

言い方を換えれば、**「成長したいか、したくないか」**ですね。

「そんな迎合なんかしたくない」というスタイルももちろんいいのですが、心配なんです。

ただ人間はもともと、誰に教わることもなく生まれて、寝返りを打ち、何度も立ち上がろうとする、とてもチャレンジ好きな生き物です。誰に教わることもなく、遊びを考えたり工夫したりできる、クリエイティブさを持っています！

つまり、**成長したい生き物**なのだと思います。

自分一人で頑固になっているのならまだいいかもしれませんが、それを人に押し付けたり、それ以外は認めないような態度でいたりしては、自分も、周りの人も困ってしまうし、成長を阻害されるリスクもありますね。

だから、消費期限が切れた【昭和のＩＣチップ】はできる限り早く取り外しておくほうが安全なのです。

ただし、その昭和のＩＣチップの存在に気づき、いくつかのＩＣチップは取り外せたとしても、どうしてもこのチップは外れない！ということもありえます。

そういう、**取り除くことがほぼ無理なＩＣチップもある**ということです。

それは、人によってはまるでドラッグのように、家族を犠牲にしてもやめられないほどの洗脳力があると思えてなりません。大袈裟ではなく。

がしかし、それをコントロールすることは、訓練次第で可能なのです。

自転車に乗れなかった人が、乗れるようになる**「練習」と「覚悟」**ですね！

では、昭和のＩＣチップはどのような種類があるのか、見ていきましょう。
次のページから、
昭和のＩＣチップの中でも極めつきの10のタイプを紹介していきますね。

1【すぐ感情的になる】チップ

スマホアプリの
野球ゲームでも
しとけよ！
じーーっ
…
スクッ…
パパ…
助けて
くれるの？
なんであんなに
いいボールを
打たないんだ
アイツは!!
パソコンの
キーボードは
めちゃくちゃ
速く打てる
のに!!
ドドォォン
ええっ!?
あなた
……
ママ！
ホントよ！
「野球ゲームでも
メンタルは
鍛えられるから」
とか言って
リアルは全然
ダメじゃない!!
バアン
え…
ええ～……？

突然キレるのは、**「ロケット型」**で、徐々にキレていくのは、滑走路を走って飛び立つ**「飛行機型」**。

あと、自分は全然キレる気はなかったのに、導火線に火をつけられたもんだから、気が付いたらキレてしまったという、**「導火線ロケット花火型」**も。

他にもいろんなパターンがあると思います。

とにかく私たち昭和世代は、感情的になるような育てられ方をしてきましたが、今の若い人にとってそういった態度は、「何、この人？　何一人で熱くなってるんだ？　面倒くさいな〜」となるだけです。

つまり残念ながら、**相手からはバカっぽく見えているだけです。**

「ハァ？（怒）」と言って、「ナメてるのか！」って、怒ったほうがよりナメら

れるし、**信頼関係も壊れやすく**なっていきますね。**完全に「意味わかんない人」**です。（泣）

昭和世代以外の人の多くは、自分の主張を押し付けて、感情的になっている人のことをカッコいいなんて思わないし、いろんな価値観があると言っても、**「パワハラをしている困った人」扱い**なのです。無念！（泣）

すぐ感情的チップ

2【人の話を聴けない】チップ

もういいよ

いつも最後まで話聴かないんだから

モグモグ

もういいんだったらやることやってからゲームしなさい！

命令すんな!!
ガキ扱いやめろ

お母さんはあなたのこと思って言ってるんでしょ

出ました！
愛の押し付けハラスメント！
「愛ハラ」!!

……

黙ってないで何か言いなさいよ！

ハア!?

何言ってんだよ！
質問されたことに答えてもいつも否定ばっかしてきて言い返すスキも与えないくらいまくし立ててきて……

「そこ怒るとこじゃなくね？」ってところで勝手にキレて話をさえぎって、結局自分の言いたいことを押し付けてくるからこれは何言ってもダメだって思うから何も言いたくなってんのに、なんで気づかないのかな……。意味わかんない

なんとか言いなさい！

パク
パク
パク

相手が話をしているのに、その話をさえぎって、「それは違う！」とか言い出し、勝手に反論しだしたりする。まだ最後まで話が終わっていないのに、「もういい！」と強制的に相手の話を打ち切って終わらせたり……。

こういったことは、昭和時代には日常茶飯事で、それは「ふつ〜」でした。

それから、AさんとBさんが話しているところに、Cさんが突然割って入ってきて、「ねえねえ、これ知ってる？」とか、猪突猛進的に自分が話したいことを、了解なく勝手に優先してくる。

ましてや、そうやって割って入ってこられているのに、それに素直に受け答えしている人も「ふつ〜」にいましたね。（笑）いや、今もいますよね。

特に、家の中での身内の会話では、まるでコント並みに、人の話を最後まで聴く氣がなく、とにかく自分の話したいことを話す！という、ツッコミ不在のボケっぱなし家族。「ツッコミは家族も地球も救う」のにね。（笑）

それもしょうがないよね。お互いに「わかって〜！」と言える家族だから。有名なテレビ番組で、みなさん賢そうなシンセキたち（笑）が複数人出演して、朝まで討論するのを見ればわかりますが、それはもう**地獄絵図です。**（笑）

人が話し終えるまで話を聴くという習慣がありません。

逆に、**相手の話を最後まで聴かないという習慣**があります。（笑）

「違う違う！」「わかってないな〜」「そうじゃない！」「黙れ！」という、人の話を途中でさえぎる言葉で、脱線して議論が進まない、深掘れない。

国会中継のヤジほど、若い世代に「意味わかんない」と思われている、残念でカッコ悪い光景はないですよね。

いつかこれも、話を聴かずに相手を黙らせるハラスメント、「黙ハラ」（ダマハラ）とか、人のトークを盗んだ「トーク窃盗罪」で初の逮捕者！とかあるかも。（笑）

話聴けないチップ

3【自分が正しい】チップ

ウー
ワン
ワン
今、何時だと思ってんだ!!
ドカーーーン
はぁ？8時くらいじゃね？
そこまで遅くないでしょ？
最近、帰りが遅い日が多くないか？
……
スタ
スタ
おい！何してたか言えないのか!?
え〜〜めんどくさ
なんだ、その言い方は！

何がめんどくさいだ!!
お父さんは心配して聞いているんだろ！

だって部活終わって友達とコンビニ寄ってさ

コンビニ

その子が落ちてたから相談乗ってあげてただけだし

ふむ

公共料金
宅配便
キャンペーン

それなら帰ってから電話で話せばいいだろう

無視

お父さん、何か間違ったこと言ってるか!?

イラッ…

……

こわっ！家庭内パワハラ

「カテハラ」じゃん

「自分の信念を持って話している」というより、「いかに自分は正しい人間かを顕示する」目的で話す。
あるいは、自分の名誉やプライドと立場を守るために、反対意見が出たらなんとしても勝たなければメンツがつぶされるから……と。

議論よりメンツ。

意見を曲げるのは「情けないこと」「カッコ悪いこと」だと思っている。
最近、よく見る**「マウントをとる」**が目的になっているかのような話し方。
これも相手へのリスペクトに欠けて、和を尊(たっと)べませんね、聖徳太子さん。

常に目的は論破すること。それも必要なとき、不必要なときをわきまえずにというのは、残念ですよね。(笑)

こういうのは、ただの頑固な人に見えたり、時に弱い者いじめしているように見えたりして、勝っても「素晴らしい」と感じられない試合をしてしまった人のようで、もったいないし、シンセキのオバちゃんとしても残念ですよね。

何より、論破自体を「素晴らしい！」と拍手している人も心配ですよね。


本人にとっても、相手にとっても成長に結びつきにくいですし、議論にもならないうえに、人を無駄に傷つけてしまう恐れもあって、「正しければ人を傷つけてもよい」と勘違いされるのは悲しい。

本当は優しい人間なのに、もったいない。


このチップを作動させる人は、**信念と"ただの頑固"とを勘違いしている**だけなのかもしれませんね。

けれど、あなたは悪くない！

自分正しいチップ

4【言い方極端】チップ

ただいまー
おまえはいつ見てもゴロゴロしてユーチューブばっかり見てるじゃないか!!
ハア? いつもじゃないし…
たまたまだろ…。ウザいな
ゴロ
ゴロ
そうやってゴロゴロしてたらな～
大人になっても公園でゴロゴロするようになるぞ!
なんでだよ!
ゴロ
ゴロ
意味わかんないし! いつも極端だよ! 超ステレオタイプ
だいたいいつも「差別はダメだ」って言ってるくせに自分が差別してるじゃん…
チッ

社会はそんなに甘くないんだぞ！

甘

出た！何かと言えばすぐ「甘い、甘い」って

どんだけ「甘い」が好きなんだよ。ミツバチかよ？

ちょっと休んでただけでしょ

言い訳してごまかすな！

ス〜……

ちょっと…もうごはんよ

ごはん何？

カレーよ！あなた甘いんだから

www

ハア!?

おもしろくないんだけど!?なんだよ！

www

ジャーン

カレー

甘口

ん？「ナンだよ」？

カレーだけに？ヤベエ…

ものの表現として……、
0か100か、
右か左か、
正義か悪か、
正しいか間違っているか、
仮面ライダーかショッカーか、
のように、二元論的に振り切るような**極端な考え方や話し方**をする。

「絶対に無理」「絶対おかしい」などと、**「絶対」を安易に使う。**

あるいは、なんの根拠もないまま、自分の思いや感覚や想像だけで、そのような極端な言い切り型の物言いをする。

「そうやって一日ゴロゴロしていたら、その辺の公園で寝てる人間になるぞ！」などはよく昭和時代に聞くフレーズでしたが、今こうして考えると、元は立派な会社の経営者だった人が、バブル崩壊で会社が倒産して借金まみれになって、夜は眠れず、昼間に公園で寝ていたりしてましたし、いろんな事情があるんですよね。

とにかく、ゲームにただ集中していたり、ちょっと休憩で横になっていたりするだけでも、「全員がホームレスで公園デビューを果たす！」とか、「お前は橋の下で拾われた子や！」なんて言われ方をして、今考えると、言われた子供はビックリですよね！

これ、全国的に「言われました」って人いますよ。どんだけ橋の下に子供がおったんや！と思いますよね。(笑)

僕たち昭和世代は、ホントに、強く生きてサバイバルしてきましたよね！って思わせるようなＩＣチップです。

言い方極端チップ

5【上から目線】チップ

大会前の練習中
ワイワイ
ボーーン
ワイワイ
何だらだらやってんのよ！あれほど氣合を入れなさいって言ってんのにまだわからないの!?
顧問の先生
え？先生をナメてんの!?
……
ホントに…大人をバカにしてるの!?
……
声も出てないし！いい加減にしなさい！もう知りません!!
勝手にあんたたちの好きなようにやればいいじゃない！
きぃぃ
いぃぃ
もう先生なんていらないでしょ!!
付き合ってられません！帰ります!!
ちょっと……
あんたたち何やってんの！
先生、帰るじゃないの
保護者席
だって勝手にしなさいって…

違うのよ～
こういうときは追いかけるのよ！
だって帰るって
それはわざとなのよ
あんたたちを試してんのよ！
はぁ？
何を？

何もわかってないのね～
いいから！早く追っかけて！
追っかけてどうするの？
「戻ってきてください!!」って頼みに行くに決まってるでしょ!!
ええ～なんで～？

なんでじゃないの！早く!!
つべこべ言わないで早く早く!!
みんなでよ！全員でよ！早く早く!!
意味わかんない……
く……来るなら早く来なさいよ…!!

1歳でも年上だったり、親や指導者、社長や上司、先輩という立場だったら、怒鳴り付けたり、上からものを言ったりしても構わないというふうに思っている。

だから、逆に年下から敬語を使われなかったら、**ナメられている**とか、**バカにされている**などと勝手に決めつけ、怒り出したり、説教をしだしたりする。

相手はあくまでもフラットに話しているだけで、バカにしているわけでも、尊敬していないわけでもないというのに……。

たとえその場で、「別にバカにもしてないし、ナメてもいないし」と言っても、「それなら敬語を使えよ！」と、今度は**強要までしてくる**始末。

敬語は大切ですが、使うかどうかは、基本的には個人の自由と責任ですからね。そもそも「敬語使え！」という大人には、使いたくとも、使いづらいですよね。

ましてや、小さな子供にだって尊厳があり、尊重される権利があるのです。「子どもの権利条約」を説明できる昭和世代の人は、ほとんどいないのが現状ですよね。でも、悪くないんです。ただ、教えられていないだけなんです。

なので、今の時代、どういう考え方があっても、強制的なものの言い方をすれば、即**「パワハラする人」**というレッテルを貼られるようになっています。

それどころか、今では、そういうことをお年寄りが言っちゃうと、すぐに**「老害」**なんて言われて、僕ならその場で心臓発作で倒れますね。（笑）

気持ちはわかります。ただ、優しさと人権を失った恐ろしい言葉ですね～。

ドヤッ

上から目線チップ

6【ダメ出しする】チップ

……
おかえり～
どうしたの？
イラ イラ イラ
あ～ムカつく!!
学校で何かあった？
放課後にさぁ○○ちゃんから
ちょっと相談がある
って言われたから話聴いてたら△△先生が…
早く帰りなさい!!
すぐ帰るし
って言ったら
前もそう言って遅くなっただろう！
今すぐ帰りなさい！
ってさ…
こっちの事情もわからないのにめっちゃムカついた!!
……
だからお母さんいつも言ってたでしょ。用事がないときは早く帰ってきなさいって
ええ!?

それにまだ
そうやって
○○ちゃんと
関わってるの？

なんで？

○○ちゃんって
前から、いろんな
男の子にそうやって
ちょっかい出して
問題起こしてるって
噂で聞いてるんだから

うふふふ

絶対ろくなこと
ないって
お母さん前から
言ってたでしょ

なんでだよ！
あいつ、そんな子
じゃないよ…

なんで自分の息子の
ことを信じないで
噂のほうを信じるん
だよ!?

あなたは
おひとよし過ぎる
のよ…

○○ちゃんは
先生から目を
付けられてるのよ！

**お母さんは
あなたのこと思って
言ってるのよ！**

もう
いいって!!

なんで俺が
怒られてるんだよ!?
意味わかんないし!!

「もういい」って
その言い方
なんなの!?

もう、めんど
くさいな…

ハイハイ

だから子供たちは
心に決めたのです。

「どうだった？」
と聞かれても
いつも話を十分に
聴いてもくれないし、
何を言っても
否定されて
ダメ出しばっかり
してくるから。

もう面倒くさいから
何があったとしても
「ふつう」って
答えよう。

からまれるの嫌だし
……と。

ギャー
ギャー

できたことやうまくいったことなどを認めたり、褒めたりするより、ダメな部分をすぐに見つけ出し、どれほどそれがダメなのかを説明し出す。

その人が落ち込むまで（もっと詳しく言えば、嘘でも、落ち込んだ表情や反省している表情になるまで）、その説明は続く。（よく演技してたな〜）（笑）

ひどいときは、とてもいい結果を出している人間に対して褒めるどころか、**「調子に乗るな！」**と、いきなりビンタしたり、怒鳴って怒ったりした挙げ句に、それは相手に対する「愛情」で、**「厳しさを教えているんだ」**と勝手に思い込んでいる。
僕も少年野球でホームランを打ってビンタされたことがあります。（笑）心の中で、「うそん！うそん！」とエコーで、スローで倒れました。（笑）
ましてや、ビンタされた側も、「有難うございます！目が覚めました！」と、喜んでしまう……。（笑・泣）

それ自体は、別に悪くない光景かもしれないけれど、それに対して「コイツは言われないとわからない人間だ」「殴らないと気づかないんだ！」という、これまた極端なレッテルを貼ってきたり……。ちょっと厳しい言い方になって申し訳ないのですが、自分の指導力の無さを露呈していることに気づけていないのかもしれませんね。

ごめんね、ひどい言い方して。でも、オバちゃんしか言わへんで。ラブ♡

人を指導するときに大事なのは、「恐怖を与える」より、自分で考え、**「気づきを与える」**こと。答えを言ってしまうと、自分で考えることも、気づける能力も奪ってしまいかねないうえに、恐怖でビビってしまって思考が停止して、嘘をついたり、人の責任にする能力が高まり、**自信までも奪いかねない**ですよね。

それに、昭和世代はあまり褒められたことがないので、いざ自分の子供や誰かを褒めようとしても、**褒め方が不器用**ですよね〜。切ないね〜。（笑）

ダメ出しチップ

7【悪者探し】チップ

テレビを見ながら
ほら見て！また汚職だって。結局国民より自分よね
○○議員汚職で逮捕
ホント甘い汁ばっかり吸ってるのよねぇ～
パリパリ
ポテチ
……
塩分のとりすぎもどうかと…
なんでこんな若い子が放火なんかするのかしらねぇ
結局親の教育が悪いのよ！甘やかしてるからよ
放火事件
若者がなぜ…
いつのまにか次の話題
よくそれだけ自信持って断定できるな～
この芸人さん感じ悪いからお母さん嫌い～
いつも偉そうでしょ。気分悪い
アホやな～
別の番組でも…
……
見なかったらいいのに…
ねぇ見てる？この人、この人感じ悪いよねぇ
別にぃ
なんで娘にまで気分悪いものを勧めてくるのかなぁ
「別に」って、この番組のプロデューサーが悪いのよ
なんでよ？
アハハハハ
誰を使うかはプロデューサーが決めるんでしょ？
知らんし

どうせ事務所から個人的にお金でももらってたりねぇ…?
フヘヘヘヘ
……
どんだけ妄想するの? それにその妄想を事実にして勝手に気分を悪くして、意味わかんない
ねぇ聴いてる?
えェ!?
それだったら見なけりゃいいじゃないの!

……
違う番組見よっ
うるさいから
ぴ
あ、○△×がゲストだ! この企画ウケるんだよな〜
あハハハ
それ全部やらせでしょ
……
ち〜ん

やらせじゃないとこんなことできないよねぇ
もうやめて! さめるわぁ〜 せっかく笑ってんのに〜!
それにこの人下品だし、親の育て方が悪いのよね〜
なんなん!? そんなこといちいち言わなくてもよくない!?
くわっ

それにいつも人の悪口を言ったらダメって言ってるくせに、自分はめちゃくちゃ言ってるし……
だいたいこの芸人は人の悪口ばっかり言ってるでしょ
だから嫌いなの。いったい何様よ!!
はい、「お母様」です…!!

物事の責任の所在をすぐに探しては、

「あいつが悪い！」「こいつが悪い！」

「会社が悪い」「社会が悪い」

と、すぐに**「悪者探し」**をして、それが誰なのか？をハッキリさせようとする。

また、

「自分がこうなったのは○○が悪い！」

「社会がこうなっているのは、政治家が悪い！」

などと、理由が一つに集中しているかのようなものの言い方をする。


データも、エビデンスも、何もないまま、「なんとなく」や、ただ意固地になったかのように、「絶対あいつが悪い！」と決めつけてしまうこともある。

これが習慣化すると、「正義」でもなんでもなくて、ただの「悪口を言う人」になってしまう、まさに無自覚的なアンコンシャスの恐ろしいチップ。

何よりこのチップの恐ろしいのは、いつもいつも、常に自分の「幸せ」を誰かが壊しているという気持ちになること。

「自分が幸せではないのは誰かの責任」とすることで、一時的には気持ちが救われるところもあるかもしれませんが、一向に幸せな気持ちが増えていかないという、まさに「一人闇社会」。口を開けばいつも、誰かの文句を言っているような状態になってしまうチップ。

それによって、**周りの人に悪影響をもたらす**ことにもなりかねません。

改めて「その人は悪くない」「チップが悪いのです！」

その人自身「被害者」の一人かも。と思ったほうが、こちらの「幸せ」が増えそうですよね。（笑）

悪者探しチップ

8 【すぐ戦う】チップ

急ブレーキ
キキーッ
ズィ
危ないな！なんだよ〜急に割り込んできて！
ブーッ
ブーッ
逃げた！この〜！何考えてんだよ〜!!
ブーッ
もうお父さん！追いかけなくていいから……
ブォオ
こういうことは誰かが言わないとわかんないんだよ！
もういいから、危ないから！ほっときなさいよ
売られたケンカは買うでしょ！
ブォオオ〜
今どきそんなこと言ってる人もういないわよ
……
ギュギュギュ
無視して追跡

これさぁお父さんのほうが捕まるよ
息子
なんだと～～!?
あおり運転じゃん
ハア!?
ブオオオー
誰があおり運転だよ！あいつが間違ってるだろ!?
今、ドライブレコーダーの時代だよ。他の車にも映されてるよ
はっ
わ、わかってるよ…
シュ～～…
法定速度
そもそも売られたケンカは押し売りだからね。それを買うほうが損しちゃうんだからバカらしいよ
そうよお父さん！
たまにはいいこと言うわ、うちの子も～
……
フウ～…
さっきは無理に吹かしたから、もうすでにガソリンちょっと損しちゃってるしね
なんだと！しょ、しょうがないだろ!?
お、おまえこそお父さんを言葉であおるんじゃない！
アハハ
すみません！……www
ご安全に…

私たちは、諸先輩方から、「社会に出たら敵だらけだぞ！」「売られたケンカは買う！」「逃げずに戦え！」「こういうことは、誰かが言わないといけないんだ！」などと、常に戦闘モードになるように教育されてきました。

それはまるで、自分の中に〝リトル仮面ライダー〟がいて、間違ったことをする者が現れたら、ライダーキックでやっつけて、「ヒーヒー」言わせてやる！（笑）という「正義感・使命感」だったんですね。

それ自体は大切なことなのですが、はじめから「正義か？」「悪か？」という二元論的思考や、あまりにも「自分は間違っていない！」という思い込みが過ぎると、周りの忠告も聞けなくなり、自分がすることはなんでも「全部正しい」という「大間違い」を犯して、当然大きな失敗につながったり、争いが起きやすくなったりします。相手を間違えると、命の危険にもつながったり、平和的に解決できなくなりますし、自分の幸せの時間が削られます！

そして、ついには、パワハラ、モラハラ、カスハラなどと責められ、ハラハラします！（笑）それどころか、気が付けばいつの間にか「ショッカーは、自分だったのカー、それなら謝りまショッカー！」チャンチャン！って、オチにもなりかねません。（笑）

これを、レモンさんは、**「勘違いの正義感」**と呼んでいます。その姿は、頭は仮面ライダー、首から下がショッカー、その名も**「仮面ショッカー」**。（笑）

僕自身も気を付けながら、周りにも注意喚起しています。

特に「俺は嫌われてもいい」という正義感はご注意を！本当に恐ろしい！

何よりその姿は、頭が重そうで格好が悪い。（笑）

ヒ〜！

もちろんはじめから、平和的には解決できなそうな事情がある人も中にはいます。

我々の中にある昭和のＩＣチップは、そこまで冷静さを失うほど、洗脳されてしまっているのです。

すぐ戦うチップ

9【相対評価】チップ

ある日の朝
お兄ちゃん！早く起きなさい。何回言えば起きるの!!
妹
「あと5分」ってもう10分過ぎてるよ。妹のほうがすぐ起きてくるのにカッコ悪いよ！お兄ちゃんなのに!!
もお～、すぐ「お兄ちゃんなのに」って関係ないでしょ！受験勉強で寝られなかったんだって…
中1の妹といっしょにすんなよ…
お母さん仕事行くからね！
○○くんは毎朝早起きして勉強してから学校に通ってるって聞いたわよ！ホントうちの子はダメねぇ
トン
トン
トン
すぐ人と比べてけなすんだからひどいなぁ…
ある日の夜テレビを見ながら
いやあ、大谷選手のインタビューはいつも素晴らしいですねぇ
ほんとよねぇ。お兄ちゃん今見てた？
いや、LINE見てた
大谷選手みたいにしっかりと自分を持っていないとね。
お兄ちゃんはいつも「なんでもいいよ」とか「別に」とか…。自分をしっかり持たないとね
ズイ
ズイ
大谷選手みたいに！
う…

なんでお兄ちゃんと天才選手を比べるかなぁ

何よ その言い方！ あなたはねぇ 言い方に優しさが足りないのよ

お兄ちゃんはそんな言い方しないから

すぐお兄ちゃんと比べる!!

当たり前でしょ！

なんで当たり前なのよ！

ガタッ

だからその言い方よ！

ハア!?

誰がごはん作ってると思ってるの!?

出たぁ!! 飯ハラ

なんにでも使える武器!!

困ったら使う武器!!

ヤバい！これ、妹とお母さんがケンカになっちゃうやつ…

てか もう なってるやつ…

ハイハイ！わかったからごはんおかわりお願いします

ニコッ

大谷選手だったらおかわりなんて言う前に自分でやってるわよ！

はぁ…わかったよ

だったら大谷選手を産んどけよ…

すぐに人と比べたり、きょうだいと比べたり、クラスの誰かと比べたり、挙げ句の果てには、テレビに出ている凄い人と比べたりして評価する。(笑)
それによって、人を落ち込ませたり、逆に、自分のことも人と比べて評価して落ち込む。
もちろん、人と比べてモチベーションが上がるときには有効なチップですが、とは言え、人も自分も傷つけることが多いです。
また、それと同時にこのチップは、「人の目を気にする」という意識にもつながりやすく、「自分を見失う」という迷路に入り込みかねません。

世間と自分を比べる。どこに存在するかもわからない平均的な人間＝「ふつ～の人間」。あるいは「みんな」というものと自分を比べる。

周りの「空気を読む」ことが必要な場面はありますが、ここは自由でいいのでは？という場面でも、お構いなしに人と比べて、「ふつ～」の中に入ろうとする。

と同時に、その意識は、他人に対しても働きます。そしてこう思うのです。

「非常識な人間だな〜」「場をわきまえろ！」「ふつ〜はこうするべきだろう！」などと。人にあれこれ強要したくなる気持ちを大きくさせてしまうのです。

一番恐ろしいのは、人と自分を比べて、なんらかの理由で自分より劣っている人のことをバカにしたり、相手が自分に対して失礼な態度をとったときに、**「俺を誰だと思っているんだ！」**などと恐ろしいことを思ったり、口にしたりするような、カッコ悪い人間になってしまう危険性があるということです。でもそれも、「わかってよ〜」というコンプレックスの裏返しかもね。

たとえて言うなら、地位も名誉も、お金も権力もある有名な人が、ある時、人を見下して、人を差別するようなものの言い方をしたら……、人として最低な人間に自ら落ちてしまいますよね。

もったいないし、その人も実は悪くないのです！

どれほどの人間でも、それだけ**人間の心は弱い**ということですよね。

本当に危険で、扱い注意のチップです！

相対評価チップ

10【男尊女卑】チップ

よし、この正門で写真を撮ろう！
○○高校入学式
最初はおまえ一人で立て、立て
ええ恥ずいなあ
○○高校入学式
おお、いつの間にか男らしくなったなぁ。カッコいいぞぉ。
もっと背筋伸ばせ。あと、手！手！
手？
○○高校入学式
おまえ、その手女かよ！
前で組むなよ。男らしく手は横だ！
そうかな…？
女かよ！は失礼でしょ
いくぞぉ。おまえの好きな食べ物は？
すし～
最悪だ
パシャ☆
まだまだ何枚か撮るぞ。寿司の中でも好きなのは？
うに～
もういいから…
くすくす
パシャ☆
ホントやめて…
あっ○○くん久しぶり！
同じ学校だって聞いてたよぉ
うん、げ…元気？
お父さん、△△ちゃんよ。覚えてる？
ああちっちゃいときからよくうちの子とケンカしてたね
ハハハ

いつもうちの子が泣いて帰ってきたけどな
やめてぇ。それ以上言わなくてよくない？最悪だ
△△ちゃん写真撮りなよ
うん
私が撮りましょう。ニコッとね
ああ〜いいねぇ
○○高校入学式
△△ちゃんショートカット似合うね！ますます女らしくなったね
え？
!!
ああやっちゃった……
シーン…
父さん、次は僕が撮るよ
3・2・1ハイ☆
パシャ☆
父さんが余計なこと言ってゴメンね…
いいよ気にしなくって
コソコソ
有難う○○くん！高校生活楽しもうね
△△ちゃん、昔あんなにボーイッシュだったっけ？
ガハハハ
……
……
お父さんもアンコンシャス（無意識的）だからな〜

「男らしくしろ！」「女らしくしろ！」
「男のくせに！」「女のくせに！」
と、今では大問題になる言い方が、昭和では当たり前でした。

また、「女のくせに」「女ごときが」などは、まさに女性蔑視的な発言ですね。
それが昭和では、当たり前に使われていたのです！

女性に反発されると、「なんだ、このアマが！」と、はじめから女性を下に見ているからこそ、頭にくるんですね。

「女性は、家事、子育てをするのが仕事だ」「女に学問はいらない」という家庭内労働力とされた空気が、昭和にはありました。しかし、もっと昔は逆で、階級にもよるようですが、女性に「教養」が必要とされた時代もあったようです。しかしながら、今でもまだまだ、男尊女卑的感覚が社会に残っているような事例が、大きな問題として取り上げられるようになってきています。

考えもなく男、女と二極的に分ける問題や、ジェンダーに関して理解が広がれば広がるほど、この「男尊女卑チップ」のまんまだと、問題発言ばかりすることになり、自然と生きづらさを感じてしまいかねないのです。

そうすると、あなた自身がいよいよ、**差別を受ける側になりかねません。**

問題は、アンコンシャス・バイアス。「無意識・無自覚」の「偏見・差別・決めつけ」というものです。

自分としては差別をしている意識が全くないのに、結果としては差別発言をしているということが、誰にでも起こりうるのです。

それだけ、無意識レベルでも差別してしまうように教育されてきたことに気づく必要があります。そして徐々にでも、そんなバイアスを確実に減らすためには、「意識し続ける」ことが大切なんですね。

男尊女卑チップ

さあ、あなたには、いくつのチップが入っていましたか？

もちろん全然なかった人もいると思いますが、まずはじめにこれだけは伝えさせてくださいね！

チップがたくさん入っていた方！
あなたは間違いなく**「昭和の優良国民」**です！　パチパチパチパチパチ。（拍手）
真面目な人ほど、純真な人ほど、まっすぐな人ほど、一生懸命に昭和という時代を生き抜いてきた人ほど、チップが入っている可能性が高いんですね。
ましてや、チップが少なかった人は、ひょっとして昭和が生きづらかったサバイバーかもしれませんよね。そうだとしたら、凄いです！　リスペクト！

ささて、この本が、例えば医療系の解説書だったとして、仮に病名を、**「昭和病」**と名付けるとしたら。（笑）その病気の原因が、今わかったところです。だから、この本は、実は**ここからが勝負**ですからね！

あっ！「すぐ戦うチップ」が今、僕の中で作動しましたか？

危ない、危ない。（笑）意識する、意識する……。

そして、何より、すぐ怒ったりしちゃうことは、あなたのせいではなく、「ICチップ」が原因だったのかもしれないのです！あるいは、そういう特性があったのかもしれませんが、いずれにしても、**誰も悪くはない**のです！

大切なのは、「工夫」する！ということです。

と言ってても、中には、

「そんなきれいごと言ったって、無駄だよ！」

「悪い奴はいるだろうよ！」

と言いたくなる気持ちが湧いてくる人もいるかもしれません。もちろんお気持

ちもわかりますが、それは、

「言い方極端チップ」

「すぐ感情的になるチップ」

「人の話を聴けないチップ」

などが、まさに今、発動してしまっているのかもしれませんね。(笑)

それこそ、**「あなたは悪くない!」**ですよね。


繰り返します! 大事なのは、**うまくコントロールする「工夫」**なんです! チップに支配されないように、これからは「昭和のICチップ」を**「意識」**して**「反復練習」**することが大事で、これは誰にでもできるのです!

この本の目的**「1秒でもハッピーに!」**いてほしいから。昭和のICチップのせいで、ハラスメントをする「ハラスメンター」や、「老害」なんて言われて、ショッカーの様に「悪者」扱いされて叩かれる人や、また「子育てが苦手」「思春期の子供が難しい」「指導が難しい」と凹んだり、傷つき、悲しんだり、家庭や会社内の人間関係がうまくいかないと嘆いたりする人を一人でも減らしたい！　そのために！

「じゃあどうすればいいのか？」を、お節介にお伝えしたいのです！

そうなんです。**レモンさんはあなたを応援したくてこの本を書いたのです！**

真剣な本です！「ＩＣチップ」のせいで家庭崩壊や命を奪う人、命を絶つ人、人生をあきらめた人など、「感情は人間を支配する」「愛がうまく伝わらない」「なぜこうなったんだ？」と嘆き悲しむ声をたくさん聴いてきました。

だから、オセッカイダーとしてのこの本への**「念い」（おもい）**は、もうこれ以上、**誰も被害者にも、加害者にもなってほしくない！**ということなのです。

時代というものには、誰も抗（あらが）えないし、当然、アップデートする必要に迫られるので、**「変わる」のではなく「進化する」**必要が出てきます。

とは言え、中には、なかなか進化しづらい人や、そもそも進化なんかしたくない人もいらっしゃいますよね。そんな人のことを「迷惑だ」「遅れてる」「ウザイ」と「悪者」扱いされたりしたら、シンセキのオバちゃんは辛いんです。
それがもしも自分自身や、あなたの大切な人に向けられたらどうでしょうか？ 辛くないですか？

だからあなたに伝えます！ お節介に！

誰よりも**「勘違いの正義感」**で苦しんだと自負する僕の秘義伝授です！

昭和の優良国民の皆さん、あなたは悪くない！

悪いのは**消費期限切れのチップ**ですから。

次の章からは、昭和のICチップを
埋め込まれた昭和型の人が、
どうすれば無理なくサバイブできるか!?
超特別な2つの力を伝授しまぷ〜。

第2章

除身力（よけみりょく）

〈身に付けよう「除身力」〉

この言葉、レモンさんの中から自然と生まれました。

「除身力」とは、ボクシングでいうところの、**「スリッピング・アウェー」**。パンチされたときに、その力の方向にシュッと除けるだけで、力を受け流せるっていうものですね。高度なテクニックですから、練習しましょう! 楽しくね。

アドラー心理学のことをご存じの方は聞いたことがあると思いますが、**「課題の分離」**。まさにこれです。

では、レモンさんは日頃、どんなふうにやっているのか……。「除身力」の**4つの除け方**をご紹介します。

『驚き』除け
オ〜！ドラマティーーーーック！何か事情がおありで？

コンビニでみんなが並んでいるのに、平気で割り込んでくるチャラ系さんに出くわしたときのケースを見てみましょう。

自分の課題と相手の課題を分けて客観的に捉えるのが「課題の分離」。そうすることで、イライラやモヤモヤに対処することができます。

コンビニにて
割り込みかよ！
ムッ
ズッ
現れたな悪党めが
モヤモヤ
後ろに並びなさい!!
何このオッサン…ウザいんだけど
ウザ…とはなんだ!! おまえがやってることはおかしい!!
誰も言えないからこそ俺が言うんだ!!
めんどくせ～な～オッサン！ 時間ね～んだよ!!
キミは間違ってるぞ!!
ズラーーーッ
まだ文句あんのかぁ？
誰か…警察…
これが除身力！
オ～、ドラマティーック！
何か事情がおありで？
ビクッ
ねえよ!!
はっ!?
オイ！ 後ろに並べ!!
なんだと～ 誰だ、今言ったのは？
くるっ
あれっ？ 外に出たかな？ 警察に電話するって…
シレっと…
めんどくせぇなぁ……もう帰る
「オ～、ドラマティーック！」は心の中でつぶやけばいいですよ
でもどうしても言いたかったら、店員さんにこっそり言うとか、相手に悟られないように店員さん風に優しく注意するのもありかもね！

ちょっとイラっとさせられる人が目の前にいた場合、

オ～、ドラマティ―――ック！

って、心の中で小さく、叫びます。(笑)
そして心の中で優しくツッコミます。

何か事情がおありで？

間違ってもそこで正義の味方よろしく、
「オイ、後ろ並べよ！」
って言ったら、あきませんよ！ 言い方もマズイですよ！
だって、考えてみてくださいよ。この人のこれまでの人生には、ひょっとしたら**何かドロドロとしたもの**があったのか、あるいは、ひょっとしたら何か、**「見えづらい特性」**があるのかも？

いずれにしても、**「何か事情がおありで？」**だと思うので、殴られたり、逆にこちらのほうが、知らずに**偏見や差別**をしてしまっていてもまずいので、まずは**「課題の分離」**からがいいと思うのです。

なのにこっちは、仮面ライダーの見過ぎで、「現れたな〜、ショッカー！」という思い込みで、まさに勇気と正義感をもって、「待てー！　ショッカー！　トォーーーー！」と、気分は空中で1回転しながら、列の後ろから現れ、「おまえがやっていることは、おかしいじゃないか！」。

心の中で「誰も言えないからこそ、俺が言うんだ！」と叫んで……。

なぜなら、頭の中であの昭和でよく聴いたフレーズが聞こえるのです！

「こういうことは、誰かが言わなあかん！」

ソレ、ダメ〜!!　「正義感」は素晴らしい！　けれども、絶対しちゃダメ〜！

あなたはそもそも「ライダーキック」もウルトラマンの「スペシウム光線」も使えないんだからね！

その人のドロドロ人生は、あなたには関係ない世界なんやから！
それなのに、わざわざ幸せなあなたが自分で、その人の**「ドロドロ人生劇場」**のステージに、客席から上がっていくようなものでしょ？　危ないよ。（笑）
あなたが直接そんなんせんでええのよ！

絶対に、その人を悪者と決めつけて、直接関わっちゃダメですよ。
ブン殴られてケガするか、最悪は刺されるかも、だから！
そうなったら、家族も、**レモンさんも泣くよ！**（号泣）
そのために警察も、自治体も、地域の相談役もいらっしゃるんだからね。
正義だと思うなら、常に自分の身を守りながら考えて行動してください！

例えば、車に乗っていて後ろの車にあおられても、

「オ〜！　ドラマティ――――ック！」

「何かお急ぎの理由でもおありで〜」

と言いながら、すぐに方向指示器を出して、追い越し車線を譲ってあげましょ

う！

決して、「なんやねん、こいつ！」

と、**「すぐ戦うチップ」**を発動させないで！

なんだったら、

ウ○チもらすなよ～、**シンセキ～**。

ぐらいに心に余裕を持って！　あるいは

事故する前に、早く捕まれよ～、**シンセキ～！**

と、**「課題の分離」**をしてね！

「なんやコイツ！　あおりやがって～、ブレーキ踏んだろうか！」

とかしたらアカンよ～。

そんなことしたら、昔の僕みたいに後悔するよ。ん?!（笑）

だからそんなときは、

何か事情がおありで?

ってね。

何か事情がおありで?

その2　『言葉』除け

ウケる〜〜！　なるほど。あ〜そういう感じね、新しい！
確かに！（同調）めっちゃ！　ムカとぅく♡

言葉の持つ「バカヂカラ」によって、引っ張ってもらって、助けてもらうということです。「言葉化力」（コトバカヂカラ）とも言っています。

まずは、「ウケる〜〜〜」の活用法から。

ちっちゃい子供が室内で…
ウ〇チ!!
ぎゃ〜、も〜!!
ベッタベタ
何すんのよ!
ウ゛ェェ〜
泣いたって許さないからね!
イライライラ
ヴッェェェェ〜
これが除身力!
ウケる〜〜!!
と、とりあえず叫んでみる
それでも気持ちが収まらなかったら…
これどういうこと〜?
ウ〇チアートか!! 作品か!!
マジでウケるんですけど〜!
天才ウ〇チくんですか〜!?
ウ〇チの匂い、どんだけ〜〜?
など、ツッコミを入れつつ掃除する
キャ キャ
これは「あまりにもひどすぎて怒りを通り越して笑うしかないわ!」って意味の「ウケる〜〜」と
「いきなり子供からのウ〇チ攻撃を受けてしまった!」の「受ける」の
ダブルミーニングですからね
ツッコミはお笑いの練習ぐらいに思いながらボソボソ声でもいいですから……。そしたらやがてそんな自分にウケる瞬間が訪れます!
たまに（笑）
ウケる
受ける

他にも力のある言葉としては、例えば、昨日まで仲良かった人に、朝、学校や職場で「おはよう～！」って言うと、いきなり「はぁ？ フン！」って無視されたら、**「なるほど～！」って言ってみる**とか。

あるいは無視されたら、**「あ～、そういう感じですね～」**とか。

例えば、職場で、「この仕事やっといてね！」と頼んだ瞬間、「面倒くさっ」ってつぶやかれたら、**「確かに!!」と、逆に共感の言葉を言って**あげたり。(笑)

昭和の時代なら確実に「ブチッ」と鈍い音がして「今なんて言うた？」と聞き返すところを、驚きを込めて、**「新鮮！」とか言ってみる**のはどうですか？(笑)「そんなこと言えないよ！」……わかります！(笑)

それこそ、何が「面倒くさっ」って、こっちが「面倒くさっ」ですよね？（笑）

仕事を頼んで「面倒くさっ！」とか言われたら、条件反射的に言葉が出そうでしょ？　気を付けてくださいね。完全にこれは「罠」です！（笑）

それが、昭和のＩＣチップの恐ろしさです。

結果的にはパワハラの「沼」です。

だからとりあえず、「怒り」を「驚き」にすり替える練習が必要ですよね。

「ワ～オ！　ビックリ！」ぐらいならギリ、パワハラにはなりませんよね。

ただ、おかしいと思うことは指摘していいです。もちろんです。

問題は「言い方」ですから。

そう言えば、僕がテレビの生放送で実際に使ったことがあるんですけど、スタジオのトークで、めっちゃムカついたときがあって、思わず興奮して、「なんやと～、おまえ、めっちゃぁぁぁ～」って言った瞬間、カメラさんがググッて寄ってきた。

僕の顔をアップにしてきたので、僕はそのとき思わず、

めっちゃぁぁぁ……ムカとぅく♡

って最後の部分だけ急に力を抜いて、可愛く言ったんですぅ。
トーンも優しい「言い方」に変えて「ムカとぅく♡」。(笑) これ、使えます！

それから僕ら昭和世代は、頭にきたら **「カチンときた！」** と言いますよね？
あれ、「カチン！」って言うから、余計「カチン」とくるんですよ。
「カチン！」が「カチン！」を引き寄せるんですね。(笑)
だから、これから「カチン！」と言いそうになったら、

カトゥーン！ 亀梨くーん！

って言って、亀梨和也くんに助けを求めてみましょう！　気持ちだけでも。（笑）

その昔、『カートゥンKAT-TUN』という番組（日本テレビ系列）の、初代ナレーションを担当していたレモンさんとして（笑）、また、ラジオDJとして、いつも感じていたのは、たくさんのファンの人たちが、いかにアイドルたちに救われ、支えられているのかということでした。だから、どんな場面に遭遇しても、「推し」の名前を叫ぶ！　のはありだと思います！（笑）そんな憧れのアイドルの、優しさやカッコよさに助けてもらいましょう！（笑）そんな工夫も考えてみてくださいね。

それから「ブチッときた！」という言葉も危険なので、そう言いかけたら、

（可愛く）ブチュッ！ときた。

と、口をとがらせてみましょう！（笑）

イイ感じでふざけてみたり、ギャグに変換してみたりするということですね。

『シンセキ』除け ええ加減にせえよ！ シンセキ‼ 何しとんねん！ シンセキ‼ ふざけんなよ！ シンセキ‼

人間って、突然嫌なことをされたら、怒りも突然ＭＡＸになることがありますよね。「感情」は一瞬にして、人間を支配することを忘れないでね！

そんなときには、**「Ｗｅ ａｒｅ シンセキ マジック！」**というのも使えます。

例えば、車の運転中。方向指示器を出さずに、無理やり自分の車の前に割り込んできた車がいたとします。それも、車間距離があまりない状態で。とっさに急ブレーキを踏みながら「危ない！ 何すんねん！」と怒りＭＡＸになりますよね。そんなときはすぐに語尾に**「シンセキ〰！」**を付けましょう。

そして、言い続けてみましょう。そうしたら、何回か繰り返し言ってる間に、心の中で、「シンセキって、語尾に付けられるぐらい心に余裕あるやん、僕！」（笑）と気づいたら最後には、「気を付けて行けよ～シンセキ～」となります。（笑）本当の親戚とは仲が悪いという方は「友だち～」でもいいです。（笑）

車の運転中
ギュギュギュ
ギクッ
危ない!!
キキャ〜ッ
何すんねん!!
ドッカァァン

これが除身力!
オイ、ゴラ〜!! なんちゅう運転すんねん!!
ギュギュ〜
むぐぐ… 危ないのぉ! シンセキ!!
シンセキ! どこのシンセキや! ええ加減にせ〜よ シンセキ!!
ぶーー
そう繰り返すうちに…

徐々に怒りが収まってくる
だんだん落ち着いて最後は…
ホンマ気を付けろよ〜
おだやか〜
いつか事故するぞシンセキ〜!!
ブー
キキキ

怒りモードになると急にストレス状態にはめられるから、自分の体のどこかに悪い細胞ができるし、免疫力も低下するんですよ。

ということは、相手に怒りをぶつけたつもりが、自分の体を攻撃することになるでしょ?

相手のせいでこっちが体を悪くするんです。こっちのほうが危ないでしょ?

これを回避するために、条件反射的に怒ってしまったと思ったら、すぐ語尾に
「シンセキ〜」

と付けましょう!

『語尾』除け(別名『ポヨヨ〜ン除け』)
○○ポヨヨ〜ン! ○○○ポ! ○○○……ポ!
○○でちゅ(赤ちゃん級) ○○○ニャン(声優級)

家にいるとついついお互いが甘えてしまって、言葉を選ばずに、相手を怒らせてしまうことがよくありますよね。

「面倒くさいな!」「うるさいな〜」「ほっといてよ!」

「なんでまだご飯できてないの!」

とか、偉そうに。

特に、子供にしたら「ふつ〜」の言い方でも、昭和の我々にとっては「なんや、その言い方は!」と込み上げるものがありますよね〜。(笑)

そんなときは、家族の「ルール」として試してほしいことがあります!

きつい言い方をしてしまったら、お互い「必ず語尾に**『ポヨヨ〜ン』**を付けよう」というルールです。いやいや、大真面目にご提案しています。(笑)

あ〜疲れた。今日の晩めし何？
まだ何も用意してないの。ちょっと待ってて……
え？まだできてないの!? 何やってんだよ〜！
私だってさっき仕事から帰ってきたばかりなのよ
あんたって本当に自分勝手ね！
俺の稼ぎで生活できてんだぞ！わかってんのか!?
なにを—
なによー
ドタ
バタ
夫婦ゲンカ
これが除身力！
ただいま〜。今日の晩めしは？
今したくするからちょっと待ってて
え？まだできてないの!? ポヨヨ〜ン
あなたが作ったっていいのよ！ポヨヨ〜ン
お父さんお母さん、いい加減にやめてよ！ポヨヨ〜ン
あんたは黙ってなさい ポヨヨ〜ン
家族はお互いついつい甘えてしまう部分があって、口をついて出た言葉がきつい言い方になってしまうことがありますよね。
それがだんだんと上から目線の態度になっていって、家族ゲンカに発展してしまうんです
ポヨヨ〜ンを付けるだけでケンカにならないですよ
ポヨヨ〜ン

実はこれを、僕のラジオのリスナーさんたちに言うと、「ちょっとハードル高い」って言われました。(笑)
じゃあ、はじめの一歩は、怒りながらでも「ポ」だけ付けてみよう。

なんでまだご飯できてないの! ポ! (怒)

これでもハードルが高いっていう人は「時間差『ポ』でもいいよ」って言ったら、「それならいけます」って声がありました。

「なんでまだご飯できてないの! お腹すいてるのに~………ポ」

セーフ!! セーフ! 「間違いなく『ポ』って言った」ってね。(笑)
言わなかったら逆に、「ポは?」とツッコんでみるのもありです。(笑)

そして、最後に紹介する、次のこれが一番使えると思いますよ!

これなら、だいたいどの場面でもマルチに使えます！　これはとてつもない発見やと自負してます！　自分で自分に「ノーベル・ミニマム平和賞」を授与したいぐらいに、いろんなご家庭が平和を取り戻しました。（笑）

ママやパパが思っていること、ほぼすべて子供に言ってもイイですよ。思うがままに！　我慢することないんです！（我慢できない人はね）

ただし、言いたいことを言ったら、最後に必ず、

〜と、パパ（ママ）は思うけど、どう思う？

って付けるんです。

そしたら、押し付けになりません。ほぼほぼパワハラにもなりません。言いたいことが口をついて出てしまったら、必ず、どんな場面でも最後に「と、パパ（ママ）は思うけど、どう思う？」を付けてみてください。

極端なことを言えば、

「(子供に) **追い出すぞ!**……と、パパ(ママ)は思うけど、どう思う?」

でいいんです。(笑)

これで、もうほとんどパワハラになりません。

相手の意見を尊重していますからね。

で、子供が、

「追い出さないほうがいいと思う」と言ったら、

「わかった」と言って、

「じゃあどうすればいいと思う?」

と聞き返します。冷静な気持ちで。

相手が幼い子供でも、**〝小さな大人〟**として

議論を進めればいいだけですから。(笑)

第3章

私得力（しとくりょく）

昭和のICチップ対策編

ピンチがきたときは、

ピンチは、チャーンス！


って言う。

これ、「ルール」にしています。

「何それ？ そんなの昔から知ってるよ！」
と思ったんじゃないですか？

でも、本当にピンチになったときに、この言葉を使える自信、ありますか？

そういう気になりますかね？

そう思えるとしたら、ひょっとしてそれは、本当はそんなにピンチじゃないときじゃないですかねえ？

心に少しでも余裕があったときじゃないですかねえ？

「だったら、なんでレモンさんは使うの？」
そう思ってくれるところまできたら……大ちゅき♡
あっ、失礼。

あなたに興味を持ってほしいんです。

だって、新型コロナウイルスがきた当時に、**「チャーンス！」**って言ったら、炎上して**丸焼きレモン**になるでしょ？（笑）
でも実はそういうときこそ、本当に1秒でも早く「チャーンス！」って言ったほうがよかったかもしれないんです！

で、それを説明するには、ちょっとここで、**簡単なワーク**をしたほうがわかりやすいと思うので、やってみましょう！

本当に簡単です！

あなたがもし今、電車の中や、周りに人がいるような場所にいても大丈夫です。あるいは、本屋さんで立ち読みしていても大丈夫！

こっそりでもやれるワークですから。(笑)

ではまず、今からだいたいの感覚でいいので、自分で**制限時間10秒**だと思ってください。多少ずれても大丈夫ですからね。

今からレモンさんが、ヨ〜イ、スタート！って言った後にお題「(ひと言)」を言うので、自分の見える範囲でそのお題のものを探して、その**お題のものの数**を数えてほしいんです。

あっ！立ち読みの人は、**不審者になってしまいます**ので(笑)、軽く見ることができる範囲で構いませんよ。
あんまりキョロキョロしてたら、間違いなく**万引きしようとしている人**に間違われるので。(笑)今はどこにでも防犯カメラがありますからね！(笑)
無理はしなくていいですからね！(笑)

「レモンさんの本で不審者急増！」なんて笑えません！（笑）
わかりましたか？ここでもう一度読み返してもいいですよ。（笑）

そして、制限時間10秒ぐらいたったかな〜というところで、探すのをやめて、必ずその**数を覚えて**おいてください。

そして、この本の続きのところを読んでくださいね。

いきますよ。いいですか？


「めんどくさ〜」とかやめて！凹むから。レモンさんは、**ガラスのハート、プレパラート**だと娘から言われてるから。お願いします。お付き合いくださいね。

忠実に、かつ正直にやってもらわないと、意味をなさないワークですからね。

それではいきます！


ヨ〜〜〜〜〜イ、スタート！

赤色のものがいくつあるか数えてください！ハイ！

ワーク中

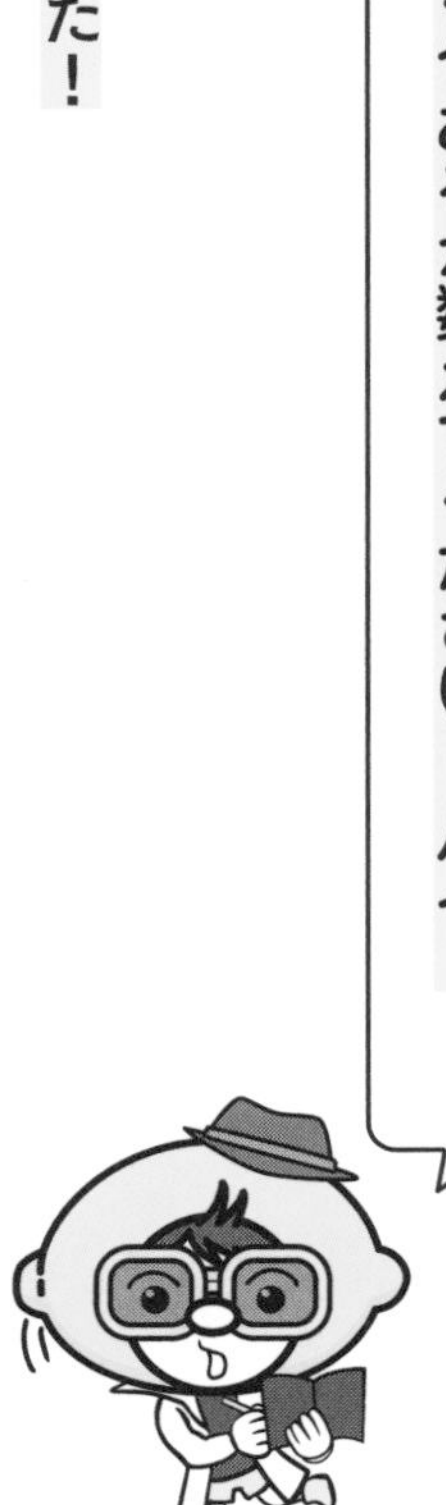

ハイ！お疲れ様でした！

終わった人は今、この文字を読んでいますね。それでは、この後、**2つの質問**をします。ここからは絶対に**「キョロキョロ禁止」**です！あたりを見ないでくださいね！今読んでいるこの本だけを見ていてくださいね。

まず1つ目の質問です！

赤色のものは、何個ありましたか？

答え「　　個」

10個以上あった人は、天才です！ウソです！（笑）そういうゲームじゃないから！（笑）

まだ、**絶対に周りを見てはいけません！**

2つ目の質問です！

青色のものは、何個ありましたか？

ハイ！見ないよ！周りを見ちゃダメだよ！

目をつむって思い出してもいいよ！

ハイ！お答えください！

答え「　　個」

それでは改めて、「青色のもの」が何個あったか、しっかりと、怪しまれないように（笑）**確認して**みてください！

この本を読んでいるあなたが見ることができる範囲でいいですよ。読んでいる人それぞれに。

自分の部屋にいる人なら360度、「青色のもの」が何個あるか探してみてね。どうぞ！

確認中！

ハイ！確認できましたか？

それでは、あなたが先ほど答えた「青色のもの」の数より多かった！という人は、周りにバレないように、**ウインクしてください！**ウソです！（笑）

さあ、どうでしたか？ほぼ全員が、見落としていた「青色のもの」があったのではないでしょうか？

ひょっとしたら、「ゼロ！」と答えて結果も「ゼロ」で、「当たった！」という方もいるかもしれませんが、その方はこのワークをするにはちょっと**適切でない場所**だったかもしれません。喜んでいる場合でもありません。（笑）

不利な状況でしたね。ごめんなさい！　ポヨヨ～ン！（笑）

このワークが教えてくれることとは、

「あなたがピンチなときでも、どれだけチャンスを見つけることができるか」

ということなんです。

先ほどのワークでは、「赤色のものがいくつあるか数えてください！」と設定したので、あなたの意識は赤色を見つけやすい状態になりました。

つまり、赤色が見えるメガネをかけているとしましょう。

赤色メガネをかけたら、もう、赤しか見えません！

その意識の中では、青色が見えません。いや、見えているのですが、脳が認識できませんでした。フィルターがかかっているような状態です。

その後の答え合わせのときは、赤色メガネを外して、青色を見つけようと「意識」する青色メガネにかけ替えた状態です。

すると、青色のものがしっかりと認識できるようになりましたよね？

「ピンチは、チャーンス！」と考えることも、これと同じなんですね。

ピンチメガネは、ピンチがよく見える「意識」のメガネです。

なので、ピンチメガネをかけた状態だと、**ピンチな情報ばかりが目に入ってきます。**

チャンスがどこにあるかを認識しづらいのです。

だから、ピンチなときだからこそ、意識的に、１秒でも早く**「チャンスメガネ」**に頑張ってかけなおします。

すると、「どこにチャンスなんかあるんだよ〜!」と怒りながらでも、チャンスを探そうというモードになるので、もしチャンスがそこにあれば、見つけやすくなるわけですよね。

そういうことで、レモンさんは、怒りながら、凹みながら、あるいは泣きながらでも、「ピンチはチャンス!」という言葉を言うんだという「ルール」にして、さらに反復練習をしたんです。

そして、すぐ後に、**自分にツッコむ**わけですよ。

どこがチャンスやねん!

と。

怒りながら、凹みながら、泣きながらでも。

そして、チャンスになるものを意地でも探しまくるわけですよ!

これが、**レモンさん風の「リフレーミング」**（別視点）なんですね。

「リフレーミング」という言葉を知っている人も増えてきました。

フレームとは、簡単に言えば「枠組み」です。

「ピンチ」という枠組みで見ているものを、「チャンス」という枠組みに変えて見てみるということですね。

それをレモンさんは、**「メガネをかけ替える」**と表現しています。

「赤色のものを探す！」と脳に意識させると、脳がそれ以外の**興味のないものにフィルター**をかけて、「今は赤色以外の情報はいらないよ！」というように、いわゆる**「盲点」**を作っちゃうんですね。

これがよく言う、**「スコトーマ」（心理的盲点）**ってやつですね。

詳しいことは自分で調べてみてね。深くて、面白いですよ。

それよりも、まずここで意識していきたいのは、「リフレーミング」です！

これはつまり、「ピンチなときにそんなこと思えないよ！」じゃないんです。「ピンチだからこそ、この状況を抜け出すためにチャンスを探すんだ！」って感じなんですね。

だからレモンさんは、どうせならすぐ**「リフレーミング」するという「ルール」**にしておきましょうよ！　と、お節介にもおすすめしています。

例えばですね、チャリンコ置き場にチャリンコを取りに戻ったら、**サドル（椅子の部分）が盗まれていた**とします。

いきなりピンチですよね！

普通なら怒って、

「誰やねん！　こんなしょうもないことしやがって！　ホンマ、シバくぞ〜！」

と言いながら、**隣の自転車のサドルを外して、**自分の自転車に付け替える……
というのが「リフレーミング」……。

ちが――う！ んなわけないやろ！
ダメ、ダメ、ダメ、絶対しちゃダメ！

そんな、昭和の人たちなら思わず笑ってしまうような**「昔はようおった」**とか言うてる場合やない！（笑）

だから、「リフレーミング」というのは、そういうときでも「もう誰やねん！」と怒らずに、一瞬にして切り替えるために、すぐに「ピンチは、チャーンス！」と言って、さらに自分にツッコむ！
「なんのチャンスやねん！」って。

チャリンコ置き場
～♪
はっ!
ぎょえ～!!
俺の自転車のサドルがないやんか～!?
誰やねん!?
こんなしょーもないことしやがって!
ホンマシバくぞ～!!
こんなときこそ…
ピンチはチャーンス!!
リフレーミングチャーーンス!!
レモンさんのリフレーミング1
あらま～よく見たらこのサドルんとこ一輪ざしできるチャーーンス!
……
なんちゃって…
ザクッ
しょうがないから乗ってるように見せかけて帰ったるわ!
キーコ
キーコ
レモンさんのリフレーミング2
あ～これは太もも鍛えるチャンスだわ!!
エアサドル
こんな屁理屈やおふざけでもいいんです!チャンスだということにしとくんですね!
ハァ
ハァ
大切なのは早い段階で気持ちの『氣』を切り替えて自分自身の中からエネルギーが奪われるのを防ぎ『元氣』を取り戻す。そして意識を変えると、見える世界が変わり、『やる氣』が出てくる。つまり逆にエネルギーを湧かしてやるのが目的です!
これがレモンさんの利用している「自家発電〈氣丈〉システム」です!

とにかく、どんなときでも**リフレーミング**で目の前の問題を乗り越えて、前に進めるようにすることが大事ですから！

こうすることで、イライラする気持ちから解放されて、**自分を守れる**んですよね。いいことずくめでしょ？

レモンさんは、この「リフレーミング」する力のことを、

「しとく力」

と名付けているんです！

「ピンチはチャンス！」ということに「しとく技」です。

これは、元氣が湧き出るレモンさんの**〝ビタミン・ワード〟**の一つです。

当て字も考えて、「私」が「得」をする力で、**「私得力」**。

あるいは「徳」を積む力で、**「私徳力」**でもいいです。

さらに、「力」が付いたら、それは「技」になります。

だから、「私得技（しとくわざ）」となります。


この言葉が生まれたきっかけを、この本を読んでもらっているあなたに絶対に知っておいてほしいんです!!

と言うのも、実はきっかけは、あの「東日本大震災」だからなんです。

そうなんです。被災地を何度も訪れたときに、降りてきた言葉だったんです！


というのもね、レモンさんと愉快な〝We are シンセキ！〟たちはみんな**オセッカイダー（お節快人）**だから、全国のラジオ局に協力してもらったり、リスナーさんたちに助けてもらったり、栃木県の〝We are シンセキ村〟の仲間たちや、アーティストや、多くの著名人に参加してもらったりしながら、**「ラジオバトン・プロジェクト」**っていう支援活動を続けていたんですね。

それは、全国から小型ラジオをはじめ、支援物資を集めて、被災地に届けるプロジェクト。当時、ずっと被災地に通っていたんですよね。

で、ああいう大変な時期でも、パッパ、パッパ動いている地元の人もいてね。それも、自分の家族が津波に流されて、まだ見つかっていないというのにね。僕らボランティアと一緒に動いてくれて、笑顔で大きい声を出して、周りの人たちを勇氣づけたり、笑かしたりしてくれたんですよね。

でね、これは「レモンさん調べ」ですけどね、そういう元氣な人って、どういうわけか、**「オバちゃん」ばっかり！（笑）**

って感じでした。

要は、凄く力強いのね。豪快な感じでね。
そうそう！**昭和の「肝っ玉母ちゃん」**って感じで、最高やったね！
だって、**めっちゃ笑かしてくるんよ！**関西人の僕を！（笑）
ホンマ、どれだけ笑ってええんか？笑ったらあかんのか？ホンマに困ったわあ～。（笑）

で、他にも元氣で前向きに動いてはった人がいて、それが**「オバちゃんみたいなオッちゃん」**ね。（笑）

要は、レモンさんみたいなタイプで、日頃からお節介なキャラクターの、**よ～しゃべるオバちゃんオッちゃんね。**（笑）
そういう人が強かったね～。

で、大切なのはここ！
そういう被災地の人たちが、みんな共通して言ってることがあると気が付いたんですよ！
それが、各々に
「私は、今回のことは、こういうことにしてるのよ」って言うてくる。
あるいは、
「私は、もうねえ、こういうことに決めたのよ」って言う。

具体的に一つお伝えすると、ある〝肝っ玉母ちゃん〟が、こんな話をしてくれたんです。

「実はな〜、レモンさん、**おらえ（家）の家族が流されたどぎ**、ホントのごど言うと、**おらも、死にて〜**ど思った。んでも、海がら聞こえてきたんだ〜。『おめえは、生ぎねえどダメだ！』**『おらだちの分まで生ぎろ〜！』**って聞こえてきたんだでば〜。んだなあ〜、んだなあ〜って思った〜。それから、おら決めだんだ〜。来年の3月11日まで**泣がねえことに決めだんだ〜。**だがら〜、流さっちゃ3人の分まで、**おら頑張っで生ぎんだ！**だがら自分のでぎるごとやっぺと思った」

こんな大切な話を聞かせてもらって、そこで気が付いたんですよねえ。

「そういうことにしとくんだとした人」
「そういうことに決めた人」
そういう人たちが、前を向いて、今やるべきことに全力で力を出せてる人なんだと。

だから、自然と出てきた言葉が「そういうことに**『私得力』**」だったんですよね。

つまり、「最悪〜！」も「最高〜！」ということにしとく「私得力」さえあれば、「何が最高やねん？」っと自分自身にツッコミながら、「〇〇だったたから最高！」という**リフレーミング**が一瞬にしてできてしまう。

もちろん、これにも、**日頃の反復練習**は必要ですよ！

とても重要で、勇氣と力をいつでもくれる言葉、それが「私得力」であり「私徳力」でもあるわけですね。

「私得力」「私徳力」。
是非あなたにも使ってほしい
と思っているし、練習してみて
ほしいと願っています！

第4章

怒りの原因『わかってよ〜』

レモンさん流怒りのコントロール術

大学などで心理学を勉強されている方などは、左のような図を見てますよね。

ここ大事ですから覚えてくださいね。

我々は、意識できている（顕在意識）範囲は、
だいたい5～10％ぐらいしかないそうです。
驚くほど無意識で生きているんですね。
つまり、自分のことを全然意識できていない。
全然わかってないっていうことですね。

「なんでこんなにモチベーション上がらないのかな～？」

と、わからなかったとしても、それには全部理由がある。

実は、無意識レベルでは、自分もその理由を知ってるはずなんです。

体も全部知っている。ところがわからない。

90～95％、意識できていないんですね。

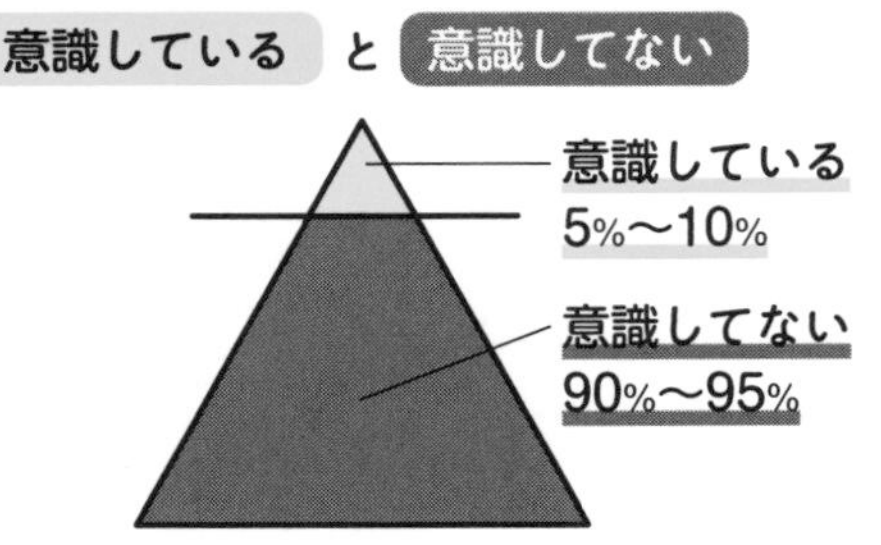

この特性をわかっておいてくださいね。

つまり、自分はほとんど意識できていないってことを、素直に認めておきましょう。

ということは、相手もわかっていないってことです。

ましてや、子供なら、もっとわかっていない可能性が高いですね。

「なんであんな反抗的な態度をしたの？」の質問に、「ムカついたから」ではなくて、「淋(さび)しかったから」だということがわかってない。

だから、それに気づいてもらうお手伝いをするときに、コーチングは有効です。

そこで！　実は、この本を今読んでくださっているあなたも、当然僕もですが、我々全員が毎日無意識に叫んでいる言葉があります。それが、

私のこと、わかってよ〜。

です。例えば、

オギャーオギャー
オッパイじゃないよ！イッパイだよおなか！
オギャー
ウンチでもないよ〜！さっき紙おむつ替えたじゃない
オギャー
オギャ〜〜〜
レモンさんの耳には…
首の後ろに何か違和感がバリバリあるんですけど〜キモイ〜〜
……と聞こえる
ブォオ〜ブォンブォンブォオオ
ボワッボ・ボ・ボワンボボ
ボワン
ボワァン
レモンさんの耳には…
ボワンボーボー
僕を見て〜！（ギアチェンジ）
見て〜！（ギアチェンジ）
みてみて
と聞こえるかも（笑）

僕らの時代は、暴走族が多かった時代。**『3年B組 金八先生』世代。**廊下をバイクが走ってるような中学校で生徒会長やって、野球部の部長もやってた。(笑)

高校の時は、『アナーキー』や『THE MODS』のコピーバンドでギターをしたり……。ホンマ、ヤンキーだらけの〝リアル・ビー・バップ・ハイスクール〟みたいやったね！ ウケる。(笑)

だから、いろんな友達がいる中で、暴走族もいたし、問題行動する人もいました。でも、全員とは言えないけど、少なくとも僕の周りのヤンキーは、弱い者いじめはしない、心根の優しい、仲間思いのええ奴ばっかりでしたよ。

ただ、僕は、ヤンキーはやったことないんです。いつも先の流行に興味があったから。ヤンキーの友達が**「殴り込み、行くぞ！」**っていうときは、**「サーフィン、行くぞ！」**っていう社会人の先輩たちと海に行ってました。(笑)

高校時代の集合写真ではみんな、ヤンキー座りでしゃがんでカメラをにらんでましたけど、僕は、しゃがんではいますけど、両手広げてましたから。サー

ファーポーズで。(笑) 髪の毛も、サラッサラでした。(笑)

だから僕には、**バイクの音も「わかってよ〜」**という声に聞こえました。

当時から夜中にバイクの音が聞こえたら、**「またあいつかな〜?」**みたいなね。

家に早く帰りたいな〜っていう家庭じゃないことも多い。居場所が無いんですよね。だから、仲間で集まれる家に入り浸ったりしてるんですよね。

そこを誰かに、「たまり場になってる」って警察に通報されたりするんですね。

みんな基本はいいやつばっかりなんやけど、スイッチ入るとツッパるんよね。

今考えたら、悪ぶるしかないところもあったと思いますし、周りの大人たちは、ただただ迷惑そうな目で見ていたと思います。

クラスで問題行動を起こしている。

社会で問題行動を起こしている。

みんな何かを**「わかってよ!」**って言ってる。

もちろんどんな境遇であっても、犯罪はダメですよ。当たり前ですがね。

ストレスもエネルギーなのだから、そのパワーを、よくない状況を**「乗り越えるパワー」**や、**「自分磨きのパワー」**に変換してほしいと願いますね。

それから、SNSとかにやたらと攻撃的なコメントをしている人もいるでしょ。それも基本的には同じようなことが起こっていると感じますね。

ましてや、そんな**誹謗中傷**（ひぼうちゅうしょう）をまともに受けてしまう人は辛いですよね。

「落ち込んでるんですよ。もうボロボロなんです。もうメンタルやられてます」ってね。

だから、そういう人たちにも、オバちゃんはお節介に言ってるんですよね。

SNSに書かれてる文章には、ほとんど意味ないねんで。
あそこには一言しか書いてないと思うよ。
全部、同じやと思うよ。

と。

それは、ほとんどが、無意識レベルで、自覚無しの、心の奥の声、

「誰か僕のことをわかってよ〜」

「誰か私の存在を認めてよ〜」

「こんなとんでもないことを書くような人間が、ここにいるってことを知ってよ〜！」という叫び声ですよね。

どうやったらこの人が反応するか？ってひたすら考えているのかも。

じゃあ、なぜ、攻撃するためにその人を選んできたのかなあ？　多分、選ばれた人の多くは、当たり前だけど、その人のことが気になるからだよね。

恨みを買うようなことをされたという人以外は、その人のことが好きなのか、憧れの気持ちの**反転現象**が起こってしまっていて、**嫉妬**や**妬み**という**憎悪**に襲われているのかも。

いずれにしても、その人の**しんどい気持ち**は伝わってくるよね。

だからあえて**「すぐ戦うチップ」**を作動させる必要も、意味もないよね。

まともに食らっちゃう人は特に、**文章を目にしないほうがいいよね。**

反応するなら、**「いろんなご意見、有難う」**ぐらいにしときやってね。

それを、逆に、もし一言でも
「こんな書き込みありましたけど、そんなことないですから」とかってやったら、

「やった〜!! 反応してくれたぞ〜お（＝憎悪）！」

「よ〜し、もっとひどいこと書いて目立ってやるぞ〜お（＝憎悪）！」

と**「憎悪スイッチ」**が入っちゃうだけだからね。

歪んだ「正義」を振りかざして、**「悪役」を演じ出してしまうと思うよ。**

なぜなのか？ それは、**「にんげんだもの」**（ｂｙ相田みつを）。（笑）
何か事情がある人間誰しもが、無意識にそうなっちゃうんだと思います。

ところで、ご夫婦の皆さん。なぜ夫婦ゲンカをするのか？

パパは無意識の中では、ママに**「わかってよ〜！」**ってね。

もちろんママだってそうで、

「私のことわかってよ！愛してるよ！ってあんなに言ってたから結婚したのに！**釣った魚にエサも優しさもやらないみたいな。**どういうことよ！私のこと、もっと**大事にしてよ！」**と無意識に。


この本を読まれている方には、男性もたくさんいらっしゃると思います。

レモンさんも男性ですが、中身（性質）的には**「お節介なオバちゃん」**です。

女性団体様からも、よく講演会の講師として呼んでいただいて、レモンさんのこと、**「女性の気持ちがわかるオバちゃん」**と言ってくださることも少なくないのですが、正直僕はそこまでわかってないと思います。（笑）

そんな「レモンさん調べ」で、個人的に感じていることがあります。

それは、性自認が男性だと思っている人は、80歳になろうが、90歳になろうが、100歳になろうが、中身は、ほぼ**「年長さん」**で止まってます！（笑）

なんとなくですからね、なんとなくでもわかりますよね？（笑）
もしも、「いえ、うちの夫は、とっても大人ですよ」
という方がいらっしゃるとしたら、それはもちろん素晴らしいです！

ただ、実際にオセッカイダー・レモンさんとして、これまで日本中を何度も、いろんな**お節介な活動＝「お節活」**で行脚してきて、それも**約20年の間**、その土地、その土地で夫婦関係のご相談も受けてきましたが、見事と言っていいほど、妻さんから**「ホント、子供みたいなんですよ！」**や、「うちにはもう一人の**大きな長男**がいるみたいです」など、同じセリフを聞いてきました。「脱いだものは脱ぎっぱなし、トイレの電気はつけっぱなし」「冷凍庫にあったアイスクリームを子供が食べたとマジ切れする」「子供と仲良くゲームをしてるかと思ったら、本気でケンカを始める」などなど、よく聞きました。（笑）

昭和世代の男性のほとんどが精神年齢は年長さんぐらいって人が多いな〜と感じさせられる**ご相談を、全国でたくさん受けて**、講演会に呼ばれるのです。

だから、これからは、もしもパパだけじゃなく、ママも怒っていたら、5歳ぐらいの子がわがまま言ってる姿をお互いにダブらせて見てください。

そっくりです。（笑）

「わかってよ～」と訴えているだけです。

使ってる言葉がちょっと**オトナチック**なだけですよね。実は僕もです。（笑）

で、男性の方々も意識できていません。この話をして**「何を言ってるんだ！**

俺はそんなことない」とイラッとしたら、**一番年長さん**かも。（笑）

全国で、多くの男性も**「わかる～」**と素直に認めています。可愛くて残念。（笑）

「私のこと、わかってよ！」っていうのは、**世界で一番好きな夫さん**であり、

世界で一番好きな妻さんにわかってほしいんですよね。

つまり**お互いが甘えている**んですね。それが無意識だから、困ったものですね。だから、夫婦ゲンカは、「わかってよ！」って**言い合ってるだけ。**

もめてるテーマがなんだったか忘れることもよくありますよね？（笑）

また、母親も父親も子供に**「親の気持ちわかってよ！」**と言ってますが、同

時に子供も**「ママ、僕の気持ちわかってよ！」**って言ってるんですよね。

昭和では、泣いてる子供を無言で引きずって歩いている親がいましたよね。（笑）

その子は泣きながら、「わかってよ、ママ！」って言ってるだけなんですよね。

だから、いったん立ち止まって、目線を合わせて、落ち着いて子供の気持ちを聴いてあげて（怒り口調と表情は注意して）、**わかって（同調して）あげれば落ち着く**。といって、無理なものは無理と気づかせるように、ていねいに説明して考えさせる。そして「どうするか？メニュー」（171ページ参照）から自分で選んでもらうというルーティン。

つまり人は、自分のことを誰よりも**「わかってくれる人」が好きです。**

教室で暴れている生徒は、ひょっとしたら「僕の気持ち、わかってよ！　僕には、学習障害という特性があるんだ！　そんな**発達障害のことも理解してほしいよ〜**」

「うまく字が読めないんだよ。理解するのが難しいんだよ。」

「ADHDで、アスペルガーって診断されてるんだよ。僕の場合、感情をコントロールするのも難しいんだよ！　そういう特性があるんだよ！」

と叫びたくても、叫べない子なのかもしれません。

誰もが、**一番身近な人に理解してほしい**んですよね。

会社勤めしている上司の方も、是非！　覚えておいてくださいね。

部下に好かれたい、信頼関係を築きたい！　と思ったらシンプル！

「誰よりも私のことをわかってくれる人」って思ってもらえれば、信頼関係も築きやすいです！

誰もが、私のことをわかってくれる人が好きですから。

そのためのコミュニケーションは、
たったの3ステップ。シンプルなんです。
次の章でご説明しますからね。

第5章

コミュニケーションの3ステップ

昭和のICチップ克服法

「わかってよ～」と無意識に叫んでいる人に対して、あなたがすぐに「わかるよ」と何度言っても、あまり意味はありません。

相手のことを「わかる」ために、レモンさんは**「コミュニケーションの3ステップ」**をおすすめしています！

昭和型のコミュニケーションから、令和型へ。

と言われても、「何が昭和型なの？　ふつうでしょ？」という感じですよね？

いかに我々の昭和時代のコミュニケーションの**「ふつう」が「不通」**になりがちだったのかということにも気づけると思います。


是非、反復練習してみてくださいね。

「練習が必要なの？」もちろん！　なんでもそうですが、はじめは難しく感じると思います。でも、

安心してください、入ってますよ！
（芸人さんの、とにかく明るい安村さん風）
昭和のICチップ

何が入っているのか？ 我々は大丈夫なのです！ なぜなら、僕たち昭和世代は、**「根性」「忍耐」「努力」のＩＣチップ（消費期限なし！）**を、だいたい装着しているはずです！

「根性」さえあれば、我々はなんとかやれますよ！（昭和スタイル）（笑）

これで信頼関係を築くきっかけとしてほしいのです。

ステップ1【聴く】

1つ目のステップは、相手のことを理解するためには、まずは相手の話を「聴く」ということですね。

「なんだ、それは。当たり前のことだよな」と思いましたね？

それも「自分はできる」という前提で！

いや、いや、いや、いや、できてない人がほとんどですから。（笑）

僕自身もそうでしたからね。

ただ、ここは深いですから、注意深く読み進めてくださいね！

コミュニケーションの「肝」の部分ですから！

例えば、子供が学校から帰ってきて、

今日、学校どうだった？
あ〜〜ムカつく!!
どうしたの？
放課後、〇〇ちゃんたちと一緒にいたら…
早く帰れ!!
…っていきなり先生に怒られてさ…
ギヌヌヌ
遅くまで残ってるからでしょ!?

はい、この会話をどう思いますか？

「え？ 普通の会話でしょ？」と思いましたか？

「だって、怒られるというのは、放課後にずっと遅くまで残っていたからでしょ？」とか？ あるいは優しさで、

「先生もいきなり怒る必要もないのにね～」って感じがしたでしょうか……？

そう思うことも「ふつ～」なんですが、そこじゃないんですね。

すでにこの時点で、母親は子供の話を聴いていません。

「いや、いや、ちゃんと話を聴いてあげてる会話じゃないですか？」

と思った方は、

おめでとうございます。完全に「昭和の優良国民」＝「昭和っち」（ウルトラマン風）です！（笑）

昭和のＩＣチップが、ガッツリ入っている、素晴らしい国民なのです。これを「ふつ〜」の会話だと感じている、ある意味で催眠状態でもあります。もれなく僕もそうでしたから。まさに**「昭和の優良国民」**です！（笑）

「えっ!? 何がおかしいの？」

つまりは、母親は、子供の話を聴いているというより、自分の感想や意見など、自分の言いたいことを、先に言っちゃってるんですね。

「ええ!? それが会話というものでしょ？」

もちろんそうですが、まだ子供が話し出したばかりで、早速**「評価・判断・分析・ダメ出し・感想・アドバイス」**などをしてしまうのが、僕たち昭和世代の特性でもあると言わざるを得ないのですね。それも**ほぼ自動的に。**（笑）

例えて言うなら、大ケガを負わせた人を刑事さんが事情聴取している場面で、

「あいつが殴ってきたから、ムカついて殴り返しただけですよ！」

って聴いた刑事がすぐに、

「いや、それは君が何か殴らせるようなことをしたからだろう？」

と決めつけて言っちゃってるのと同じような感じですよね。

事情を聴かれている側からしたら、ビックリしませんか？（笑）

「えっ!! 何!? あいつの味方？ 手先なの？」

「なんでそのときの状況を知らないあんたが、勝手に決めつけてるわけ？？？」

ってなりませんか？

「こっちは、『事情をお伺いします』って言われたから、今話しているのに!?」とね。


それぐらい、我々は、ほぼ自動的に、無意識的に、なんの疑いもなく、「コミュニケーション崩壊への道」へ一歩踏み出していることに気づけていないのです！

「アンコンシャス」（無意識）恐るべしでしょ？ でもあなたは悪くない！（笑）

このことにほとんどの我々昭和世代が気づけてないのが問題であり、課題であり、闇の深さなのです。

先ほどの母親と子供の会話で、「遅くまで残っているからでしょ」と言った段階で、すでに「ママに話すと、なんか余計イライラさせられるわ！」と子供に思わせていることに気づいていないんですよね。

だから、最後はいつも、なぜかしら親子ゲンカにつながっていくことが多々あるのです。

思い当たりませんか？

もう一度言いますね！

「あなたは悪くない！」（笑）
あなたはただの真面目な「昭和っち！」。（笑）

ただ、相手の話を聴いてるつもりでも、全然聴いてる態度ではないということに、気づいていない！という大問題が、日本中、いや、世界中で起こっているのです。

この**「ミス・コミュニケーション・システム」**で、もめなくていいことでも、もめてしまっているのです。

どうでしょうか？ あなたも、これまで経験してきていませんか？

レモンさんの講演会でも、とても多く依頼されるテーマの一つです。

だから今日、レモンさんの本と出合ったことで、気づけたとしたら、間違いなくこれからのコミュニケーションが変わります！ そして反復練習で、**親子の会話も確実に増えて**、楽しい時間が増えるのは実証済みです。

今までもレモンさんが〝オセッカイダー〟として介入してきた中で、そういう断絶しそうな親子や、完全に会話がなくなった親子でも、**信頼関係を取り戻してきています**からね。

それが **〝オセッカイダー！〟の目的であり、願いです！**

だから、この例でいえば、母親のリアクションとしては、

「遅くまで残っているからでしょ！」

と言う代わりに、

「っていうのは？」って聴いてみたり、

「ええ、怒られたの？　どうして？」とか、

「もう少し詳しく聴かせてくれる？」とかは、いつでも使えますよね。

なので、「聴く」ということにおいては、あなたの「評価・判断・分析・ダメ出し・感想・アドバイス」などは、ここではまだいらない！　ということなのです。

事情聴取がまだしっかりできていないのですからね。

そして、レモンさんが気にしているのは……、

もしもあなたのお子さんが**思春期を迎えて**、あまり話したがらなくなっているとしたら（多少そういうことが起こるのが当たり前なのですが）、本当は今困っていて親に話したいけど、**「話しにくいんだよな～」**と悩んでいるのではないかと、心配なんですね。シンセキのオバちゃんとしても。

子供たちにしたら、親の「どうだった？」という言葉に乗せられて素直に話したのに、結局、

「ムカついた」「逆にストレスが増した」

「あ～、だから話さないほうがよかった！」

となってしまうから話したくない、となるんです。

そんな「だまされた！」とまでの言い方をする子供たちの声を、実際僕はたくさん聞いているんですよね。

残念ですが、当然ですね。

それは、あなたが「昭和の優良国民」だからかもしれません。

そう！ あなたは**「悪くない」**のです。**あなたも「被害者」**なのかもです。
昭和のICチップの中の**「人の話聴けないチップ」**が作動しているだけですからね？（笑）ある意味恐ろしいチップでしょ？

とにかく、しっかりと「相手の気持ちに寄り添うんだ！」とか、「評価・判断・分析・ダメ出し・感想・アドバイスは最初からはしない！」とか、つまりシンプルに言えば**「否定はしない！」**を肝に銘じて、リハビリするつもりで「反復練習」をしていきましょうね！ 昭和型**「なにクソ根性」**出して！（笑）
もちろん、令和スタイルの「根性」も存在しますけどね。（笑）

最初は、なかなかできないと思います。

しかし、できないからと言って、決して**自分を責める必要もない**し、と言ってあきらめなくても大丈夫です！ 少しずつできていく自分に必ず気が付いていきます。それが意識し続ける力、**「意識の力」**というものなのです！

そして、慣れてきたら、いかにそっちのほうが楽しいか、気持ちが楽なのかを実感しますからね！　必ず！　できる範囲から！　あきらめないで！

大丈夫です！　催眠術は解けていきます！

ハッピーが増えて、笑顔が増えていきます！

一緒に楽しみながら、催眠術を解いていきましょう！
「あなたは解け～る」「あなたは解け～る」「絶対解ける！」（笑）

【確認】

さあ、ファーストステップの「聴く」の次は、セカンドステップの「確認」です。

ファーストステップの「聴く」ができたとします。ところが問題はその後です！

相手の話を聴いたらすぐに、「わかった、わかった」とか、

「そうかあ、お前の言いたいことはわかった」とか、「なるほど～、よ～くわかった」とか……、これらは、相手の話を聴いた後、我々「昭和っち」が言いがちな言葉ですよね？

「これの何がおかしいんですか？」って感じてますか？　ハイ。残念ながら、おかしいんです。あなたはまだ完全に催眠状態ですね。（笑）

例えば、会社で新入社員に、

○○さん、
この書類の確認を
とってきてくれんか？
わかり
ました～
10分後……
行ってきました
部長！
そうか
ちょっと書類を
見せてくれる
か？

んん!?
○○さん！
これ、確認して
もらったのか!?
ハイ！
確認して
もらいまし
たけど…
いやいや…
確認して
もらうと
いうのは
最後のここに
サインして
もらわないと
意味ないんだよ！
確認
でも〜
部長
確認して
もらってくれとは
言われましたが
サインして
もらえとは
言われて
ませんしぃ〜
ムグウウウウウウウ
パワハラはダメ…
パワハラはダメ…

どうですか？　心の中で聞こえましたか？

「アホか！　そんなこと常識やろ！」の声。（笑）

もうダメですからね！　時代は変わったのです。（泣）

「明治維新」に武士の「刀」を取り上げられた**「廃刀令」**と同じように、**「令和維新」**の今、**「廃アホ令」**が出てますからね。（笑）「アホみたい」と、それを破ったら、明治維新と同じように**処罰されます。**気を付けましょう、同志の皆さん！　武士の皆さん！　Ｗｅ ａｒｅ シンセキ！　の皆さん。（笑）

そうなんです。仕事上では、常に**「確認！」「確認！」**さらに**「確認！」**でしたよね？

「報・連・相」でしょう！　懐かしいでしょう！（笑）

だから、親子の会話に限らずすべてのコミュニケーションで大切なのは、**「伝えた」**＝**「伝わった」ではない！**ということを理解したほうがいいですね。

つまり、**「伝えた」と、相手に「伝わった」とは違う（≠）**という意識を忘れないでくださいね！

相手の話を聴いて、その人が本当に伝えたいことや気持ちを、その人自身がうまく表現できている、言葉にできているとは信じないでくださいね。

あなた自身にも経験ありますよね？

「なぜかうまく説明できないな～」とか、逆に、

「とてもわかりやすい説明ができたな～」

と思っても、全然違うふうに捉えられていたりとか。

それほど**「言葉」というのは、受け手によって捉え方が違う**のです。

その受け手側の精神状態や性格、トラウマ、育った環境や文化などによっても、全然違ってくるものだと「意識」しておくほうが身のためですね。（笑）

これが文化の違う外国の方だともっと複雑になってくるということは、容易に想像できますよね。

だから、人間関係のトラブルは、**「無理解」**や**「誤解」**、**「想像力の欠如」**の連続だったりするわけです。

まさに、**「ミス・コミュニケーション」**(和製英語)です。

女性のコンテストの話じゃないですよ。(笑)

ミスを防ぐために重要なのが、**「確認」**という作業なんですね。

例えば親子の会話で、

(親)「よし、わかった。おまえの気持ちはわかった。でもな、おまえの言うてることは、やっぱり甘い! 甘すぎる! 世の中ナメてる!」

この昭和のフレーズ、まるで昭和のヒットした歌謡曲を日本中の人がだいたい歌えてしまうという現象ぐらい、日本中で同じ言葉が使われてますね。

残念ですが、こちらの商品も消費期限切れです。(笑)

整理しましょう！（笑）
まず、**「わかった」とすぐ言ってしまう癖。**
これは、残念ながら、先ほどの新入社員と近いレベルです。（笑）

本当に、子供の言いたかったことを、自分が受け止められたのか？
理解できているのか？
それを確認できるのは、その相手である子供自身ですよね？
だから、子供に確認しない限りは、結局
「何よ！本当は私のこと、全然わかってくれてないし!!」
と、がっかりさせてしまいますし、自分自身もがっかりしてしまいます。
お互いを傷つけ合っちゃいます。

親子ゲンカばかりしている家庭では、日本中、いや世界中で、この叫び声
「わかってくれてないじゃない！」が、鳴り響き続けているんですよね。

それでもあなたは「悪くない！」。チップのせいなんです！（笑）

本当です。だって、練習すれば誰だって、「確認」作業なんてできることだし、それを**教えてもらっていなかっただけ**ですからね！

ましてや、子供に**「甘い！」**と言っているのは、**「愛情」**だからです！

「強く育ってほしい！」。なぜなら、**「幸せでいてほしい！」**からですよね？

一番の願いですよね！気持ちは間違ってないですもんね！

だから、レモンさんは胸が苦しいのです！

だって、**あなたは被害者**でもあるからです！「なんの？」

「昭和のパワハラふつう文化」です！

だから、**「誰も悪くない！」**としないと、やってられないっす！（笑）
ただ、その「昭和」も、私たちが自らつくってきたんだし、それに、今の社会の責任者でもありますから。だから「確認」しましょう！

そうか～
それならちょっと
確認させてもらえ
るかな？
あなたの話して
くれたことを
ちゃんと理解
できているか
どうか…
…ね
いいよ
つまり○○って
ことに怒っていて
だから××を
どうしたら
いいか
悩んでる…
ってこと？
ん～
ビミョウ…
…
え？
何が
ビミョウ
なの？
○○ってことに
怒ってはいる
んだけど
だから
××じゃなくて
△△のほうが
悩んでるってこと
○○
××
△△
あ～、
××じゃなくて
△△をどうにか
したいんだね？
そうそう!!

最後に、この**「そうそう」**を言わせられたら、バッチリです！

「そうそう」と言ってるときって、誰もが、

「おお、ちゃんと私のこと、一生懸命に理解しようとしてくれて、なんか嬉しいな〜」って、自然となっていくんですよね。

だから、「確認」には「確認する」というだけじゃなくて、**「信頼」**を深めていく力、**「そうそうパワー」**があるということです！（笑）

これはビジネスの現場でも同じですから、「わかる〜」という方も多いと思います。大事ですよね〜?って、わかっているんだったら、どうして子供たちにもそのようにできないのでしょうか？ 我々は!?

その答えは簡単です。

「甘え」です。「そんなこといちいち面倒くさい」という、**無意識の「甘え」。**

特に社会の中で、ビジネスの中で、そういう面倒くさいこと、「確認」「報・

連・相」などは、やり続けてきているからこそ、家に帰ったときくらいは、何も考えずに、くつろいでいたいんですよね？　無意識的に。

誰かに甘えたいんですよね～。

「ボクちん（ワタチ）、お仕事して、ちゅかれたんでちゅ～～」ってね。（笑）

ところが、ズバリ！　その**「ゆるみ」が「ひずみ」**になっているんですよね。

その「ひずみ」が、いろんな場面で出てきちゃってるだけでちゅ。

ヤバいでチュ～！（笑）

「そんな面倒くさいこと」と思った方、もうお気づきですか？

そうです！　これを面倒くさがると、もっともっと面倒くさいことが、それも何年も何年も、この先もずっと続いて、なんだったら**今以上にひどくなる危険性も**ありますから！　怖っ！（笑）

だから今のうちに「甘えたい」と無意識に思ってしまう身内の仲でも、「親しき仲にも礼儀あり」です！

「親しき仲にも確認あり！」で、ケンカする場面が激減するんですから！

この情報を知っているか、知っていないかだけで、家族に笑顔が増えるか減っていくかの、大きな大きな分かれ道になりますからね！

つまり、この本を手にしたシンセキのあなたに今！大きな大きな、ビッグチャンスが目の前にきてるんですよ！

イエ〜イ！

「大袈裟（おおげさ）やな〜」

じゃぁぁぁぁぁぁないんですッ!!

いろんな家族に関わってきたから言うのです！マジでチャンスですから!!

ここでなんとか練習して、**コミュニケーションのシステムをアップデート**してくださいね。

「チャンス」だと言っている僕に、ある人が冗談でこう言ってました。

「なるほどね〜、そしたらワシもそろそろ子供殴るのやめんと、別の〝恐ろしいチャンス〟がやってきちゃうかもね」

「別の〝恐ろしいチャンス〟？　なんのチャンス？」と僕が聞くと、

ワシの老後に、子供や後輩から……、虐待を受けるチャ―――ンス!!　ハハハハ（笑）

いや、いや、いや、いや、笑いごとじゃないですからね！（笑）
実際に、いくつもそういった事例や事件がありますからね。

現実問題として、子供を叩いてきた親をその子が介護をするようになったとき、親に暴力を振るってくるというのは、よくあることです。幼い頃の記憶が蘇って、**条件反射的**に親に暴言を吐いたり、親を叩いてしまったりということが、実際に、世間では当たり前のように起こっているわけですからね。
そのひどいのがしょっちゅうニュースになっているでしょ？　**お互いに辛い。**

それも、先ほど言ったように、**「わかってよ～」**の子供の叫びなんです。

つまり、自分の親だからこそ「わかってよ～！」という思いが、親への**暴力**に結びついてしまっていることもあるんですね。

子供がわがままを言い過ぎたとき、親が子供に「わかってよ～」と叩くように、子供が親に「わかってよ～」と手が出てしまっているってことですよね。


悲しくないですか？

そうです、もともとは**「誰も悪くない」**のです。（泣）

でも、心配いりません！

だって、今この本でお得な情報が入ったのですから！

バンザーイ！（笑）確実に、もめごとが激減します！

すばらしい～!!

当たり前ですよね！だって、人間は誰よりも、自分のことを「わかってくれる人」が大好きですから！

あなたが好きな人、あなたが信頼している人を思い浮かべてみてください。

どうでしょうか？

あなたのことを理解して、心配してくれている人ではないでしょうか？

あなたのことを、あなた以上に信じてくれている人、応援してくれている人を、あなたは好きじゃないですか？

信頼していませんか？（泣）

なんでレモンさんが泣いているんでしょうか？（笑）

泣きたいくらい、「あなたは悪くない!!」と叫びたい気持ちだからです（泣・笑）。それも、**一年中**、すでに**20年近くも**、レモンさんはそれだけを、お節介に**叫び続けてきている**からです！

そりゃあ、この本をやっと出せるんですから、泣きたくもなりますよね。

今思えば、20年前は早すぎて、聴く耳を持ってくれる人が少なくて。（泣）

それぐらいいろんな家族の相談を受けてきたから訴えたいんです。

「もう無駄に傷つけ合わないで！　やめてよ～」と。

「ほとんど誰も悪くなかったんだよ！」と。

もう見たくないんですよ。そんな**切ない争い**を。

コミュニケーションをミスってるだけなのを……。


ちょっと、鼻をかましてくださいね。

実は「思春期」が一つのポイントなんです。

レモンさんは、**「反抗期」を「発言期」**と呼んでいます。「自分の意見を言いたい期」でもあるし、素晴らしく成長している証ということです。

しかし、大人が「子供のため」だと信じて言うことを聞かせようとすると、糸がどんどんもつれ出す……切ない。誰も悪くないんですよね。

だから、ステップ2では、すぐにジャッジしたり、否定や意見をするのではなく、まずは相手の心に寄り添うために確認しましょう。練習すればできる！

ブシャ～～～～!!（笑）まだ鼻水出るわ。（笑）

さあ、気を取り直して……。最後のとどめです！

ステップ3【同調】

ちゃんと子供の話、相手の話を確認した後には、最後のステップとして、最大のポイントで、かつ、昭和にはほとんどなかった部分！**「同調」**するのです！別の言い方をすれば**「合氣（あいき）」**です。

そう、「合氣道」の「合氣」ですね。「氣」を合わせる。

「共感」が「受け入れる」だとしたら、「同調」は「受け止める」というイメージが「レモンさん流」ってことですかね。このプロセスが**最重要ポイント**です！

ここが、ほとんど昭和時代にはなかったですよね。あったという方はラッキーです！（笑）とても重要なステップです。覚えて、意識して、練習してみてくださいね。

なぜなら、まるで**マジックが起こるようなパート**だからです！


ただ、僕たちの昭和時代では、この3つ目のステップをどうしていたかというと、相手の話を聴いたら、愛情のある人ほど（特に親や友人は）相手のことを愛しているので、「なんとか力になりたい！」「なんとか解決してあげたい！」という思いで、ついつい自分の思ったことやアドバイスや評価を出してしまうんですね。

「それなら、〇〇したらいいのよ」とか、

「何で〇〇しなかったの。〇〇してたらそんなことにならなかったのに」とか、

「大丈夫！〇〇してあげるから！」など。

とにかく相手にすぐに元氣になってほしいとか、笑顔を取り戻してほしいとか、相手に対して**「貢献」したい**と考えるんですよね。間違いなく優しいですよね。ただ……例えばママが話をしているときには、パパは「はい、はい」「うん、うん」と気の抜けた生返事をするのがやっとで、心の中では「はい、はい。もう、たいしたことないじゃないか、そんなこと」とか、「うん、うん、疲れて帰ってきてるんだから、勘弁してよ」ぐらいなことを無意識に思っていたりしませんか？（笑）

それでママから、「ねえ、あなた！　聴いてるの？」と、叱られたりしちゃいますよね。（笑）もちろん、この立場が逆のパターンもあると思います。

もうそうなったらキレてしまうパパもいて、「なんだよ、聴いてるじゃないか！　そんなこと、○○して、××させればいいだけじゃないか！」と、まくしたてながらアドバイスしたり、結論や答えを出したりする始末。

そうすると今度は、ママがキレて、「そうじゃないのよ！　それができないから困ってるんじゃないの！　なんにも聴いてないじゃないの！」と……。

これが夫婦ゲンカの導火線ですね。ご心配なく、**全国共通**ふつうです。（笑）

それで、ママの本音はというと、とにかくまずはちゃんと**話を聴いてほしい**だけなのです。

アドバイスとか意見や評価などは、後で相手が望んだときでいいんです。

最初から言ってるように、ママだって**「わかってよ〜」**と無意識に叫んでいるだけなんです。

もちろんパパだって、「疲れて帰っているんだから、わかってよ〜！」と、こちらも無意識に**「わかってよ〜」**を叫んでいるんですよね。

お互い**「わかってよ〜！」のコール＆レスポンス**なんですよね。（笑）

だからお互い悪くないのに、気が付いたらケンカ状態になっちゃってるっていうことだったんです。**悲しいぐらいシンプルな原因**でしょ？

もちろん、すべてのケースがそういう理由ですと言っているわけではありませんからね。チップが作動しちゃってるケースのことですからね。（笑）

多くの事例として、こういうことが頻繁に起こっているんですよ！ってことです。なので、本当に「貢献したい」「役に立ちたい」「力になりたい」と思うのなら、まずはママが「わかってよ～」と叫んでいるのだから、わかってあげましょうよ！

いったん自分の意見やアドバイスは置いといて、**まずは、相手の心に「寄り添う」**ということです。それが「愛」です！ワ～オ♡（笑）

そのために、

「そうだったんだ。それは大変だよね」とか、

「なるほどね～、それで嫌な気持ちになったんだね」とか、

「それは不安に思うよね～」「それは困るよね～」

「そう言われたら、そう思っちゃうかもね」

といったように、相手の**感情や気持ちに寄り添う**チャレンジをしてみましょう。これって、一生、どこでも、誰に対しても使える「愛情表現」ですよ！

本当に、だまされたと思って**トライ&ラーン（学び）**やってみてくださいね。

そのときのポイントは、はじめは難しいと思いますが、**「相手になり切って感じてみる」**というのをチャレンジしてみてください！　それはまるで、あなたが相手に「憑依（ひょうい）」するぐらいの勢いです。キャー――、怖い！（笑）

そこで「評価・判断……」（126ページ）の気持ちが自然と湧き上がってきてアドバイスしたくなる気持ちや、責めるような**「ダメ出しチップ」**との戦いに挑んでくださいね！（笑）必ず誰でもできるようになります。

大切なのはそういう**「意識」を持つというパワー**を使うことです。

そうすると、特に相手が子供たちなら、

「否定されずに最後まで話を聴いてくれた。それに確認までしてくれて、本当に私の心をわかってくれた！」と感じるのです。

だってそれがあなたの**「優しさ」**であり、**「愛」**ですから。

そう、それで**安心**するんですね。

その安心感が得られると、**「心の扉」を自然と開けてくれたりする**のです。

だから**マジック**なんです。まさに！「愛言葉」になる瞬間です！「わかって〜！」という思いが、否定されず「同調」してもらえただけで、相手が「この人は、信頼してもいいかも？」と感じるんですね。

ここは重要なステップなので、できる限り飛ばさないで、ていねいに相手の心に寄り添ってほしいのです。**昭和の「忍耐力」を今こそ使って。（笑）**

それがないと、いくら伝えたいことがあっても伝わらないし、信じてもくれないし、聴く耳さえ持ってもらえない。信頼関係に発展していきませんよね。

そして、「同調」した後に、もしも相手がアドバイスを求めてくれれば、そこで初めて自分の思ったことや、言いたいこと、伝えたい思いなどを話しても構わないですよね。

ただし！くれぐれも、その語尾には「〜と、パパ（ママ）は思うけど、どう思う？」を、できるだけ付けてくださいね。（83ページ参照）

決して「こうなんだよ！」と**断定したり、押し付けたりする**ことのないように、注意してほしいんです。

あくまでもこれはパパ（ママ）の思うメニューの一つで、まるでテーブルの上に置くようなイメージですからね。押し付けちゃったら台無しですからね！

「これは一つの意見で、メニューの一つだからね」と、はじめに相手に伝えるようにすると、安心して聴いてくれると思います。

どうですか？ 自分の意見はずいぶん後のほうでしょ？

もちろん相手から、「先に思ったことを話して！」というリクエストがあったときは別ですよ。

ですが、あくまでも最優先してほしいのは、相手の気持ちに**「寄り添う」「理解に近づく」「理解を深める」**ということですね。

それで最終的には、**「本当はどうしたいの？」「本当はどうなればいいの？」**ということを本人に確かめる。

「すべての答えは、本人の中にあるんだ！」ということを信じて、一緒にメンタルや頭の中を整えるために、お手伝いさせてもらうって感じですね。

第6章

レモンさんの「主体性を育む」子育てアドバイス1

昭和型の親でもすぐできる子育てコーチング

コーチング的6つの質問

「子供と会話できない～」「いつもケンカになっちゃう～」というケースのほとんどが、お互いに自分の思いをうまく伝えられていないからなんですね。
だから、相手がどう思っているのか**吐き出させてあげること**が、ケンカにならない一つの**親子の会話のコツ**だと思います。

でも、子供自身でさえ自分の思いがわからないということもありますよね。
だからその**潜在意識の答えに気づいてもらう**ことが重要なんです。

コーチングを学んでいなくても、これからお伝えする**「6つの質問」**だけでも今日から使ってみてくださいね。
対話をしながら、その中に簡単な質問を入れることで、相手の潜在意識の中の答えにたどり着く、あるいは近づけることがありますからね。

では、ここで**【コーチング的6つの質問】**をやってみましょう。
ママ（パパ）が子供と会話しているという設定で、読んでみてくださいね。

1 「っていうのは?」(掘り下げ)

例えば、

子供 「ママ、今日ね、学校で○○だったんだよ!」

って言ってきたら、

ママ **「っていうのは?」**

と返してみましょう。すると、

子供 「っていうのは～、学校で△△ちゃんが××しちゃって、○○だったんだよね」

って言ってきたりしますよね。

ママの簡単な質問によって、子供は自然と、**自分自身とのコミュニケーションを始める**んですね。これを**「自分会議」**なんて言ってます。

これは、自分で自分に質問して、掘り下げて考えるってことなんですね。

2 「具体的には？」（掘り下げ）

それで、何か答えたとしたら、

ママ「ホント、そんなことがあったの？ **具体的には**どんなことをしたの？」

と聞いてみましょう。すると、子供はまた、

子供「具体的にはね～」と、反射的におうむ返しすることも多いです。

子供「具体的にはね、○○で遊んだり、△△したりしたんだよ」

これで、またまた自分会議が始まるんですね。

3 「例えば？」（掘り下げ）

そして、話の途中で、

子供「でも、○○くんとはもう遊びたくないな～」

と、困りごとなどを言ってきたりしたとしたら、

ママ「どうして？」と聞きましょう。すると、

子供「ゲームしてたときに、ズルするんだもん」

ママ「そうなの。**例えば**どんなズルするの？」

みたいに、ここで「例えば？」を使います。

そうすると、そのときに起こったことを思い出すだけでなく、そのときの嫌だった気持ちがどこで起こったのか？何が嫌だったのか？など、改めて自分会議をして、自分の気持ちを掘り下げることができるんですね。

こうなってくると、すでに子供は、**自分の意識できていなかった領域**に入っている可能性が出てきます。

これは、コーチングをしているのと同じですね。

つまり！**ママ（パパ）コーチのデビューです！**（パチパチパチ）

ここまでの、**1**〜**3**の質問は、**「掘り下げ」系の質問**と言ってます。

4 「他には？」（展開）

ある程度中心的な話を聞けたりしたタイミングでよく使うのが、「他には？」です。

これは、子供がフォーカスしているところから、少し視野を広げてもらったり、他の角度で見てもらいたかったりするときに、自然に聞くことができる言葉で、とても効果的です。

カメラで言うと、ズーム・インしているところからズーム・アウト、つまり引きの目線に立って物事を見てもらうということですね。

これを**「展開」系の質問**と言っています。

ママ「**他には**嫌なことあった？」

子供「他には～？……」

このとき、子供の目線や表情を**さりげなく観察**してみてください。

そして、どこかをじっと見ていたり、キョロキョロ天井を見たりしていたら、ママ（パパ）からの**言葉を止めて待って**あげてくださいね。

その場がシーンとしていても、子供の頭の中では、音や映像、肌感覚とともに、いろんな**物語**が動いているかもしれませんからね。

ひょっとしたら、心の中で**「他にあったかな～」**と自分に聞いているのかもしれません。

つまりそれは、自分と会話している時間でもあるのです。

だから、集中しているな～と思ったら、**待ちます！**

ちなみにここで待てないのが、「昭和病」です。**あなたは悪くない！（笑）**

「集中タイムが終わったな」というのは、見ていたらだいたいわかります。

例えば、一点や一方向を見つめて考えているようなときは、そこから**目線が離れた瞬間**とか、顔を上げて天井を見ながら思い出していたら、その**顔が正面に戻ってきたとき**とか。

もし**「他にはないみたい」**と子供が結論付けたら、次の話に移ってもいいし、「他にあるかな～」となかなか出にくそうにしていたら、**「誘い水」**あるいは**「少しの刺激」**を与えるように、こちらから例を挙げてあげるのもありかもですね。「例えば、何かちょっと嫌だな〜って思うことを言われたりとか、されたりとかは？」みたいに。

ちょっとした**ヒントを与える**ようにして、考えるためのガイドの一つにしてもらえるといいですね。

5 「とは言え」（ネガポジ）

ネガティブからポジティブへの「ネガポジ」とか、逆に「ポジネガ」という感じで、逆サイドに振って考えてもらうということですね。

この質問は、タイミングによっては、考えている本人が意外なことに気づいたりと、とても不思議な効果が出ることがあります。

それに、常に逆からの見方や思考の仕方を習慣づけられると、考え方に幅が出てきますし、相手の立場を理解しやすくなったりもします。

なので、誰かに話したり、プレゼンテーションしたりするときにも、とても重要かつ大切な力になるんですね。

子供「とにかく、ズルいことするんだったら、一緒にゲームしたくないんだ」

ママ「そうなのね。ズルはよくないわね。**とは言えね、**あなたは○○くんのことを〝とっても優しくて、いい奴なんだ〟って言ってたわよね」

子供「うん。優しいんだけど、ズルは嫌なんだよ」

ママ「そうよね。それは嫌だよねえ。じゃあ、今度ゲームに呼ばれなくなった○○くんは、どんな気持ちになるのかなあ？」

子供「嫌な気持ち」

ママ「**他には？**」

子供「さみしい気持ち」

ママ「そうかもねえ。どうしたらいいと思う？」

と、これで子供は、自分の気持ちを観察することができますよね。ここが大事です。自分が何を感じているのか？という**「自分観察力」**は、今の情報過多の時代やグローバル社会には、ますます重要かつ必要な力となりますからね。

それに何より、**多様性の時代**と言われているぐらい、これからはいろんな個性や価値観の人と**コミュニケーションする力と、感情をコントロールする力**を養う必要があります。

違う考えや行動をする人でも、感情的に対立したりせず、排除しないやり方を創意工夫できるように、試してほしいのです。

さらには、すぐにあきらめるのではなく、できることはないか？を考えるきっかけにもなりそうですし、いろんな仮説を立ててチャレンジする気持ちを育んでほしいのです。

大切なのは「つながり」を持ち「考える」ことと「工夫」すること。そして「チャレンジ」すること。

こういうケースは、まさに力を付けるビッグチャンスですよね。

6 「話してみて、どう？」（俯瞰（ふかん））

そして、最後は、

ママ「今日、ママと**話してみて、どう?**」
という質問です。あるいは、
ママ「**言ってみて、どう?**」
ママ「**言葉にしてみて、どう?**」
という感じにしてもいいですね。

これを使って、自分のことを**内省＝リフレクションする力**を鍛えます。

自分の気持ちを**俯瞰したり**、話した内容を**振り返ったり**して、話し始めから気持ちにどんな変化があったか? これは、「**自分観察力**」につながるんですね。

「**俯瞰力**」あるいは「**振り返り力**」。いずれも、自分の中の潜在意識や潜在能力を引き出したり、ママ(パパ)との会話でいろんな**気づき**が起こったりすると、話すこと自体が楽しくなってきます。

自然と会話が増えるのです。

まさに、**コーチングの醍醐味**ですね!

これだけママやパパと話した子供は、しっかりと話を聞いてもらったことで、

子供「ママ（パパ）と話して**スッキリした**」とか、

子供「気持ちが**軽くなったよ**」

って、何やら解決したみたいになったりします。

ひょっとしたら、

子供「〇〇くん、もうズルしないって約束してくれたら、また一緒に遊ぶよ」

と、自らの「考える力」で**新たな答えを導き出す**ことも、よくあることです。

子供の力は「無限大」！　そう信じられる親の力も「無限大」です！

これら、６つの質問を
会話の中に忍ばせてみてくださいね。
そして、どんなことが起こるか
体験してみてくださいね。
これを無意識レベルに習慣化
させていけたらいいですね。

第7章

レモンさんの「主体性を育む」子育てアドバイス2

「子育てはソムリエ」

キレる親から待てる親にアップデート！

これまでの昭和型の多くの親は、その愛情から、心配だから、子供のことを思って、親が子供のことを決めてることが多かった。子供に考えさせずに。

「**あなたのことを思って言ってるのよ！**

これにしときなさい！これ以外はダメ！」

その結果、自分ですぐには決められない、自分ですぐには行動できない、人の意見が気になる、**主体性が弱い大人**が数多く誕生してしまったんですよね。

それが、その当時の**「指示待ち人間」教育**の狙いだったとも言われています。

しかし！**時代と社会が求めていることが変わりました。**

「自分で考えて、行動できる人間」、つまり、本人に任せるのです。

大切なのは**「全体」の中の「主体性」**ですね。いろんな人とつながりながらも自分で決めること、「責任」をとることを習慣化してもらうのです。

たとえその決定した結果がよくなかったとしても、それを「学び」とし、さらに成長発展していける経験を積ませて、「決める」ことを恐れないようにする。そうして、**「決定力」「決断力」「判断力」**を少しずつ付けていってもらうんですよね。これが**「主体性」のある人間の核**となるところですね。

そのための〃レモンさん流〃**『子育てはソムリエ』**です。子供と共に人生での①**「メニュー」**を作り、ソムリエとして②**「アドバイス」**をしてあげます。

「本日のメインディッシュのお肉料理には、イタリア産のこちらの赤ワインが合いますよ」とおすすめしてあげるようにです。決して押し付けはなしです。

そして③**「テイスティング」**は、実際に体験してもらい、本人が④**「決める」**。

昭和型の教育では考えられなかったかもしれませんが、大丈夫。これで子供は自分で決定できるように力を付けて、**勝手に育っていってくれる**のです。

たとえ決定したものが、親のおすすめしていたものと違っていたとしても、**全力で応援してあげるよ！**というポジションを貫けば、親子の絆は壊れません。

たとえ失敗したなあ〜と本人が思ったとしても、**子供自身が選んだ**メニューのワインを飲んだのだから、**子供自身にお金を払って**もらう。つまり最後は、

⑤**「責任」**をとってもらうわけですね。「罰」とは言わないでね。（笑）

「今回の経験で何を学べたのか？ どんな気づきがあったか？」という自分会議をしてもらい、自分で発見してもらうんですね。

ここで大事なのは、責任をとれる人間、責任を考えて行動できる人間、何より、責任をとることを恐れない人間づくりです。**責任をとることはものすごくカッコいい**ということを知っている人間づくりですね。

逆に言えば、常に他人の責任にするような、言い訳ばかりする人間にならないように育ってもらうということが。自分を「幸せ」にする大切な力になるか

らですね。

つまり、これからの時代の子育ては**「子育ちバックアップ」！**

本人がどう育ちたいか？　それの**「支援と応援」**なんだ！　ということに今すぐ**アップデート！**とはいえ、その選択も自由ですけどね！（笑）

この「ソムリエ」的子育ての具体的な例を見ていきましょう！

ただ先に説明しておきますが、子育てには「時間勝負」な場面が多いですから、あくまでも、基本的に大事にしてほしいことをていねいに説明していると思って、読み進めてね！　必ずこんなふうにするというより、ポイントを押さえてくださいね。

とある雨の日のお出かけです。３歳の子が玄関で、靴下をはいたままでサンダルをはこうとしていたら、あなたならどうしますか？

ママ（パパ）「何はいてるの！　今日は雨がザーザー降ってるでしょ？　サンダルはやめて！　**長靴にしなさい！**」

で終わらせてませんか。

大袈裟(おおげさ)に言えば、これでは子供の「考える力」を奪い、「決める力」を奪い、「チャレンジ」を奪い、「失敗をして学ぶチャンス」を奪い、「子供の多くの成長するチャンス」を奪い、「体験型学習の機会」を奪っているかも……ということに気づいてほしいのです。もちろん「奪う」つもりはないのにです。

だって、せっかくの**「教訓ビッグチャンス！」**、後が楽になりますよ〜。


それでは、ソムリエなら、こんなふうに会話をしていきます……。

そして最後はスーパー長靴でございます！

さてどちらをお選びになりますか？

シャンダル！

サンダルですか…

ちょっとママは心配なのでアドバイスをさせてもらってもよろしいでしょうか？

うん

必ず本人の了解を得てくださいね。聞いてもいないのに、否定的なことを言われたら、あなたはどうですか？「はぁ、ほっとけよ！」ってなるでしょ？

今日は雨が降ってるのでこちらをはかれますと、雨にぬれてぴちょぴちょになって

しゃむ～いちゅめたい～

と言って泣いちゃうと思いますね

だから、おすすめできませんがどうでしょうか？

と言って反応をうかがいます。

次に2つ目の白のスニーカーですが、とってもかわいくていいと思うのですが…

今日はあいにくの雨でございます

ザァアア

ザー
やはりこちらもびちょびちょにぬれて汚れちゃって、ネネちゃんやココちゃんが泣いちゃうかもしれませんね～

ビッチャ
ガー太くんは怒ると思いますね。だからママのおすすめは…

くいっ くいっ
はい？何ですか？

ガー太くんはおこらないでちゅよぉ
怒ると思うよ～～

どうやって？

ギュイギュイグィ～

なにそれ…

ママがおすすめなのは、足も温かいし雨もはじいてくれるこちらのスーパー長靴がいいと思いますよ！

どちらになさいますか？

シャンダル～～～！

そ、それでは…次は下にはいていく服はいかがいたしますか？

まずこちらのスカートでございます

そして2つ目はデニムのパンツですね

そして最後は雨をはじいてくれるパンツですね

どちらになさいますか？

今日は寒いですよ〜。

風邪をひきますよ〜

ママのおすすめ聞きますか〜？

ゴオオオ

ザァァ

シュカートト！

いやいやそれは違うと思いますよ〜

シュカート〜〜〜！

はいはい。それでは最後の上の服ですけど、1つ目はいぬこチャンのTシャツですね。2つ目はかわいい星の絵が入っているトレーナーですね。そして最後の3つ目は、雨をはじいてくれるフード付きのジャケットですね

ちなみにおわかりだと思いますが、この上にTシャツだと間違いなくインフルエンザコースになると思いますよね

さてどちらになさ…

ちーシャチュー！

いやいや、だからね……

ちー〜シャ〜〜チュ〜〜〜〜〜！

ザァアー

もちろんそのときは、こっそりと非常用のかさばらないような着替えを隠し持ってね。（笑）

そうしたら、まさに子育てで大切な **〝世紀の瞬間〟** がやってまいります！

子供が泣きながら、

「マーマー！ まってよ～（泣）しゃむい～！

しゃ――む――い～～～～～！」

と言って歩くのをやめます。

ここで昭和なら、子供のほうを振り向いて、

「何言ってんのよ！ あなたが選んだんでしょう？ ママ（パパ）言ったでしょ！ だからママ（パパ）知りません!!」

と言って、無視して歩き出す！ みたいなね。

「昭和の風物詩」 でしたね。（笑）

そうじゃなくて、そういうときの対処はいつも同じです。

ビェ〜〜ッ
ザァアアアア
どう
されました？
事件ですか？
ザァアアアア
ビェェ〜
はいはい
落ち着いてください。
事情を
お伺いします
しゃむい〜
は〜い
落ち着いてね。
大きな声を
出さなくても、
ママのお耳は
ここにあるからね
聞こえ
ます！
どうされ
ましたか？
お口で説明して
もらえますか？
そうしないと
わからないからね
しゃむい〜
あら〜
寒いのね。
体が冷えて
ますね〜。
大丈夫？
ちゅめたい〜
あらちょっと
確認させてね。
寒いの？
それとも
冷たいから
泣いてるの？
どっち？
じぇんぶ
ブルブル
全部？
それは寒いね。
冷たいね〜
よく
我慢
したね〜
でもこのお洋服や
サンダルは、
どちら様がお選びに
なられたんでしょう？
わたち〜

最後は、しっかりとこの経験を、**教訓**にしておいてもらいましょう。（笑）

で、こっそり準備しておいた非常用の服に着替えさせてあげる。

そして、励ましながら、短くその場で大切な**「振り返りタイム！」**です。

ママ「○○ちゃん、寒いのによく頑張ったね～。それで今日は、これで、どんなことがわかったのかな～？　雨が降ったときは～？」

子供「あめは～、ながぐちゅ～」

ママ「素晴らし～～！（拍手）**よく気づいたね～。**よかったね～！」

というように「自分会議」のチャンスであり、泣きわめくという手段を使わなくてもいいよと気づいてもらうチャンスでもあります。応援してあげましょう。

「うちは、幼い子供が3人もいるし、急いでるときなんかムリ、ムリ！」

その通りです！合言葉は**「できることを、できる範囲で、あきらめない！」**

できないときはムリですが、あきらめたら、できるときもしないですよね。

実際に5人きょうだいをソムリエ方式で育てた方が、「いつの間にか、勝手にきょうだい同士で親のソムリエを真似するようになって楽でした。大変なのは、はじめだけですよ」と言ってました。

ポイントは、**「感情は、相手の感情を引き出す」**だけだということ。だからできるだけ怒ったりせずに、常に**フラット**にかつ「子供の**理解者**で、**応援団**」という**ポジションをキープ**し続けることが重要ポイント！ですね。

そしていつか、こんな**手紙**を読まれる日が……。

「いつも私の決めたことや、チャレンジしようとしていることを**尊重**してくれて、たとえ失敗して悲しくても、悔しくても、いつも**励まして認めて**くれて、**応援**し続けてくれる存在でした。本当に感謝しています。(泣)」なんてねぇ〜。(泣) こんな認識を昭和風に言うと、子供の中に「ブチ込んどく！」(笑)

そうしておけば、思春期を迎えようが、一生、親子関係はいい感じでいけます！何より、**チャレンジを恐れない人間**にもなってくれます！

どうか、面倒くさがらずに。最初だけですから。「工夫」次第です！後はそ

んなにていねいにする必要もなくなります！（笑）

これが体験型・参加型・課題解決の能動的な学習、アクティブラーニングですよね。「腹落ちする学び」ですよね。

少し大きくなったら、子供自身にもメニューを考えてもらいましょうね。

大切なのは、**「自分で気づく」**力を身に付けてもらうことですよね。

なぜなら、パパとママがこの先、天国に行った後のことを考えたら、1秒でも早く子供には、**自分の中に、**ママやパパのような、いつも応援してくれる**もう一人の自分（相方のような存在）**をつくっておいてもらわないとね。

そして、自分会議できるようになって、自分で気づいて、自分で決められて、自分で自分自身を励ましていけるような子供に育ってほしいですよね。

どんな境遇であっても、「幸せになれる」子供を育てるために！

第8章

「信頼の5つ星」

「信頼」の獲得ポジション

「信頼の5つ星」を説明する前に、これだけは言っておきます。たとえあなたが激しく怒っても、「大好き」「大切」「宝物」と言いながら、子供を抱きしめ続けてくださいね！ それで十分だから！

1つ目は、**「理解者」のポジション**

「ママ（パパ）はとっても厳しいけど、なんだかんだ言っても、世界で一番の理解者なんですよね〜」と思われるポジションです。

2つ目は、**「応援者」のポジション**

「パパ（ママ）には、めっちゃ怒られることもあるけど、結局、一番応援してくれてるんですよね」

3つ目は、**「信者」のポジション**

「私の親は、私が弱気になっているときに、いつも『大丈夫！ 大丈夫！』『あなたはやれるから！』と、私以上に一番私のことを信じてくれてるんですよね」

4つ目は、**「承認者」のポジション**

「たとえ私が失敗しても、うまくやれないときでも、私が、私なりにできる範囲で頑張ってきたことを、誰よりも認めてくれているんですよね」

5つ目は、「相談者」のポジション

「誰よりも、相談に乗ってくれて、時に気づきを与えてくれるし、私の潜在能力を引き出すお手伝いをしてくれるんですよね」

といった感じで、「世界で一番の**支援者**であり、**応援団**」でいることが、親子の**信頼を築き**、また、**絆を深めること**になるんです。

これは、たとえ**血がつながっていない関係**だとしても同じですよね。

レモンさんの合言葉 **〝We are シンセキ！〟**には、

「血縁」以上に、**心のつながり「心縁」**を大事にしよう！

というメッセージが込められているんですね。

だから、これからもできるだけ、一緒に、
「わかってよ！」の心に寄り添える
アップデートをしていきましょう！　応援してますよ！

あとがき

「男の顔をした、ただのお節介な、シンセキのオバちゃん」と言われている、『オセッカイダー・レモンさん』の本に出合ってもらえたこの『ご縁』と『奇跡』に、改めて、本当に感謝しています。有難うございます。

そして、今日まで頑張って生きていてくれたシンセキのあなたに、お疲れ様！

そんなお疲れのところで、この本を読んでくれたことにも、お疲れ様！（笑）

実は、この本を出版するまで、不思議と15年の歳月を要しました！

もちろん、これまでも、何度か出版できそうなタイミングはありましたが、その都度、流れてしまいました。その度に僕は「何か意味があるんだろう」と、自然の力と、タイミングに身を委ねてきました。

改めて、レモンさんの願いはただ一つ。「1秒でもハッピーに！」、これだけです。そのために、レモンさんができることは、できる範囲のことだけですが、なんでもします！　お金は貸せませんけど。（笑）　それが、オセッカイダーの使命ですから。

実は、今年2024年でレモンさんは「還暦」を迎えたのです！「えっ！レモンさんはお爺さん？」やめて〜！その言い方！還暦は赤ちゃんに戻るという意味ですから、ますます「我のまま」レモンで暴れます！（笑）

そして、今年は親父が88歳の米寿の年だったんですが、天国に旅立ちました。ご存じの方はわかると思いますが、名作映画と言われる『Life Is Beautiful』の主人公そのまんまのような、最後の最後まで、明るくて、真面目で、コント55号の坂上二郎さんのような「飛びます！飛びます！」という、昭和世代の人にしかわからないギャグを言うような楽しい親父でした。病室で、家族に見守られながら、本当に安らかに、飛んでいきました。（笑）

そのときなぜか、我々日本人みんなの先輩である「聖徳太子」パイセンの言葉「世間は虚仮なり」、この世にあるものはすべて仮のものだという言葉を思い出しました。

なぜなら、親父が最期亡くなる瞬間は、少しの涙と、「かっ」という小さな声を出した後、心電図のピーという音と共に、もう会うことも、話すことも、背中を流すことも、声を聴くことも、笑い合うことも、テレビで一緒に野球を見ることも、一緒に中華料理を食べることも、親父のギャグを聞くことも、上手なカラオケを聞くことも、オナラを聞くことも（笑）、全部なくなったんですよね。

まさに、親父という仮の姿が終わった瞬間でもあった気がしたのです。

そして僕の中から急に「人生って、シャボン玉みたいやな〜」と声が出ました。目の前にあったはずのシャボン玉が急に「パッ」と消えちゃう。子供の頃にシャボン玉を追いかけたときのあの儚い気持ちと、童謡の「しゃぼんだま」は鎮魂歌という説もあるとかで、なぜか急に思い出したんですね。親父とさっきまで言葉を交わしていたし、僕の手をしっかりと握り返してくれていたのに、一瞬で幻になった気がしたんですね。

そのとき、僕と弟の2人の口から、思わず同じ言葉が自然と出たんです。「親父！　有難う！」「親父！　お疲れ様！」。そして、まるで兄弟のように、いつも親父とじゃれ合っていた弟が、思わず号泣しながら「兄貴、親父ホンマにいきよったなあ〜」と言ったその言葉が、「逝きよった」と「生きよった」と「粋やった」に聞こえたんです。それを聞いた僕は思わず、「最後までカッコよかったな〜」と泣きました。

そして思いました。「僕も最後の最後まで、面白くてカッコイイ、〝おもろカッコイイ〟ジジイでいこう！」と。

今まで、サラリーマン一筋だった親父は、家で一度も仕事の愚痴を言ったこともなく、お袋とケンカしたこともなく、僕も怒られたこともなく、僕の自由で危なっかしい生き方に対しても、反対も否定もされたこともなく、親父のその生きざまと、昭和の人らしく「背中で」語り、いろんなことを教えてくれました。それが、この本の下敷きになっているんですよね。

というのも、僕が20代のとき、社会に出て数年後、不思議に思って親父に聞いたことがあったんです。「社会は厳しいのに、親父は会社の愚痴一つ、家では言わなかったよね?」と。そしたら親父は一言、「会社や社会に出たら、嫌なこともたくさんあるやろ。だからせめて、家の中は楽しいほうがええやろ」でした。

なんてシンプル・イズ・ベスト! なお答え。だからこの本も、一人でも多くの「楽しいほうがええやろ」に貢献したいのです。

ただし、改めて言いますが、レモンさんが書いたこの本は、決してみんなの正解でもなんでもないということ。それに、もしこの本を読んで、「なるほど~」や「わかる、わかる」という気持ちになったら、それは、あなたの感性の扉が開いただけだということ。つまり、レモンさんが教えたのではなくて、あなたのDNAの感性の引き出しに、元から入っていただけです。レモンさんは、その扉を「お節介」にノックしただけなんですよね。

だから、この本に書かれている内容は、あくまでもメニューの一つであって、あなたがもしコミュニケーションなどについて課題があるとしたら、そのヒントになったらいいな～と思っているだけです。そして今度は、あなたがオセッカイダーとなって、周りの方にこの本を、お節介に紹介してあげてくださいね！　特に、「昭和のＩＣチップ」が、ガッツリ入っていそうな方にね！（笑）

最後に、今回特にお世話になった方々（書き切れませんが）に、お礼の気持ちを込めて、せめてお名前だけでも書かせていただきます。阿部活（小学館）、大岩ピュン（漫画）、藤野マコ（衣装）、岡本明洋（写真）、澤田由起子（デザイン）、中島康雄（グラフィック）、竹内唯（イラスト）、柘植陽一郎（フィールド・フロー）、宮越大樹（アナザーヒストリー）、平本あきお（平本式）、徳山暉純先生、その他にも多くの「お蔭様さん」にお手伝いいただきました！　ママレモン、娘たち、保護犬ちゃんたち、本当に有難うございました。感謝！

最後の最後になりましたが、この本をうちの親父「山本 修」に捧げます。有難う！　親父！　またね！　「飛びます！　飛びます！」（笑）

山本シュウ（お節快人）オセッカイダー・レモンさん

Profile

山本シュウ（レモンさん）

1964年生まれ。一般社団法人「オセッカイダー」代表。エデュテイナー。講演会・セミナー講師。ラジオDJ。NHK Eテレ『バリバラ』司会。一般社団法人「フィールド・フロー」認定スポーツメンタルコーチ。「レモンさんのビタミンラジオ局」局長。厚生労働省主催「RED RIBBON LIVE」（HIV/AIDS啓発）総合プロデューサー。災害支援プロジェクト「ラジオバトン・プロジェクト」リーダー。大阪大学「教職論」非常勤講師。著書に『レモンさんのPTA爆談』『PTA会長レモンさんの子育てビタミン標語』（ともに小学館）。

オバちゃんオジさんがキレやすいのは
昭和の愛しいICチップのせいだから
レモンさん流 怒りのコントロール術

2024年7月29日　初版第1刷発行

著者	山本シュウ（レモンさん）
デザイン	ARENSKI 澤田由起子
漫画	大岩ピュン
イラスト	lune de l'univers Create 竹内唯
衣装創作	藤野マコ
写真	Free Section 岡本明洋
校正	小学館出版クォリティセンター
販売	窪康男・岸本信也
宣伝	内山雄太
制作	浦城朋子・遠山礼子
編集	阿部活
発行人	北川吉隆
発行所	株式会社小学館 〒101-8001　東京都千代田区一ツ橋2-3-1 編集 03-3230-5470　　販売 03-5281-3555
印刷所	TOPPAN株式会社
製本所	株式会社若林製本工場

ISBN 978-4-09-389168-4

生き抜くための
メディア読解

小林真大

笠間書院

序にかえて――なぜ今、メディア分析が必要なのか？

２０２２年、日本の教育界に革命が起こります。この年に、全国の高校で新しい「学習指導要領」が導入されることになったのです。学習指導要領とは、学校でどのような教育を行うべきかを定めた、いわば学校教育のガイドラインのようなものであり、日本の学校はこの学習指導要領に沿って生徒を教えなければなりません。言いかえれば、従来の教育とは異なる内容が、授業に盛りこまれることになるのです。

それでは、具体的に以前の内容と何が異なっているのでしょうか？　とりわけ大きな変更点があったのは、「国語」の領域です。実際、文部科学省が発行した『高等学校学習指導要領（平成30年告示）解説』を読んでみると、これからの国語教育には、それまであまり注目されていなかった、次の２つのスキルが求められていることが分かります。

1 論理的な文章や実用的な文章を批評するスキル

今までの国語教育では、夏目漱石の『こころ』や芥川龍之介の『羅生門』などといった、いわゆる「文学作品」が主な対象となっていました。ところが、新しい国語の授業では、こうした文学作品を学ぶことはもはや必修ではなくなります。代わって今度は、説明文、論説文、評論文などといった「**論理的な文章**」や、マニュアル、広告、カタログなどの「**実用的な文章**」が授業で扱われることになりました。つまり、こうしたノンフィクションの文章を分析し、批評するスキルが求められるようになったのです。

2 文章のスタイルを分析するスキル

また、新しい国語教育では、授業の中身も変わることになります。これまでの国語の現場では、文章の内容を理解することに重点が置かれていました。文と文のあいだにおける論理的な構成や、作品のテーマを把握する能力をみがくことに注意が向けられていたと言ってもいいでしょう。もちろん、これからの国語教育においても、作品の構成やテーマを読みとるスキルが必要とされていることに変わりはありません。しかしながら、今度からはそれに加えて、**文章のスタイル**について分析するスキルも求められるようになったのです。

「文章のスタイル」とは何でしょうか？　例えば、新聞のニュース記事と広告とを比べてみると、構成やレイアウトなどがまったく異なっていることに気付くかもしれません。実際、ニュース記事には同じフォントで同じ大きさの文字がびっしりと書き込まれているのに対して、広告にはさまざまな大きさの文字が使われたり、人を引きつけるような写真が掲載されたりしています。新しい国語教育では、こうしたスタイルの違いやその効果についても積極的に考えることが要求されているのです。

読解力の低下とメディアの多様化

しかしながら、そもそもなぜこうした新しいスキルが求められるようになったのでしょうか？　そこには、日本の子供の読解力が現在、急激に低下しているという事実が深く関わっています。実のところ、国際的な学習到達度を調査する「ＰＩＳＡ」によれば、２０１８年度の日本の学生の読解力は79カ国中15位という、衝撃的なレベルにまで落ちています。２０１２年には４位という好成績であったことを考えると、明らかに日本の学生の読解力は低下している傾向にあると言えるでしょう。

　このような読解力の低下には、どのような原因があるのでしょうか？　この点に関して、文部科学省は次のようなスキルが日本の生徒に十分に備わっていないと指摘しています。

急速に情報化が進展する社会において、様々な媒体の中から必要な情報を取り出したり、情報同士の関係を分かりやすく整理したり、発信したい情報を様々な手段で表現したりすることが求められている[*1]。

文部科学省が述べているように、私たちにはメディアを使いこなすスキルが求めら

*1 「小学校学習指導要領（平成29年告示）国語編解説」（https://www.mext.go.jp/content/20210601-mxt_kyoiku01-100002607_002.pdf）

れています。実のところ、私たちが生きているこの世界は、誰もが情報を自由に発信できる社会、すなわち**メディア社会**にほかなりません。このような社会において、私たちが接するメディアの形式は実にさまざまです。ブログのように文字のみを扱うメディアもあれば、逆に報道写真のように、写真を効果的に使うメディアも少なくありません。言いかえれば、こうしたさまざまな「メディアが形作る『現実』を批判的（クリティカル）に読み取るとともに、メディアを使って表現する能力[2]」が強く求められているのです。

しかしながら、これら多種多様なメディアをどのように分析すれば良いのか、その方法について教えてくれるような参考書はなかなか見当たりません。実際、ちまたにあふれている国語の参考書は、そのほとんどが「主題をとらえる」ことや「文脈をとらえる」ことに主眼を置いています。メディアの多様性やその特色について、分かりやすく解説してくれるような本が存在しないのです。本書はこのような現状を踏まえて、以下の２つの点について考えることを目的として執筆されました。

[2] 菅谷明子『メディア・リテラシー―世界の現場から』岩波書店、2002年、vページ。

1　メディアの形式について考える

いかなるメディアにも、それぞれの目的に応じた「スタイル」というものが存在します。文字の大きさ、使われているフォント、文の配置、言葉のトーンなどといった要素は、メディアのタイプによって実にさまざまです。そうした形式の違いによって、作品を読みとる私たちの反応も異なってくることでしょう。本書では、これまでなおざりにされてきた、こうしたメディアの形式に注目し、それがどのような効果をもたらしているのかについて考えていきます。

2　論理的な文章や実用的な文章の特徴について考える

今まで、作品のスタイルについての研究は、もっぱら小説や詩といった「文学作品」が対象とされてきました。小説家や詩人の書き方ばかりが注目されてきたと言ってもいいでしょう。しかしながら、冒頭でも述べたように、これからの国語教育においては文学作品だけが扱われることはありません。むしろ、ニュース記事や広告といった、いわゆる「ノンフィクション」の作品が主要な学びの対象となっているのです。したがって、本書ではこうした文学作品を扱わず、日常生活でよく使われる「論理的な文章」や「実用的な文章」についてじっくりと分析していきます。

このように、この本では現代の情報化社会を生き抜くサバイバル・スキルである「分析力」を身につけることを意図しています。本書をとおして、メディアの多様性がもたらす「おどろき」や「おもしろさ」を実感することができれば、筆者としてこれに勝る喜びはありません。

プロローグではまず、メディア分析のプロセスについて見ていきましょう。

目次

メディア分析と現代社会

私たちはどれほどの時間をメディアのために使っているのでしょうか？　メディア環境研究所が発表したデータによると、私たちは1日のなかで、なんと平均7時間もメディアを見ていると言われています[1]。つまり、1日のおよそ4分の1をメディアのために費やしているということになるのです。

こうした結果からも分かるように、私たちの生活はほとんどメディアに依存していると言っても過言ではありません。ところが、このようなメディアの重要性に比べて、メディアに関する研究は、近年までほとんど注目されてこなかったと言えます。実際、教育学者の浪田陽子も、この点について次のように指摘しています。

[1] メディア環境研究所　https://mekanken.com/mediasurveys/　2021年４月26日閲覧。

このように高度に情報化された社会においては…（中略）…もはや何らかのメディアに接することなくしては、日常生活を送ることは難しい。これほど社会におけるメディアの役割が大きいにもかかわらず、不思議なことに私たちがメディアについて学ぶ機会はほとんどないのが現状だ。学校教育では何年もかけて文字の読み書きを学習するが、それに比べてメディアについての系統立った学習はあまり実践されていない[*2]。

浪田がこう述べているように、日本の国語教育では、メディアについての分析はあまり重視されてこなかったと言えるかもしれません。実のところ、学校の授業では小説や評論といったジャンルばかりに注意が向けられ、他のメディアを分析する機会がほとんどなかったのではないでしょうか。しかしながら、この本の冒頭でも述べたように、日本の国語教育は現在、大きく変化しつつあります。もはや、作品の内容だけに的をしぼっていては、本当に作品を分析したとは言えません。これからはさまざまなメディアを学び、そのスタイルを分析できるようなスキルが求められることになる

*2 浪田陽子・福間良明編『はじめてのメディア研究』世界思想社、2012年、15ページ。

のです。

メディア分析のための6つのステップ

それでは、私たちはいったいどうすればメディアを適切に分析することができるのでしょうか？　言いかえれば、メディア分析の手法とはどのようなものなのでしょうか？

一番の近道はやはり、すでに確立された「メディア分析の方法」を見つけることかもしれません。現在、ほとんどの参考書には、多くの著名な講師たちが発案した「要約の方法」や「読解の方法」などのさまざまな「攻略法」が紹介されています。しかしながら、今回私たちが学ぶのは、「メディア分析」という、今まで多くの日本人が学んでこなかったスキルです。当然、これまでの「参考書」に載っている攻略法とはまったく次元の違う手法が必要になると言えるでしょう。

では、私たちはメディア分析の方法をどこから学ぶことができるのでしょうか？

実は、海外ではすでにこうしたメディア分析の授業を展開している教育プログラムがあります。それは、「国際バカロレア（IB）」です。

国際バカロレアとは、スイスにある「国際バカロレア機構（IBO）」が認定している教育プログラムのことを指しています。その特徴としては、最終試験に合格した生徒の全員が国際的に通用する大学入学資格を得られることが挙げられるでしょう。実際、優秀な成績をおさめた生徒のなかには、ハーバード大学やオックスフォード大学など、欧米の名門校に入学する卒業生も少なくありません。国際バカロレアとはまさに、世界トップクラスの教育プログラムなのです。

国際バカロレアでは、国語教育の一環として、「非文学テクストの学習」というクラスがあります。非文学テクストとは、その名のとおり、新聞記事や評論、さらには広告やSNSといった、あらゆる種類のノンフィクション作品のことを指しています。生徒たちは、こうしたさまざまなタイプの作品について分析するスキルを身につけなければなりません。さらに、国際バカロレアでは「メディアのスタイルに関する分析」も行われています。例えば、国際バカロレアでは高校の「言語と文学」コースの学習において、次のような目標を掲げています。

・テクストの形式的な要素、ジャンル、構成が、どのように意味に影響を与え、また文脈によって影響され得るかを示す。

・言語、構成、技法、スタイル（文体）が読者に与える効果を分析する能力を示す。

・情報の伝達、受け手に対する説得、あるいはエンターテイメントといった目的のために、マスメディアが言語と画像をどのように使用するかを示す[注3]。

このように、国際バカロレアの国語教育では、すでに文章のスタイルを中心にした学習活動がすでに行われています。いわば、国際バカロレアの学習内容とは、これから求められる日本の国語教育とある程度近いものであると言えるでしょう。つまり、国際バカロレアにおけるメディア分析の手法を取り入れることは、日本の生徒のメデ

注3『「言語Ａ：言語と文学」指導の手引き』国際バカロレア機構、2016年、22〜23ページ。

ィア分析スキルを向上させるためにとても有益なのです。

そこで今回は、国際バカロレアの教師が行っている「分析の方法」に基づいて、さまざまなメディアを分析してみましょう。国際バカロレアの参考書である『English Language and Literature for the IB Diploma[4]』には、メディアのスタイルを分析するための方法として、次の6つのステップが紹介されています。

STEP 1 メディアの種類、目的、受け手を押さえる

メディアの種類には、広告、論説、新聞記事、ブログなど、形式が異なるさまざまなメディア作品が含まれます。したがって、自分が読んでいる作品が、どの種類のメディアに属しているのかを把握しておかなければなりません。

また、作者が選ぶメディアの種類は、作品の目的と密接に結びついています。例えば、広告という種類の場合、商品を買ってもらうという明確な目的のために、さまざまな工夫が加えられていることが少なくありません。ステップ1ではまず、次の3つの領域を押さえ、整理しておくことが重要となります。

[4] Tandy, L., Gibbons, A. and Koszary, J., *English Language and Literature for the IB Diploma*. London, United Kingdom: 2019, HODDER EDUCATION.

・**メディアの種類**：報道写真、広告、雑誌の表紙、インフォグラフィック、広報、政治演説、論説文、新聞記事など。

・**メディアの目的**：情報を伝達する、相手を説得する、アドバイスを与える、特定の人物や事件を風刺するなど。

・**メディアの受け手**：読者の性別、年齢、嗜好、社会的背景、文化的背景など。

STEP 2

メディアの構造とスタイルを分析する

メディアの構造とは、作品のなかでさまざまな要素がどのように組み合わさっているのかという、作品のメカニズムのことを指しています。いかなるタイプの文章にも、それ特有の「構造」があります。例えば、あなたが日頃読んでいるメディアは、どのような順番で文が並べられているのでしょうか？　文章は時系列で書かれているでしょうか、それとも一つひとつの文がバラバラに置かれているでしょうか？　そうした順番にはどのような効果があるのでしょうか？　メディアの構造を理解するには、こうした質問について考えておかなくてはなりません。

一方、メディアのスタイルとは、言葉の種類やトーンのことを指しています。例えば、作品に登場する言葉は堅い表現でしょうか、それともくだけた表現でしょうか？　言葉は中立的でしょうか、それとも感情的でしょうか？　なにか特別な専門用語が使われているでしょうか、それとも平易な言葉が用いられているのでしょうか？　言葉のトーンは真面目な感じでしょうか、あるいは軽い感じでしょうか？　そうしたトーンはどのように作られているのでしょうか？　このように、目的によってメディアのスタイルがどのように異なるのか、私たちはその仕組みを理解する必要があります。

STEP 3　文字とイメージの特徴を分析する

文字の特徴とは、書かれている文字の見た目に関する情報のことです。例えば、フォントの種類、サイズ、色といった要素にどのような特色があり、それがどのような効果をもたらしているのかに注目しなければなりません。

一方、イメージの特徴とは、作品から得られる視覚的な情報のことを指します。例えば、ある特定の空間のなかで、写真や記号がどのように作品の意味を形作っているのかといった、イメージの特色について考えることができるでしょう。これには、矢印やグラフ、テキストボックスの使用なども含まれます。

STEP 4

それぞれのメディアの種類に存在する特徴を分析する

あらゆるメディアには、それぞれの種類だけに存在する、ユニークな特徴があります。こうした特徴の詳細については、次章から具体的な例を参考にしながら、一つずつ分析していきましょう。

STEP 5

メディアのレイアウトを分析する

レイアウトとは、文章やイメージがどの位置に、どのように配置されているのかという、メディアの設計に関する情報のことです。実のところ、実用的な文章には、広告やインフォグラフィックのように、文章と視覚的イメージを組み合わせたマルチモーダル[*5]な作品も含まれています。したがって、これらの文章やイメージがどのように配置され、どのような効果を生んでいるのかを考えることが必要となります。イメージのレイアウトを分析するためには、あらかじめ次のようなタイプがあることを頭に入れておくと良いでしょう。

- **イメージが文章の内容を強調するために配置されているメディア**：
  新聞記事、インフォグラフィックなど。
- **イメージが文章の内容を発展させるために配置されているメディア**：
  広告や広報など。
- **文章が書かれておらず、イメージの解釈そのものが意味を作っているメディア**：
  報道写真、芸術作品など。

[*5] 視覚や聴覚など、複数のコミュニケーション形式を利用すること。

・シンボルマークや記号が読者の読みを誘導しているメディア：

マニュアル、企画書など。

STEP 6 メディアのメッセージに対する受け手の反応を分析する

受け手の反応とは、メディアが発するメッセージによって心のなかに生まれる感情や思想のことを指しています。例えば、メディアの形式や構造によって、どのようなメッセージが作られているのでしょうか？　そうしたメッセージに対して、受け手はどのような思いを抱くのでしょうか？　こうした問いに対する答えも考察する必要があるのです。

この本では、これら6つのステップを用いながら、私たちが日常生活で接するさまざまなメディアについて、一つひとつ分析していきます。もちろん、こうした新しい

「攻略法」を習得することは、とても骨が折れる作業かもしれません。しかしながら、いったん分析のテクニックを身につけてしまえば、私たちはいかなる種類の作品にも対応することが可能となります。そうした意味で、「メディア分析の方法」を習得することは、一番の近道であると言えるでしょう。ぜひ、本書を通して、メディアをさまざまな視点から読み解くことのできるスキルを培ってみてください。

Chapter 01

報道写真

Photojournalism

押さえるべきポイント

・写真によって世界で何が起こっているのかを伝える。
・世界を完璧に写しとり、リアリティーを作りあげる。
・見る人に衝撃を与え、何らかの行動を起こすよう促す。
・イメージの並列や対比が用いられる。
・登場する人物のポーズは何らかの象徴として機能する場合がある。
・色の選択（カラーとモノクロ）には、写真家の意図が込められている。

『ジャン・ローズ』
（写真：Marc Riboud/Fonds Marc Riboud au MNAAG/Magnum Photos/アフロ）

報道写真とは、ニュース性のある出来事や人物を視覚的に伝えるために用いられる写真のことを指しています。「報道写真はメッセージである[*1]」と批評家のロラン・バルト[*2]も指摘しているように、報道写真はしばしば人々の意識に強烈な印象を与えます。今回は、フランスの写真家マルク・リブーが1967年に撮影した『ジャン・ローズ』を取り上げながら、報道写真の特徴について考えてみましょう。

STEP 1

メディアの種類、目的、受け手を押さえる

一般的に、報道写真は新聞やインターネットを通じて全世界に発信されます。いわば、写真は世界を完璧に写しとるメディアとして、社会的に大きな役割を果たしているのです。この点から考えれば、報道写真の目的とは、現在起こっている事件をありのままに伝えることにあると言えるでしょう。したがって、報道写真の性質は次のように分析することができます。

*1 ロラン・バルト『映像の修辞学』蓮實重彦・杉本紀子訳、筑摩書房、2005年、50ページ。

*2 フランスの批評家（1915〜80）。社会学、精神分析、言語学、記号論などの成果を活用した大胆な理論を展開した。主著に『神話作用』『ラシーヌ論』『モードの体系』など。

メディアの種類：新聞に掲載されている写真。
メディアの目的：読者に今何が起こっているのかを伝え、読者の感情を刺激する。
メディアの受け手：普段から新聞を読んでいる一般市民。

STEP 2

メディアの構造とスタイルを分析する

今回の作品には文章がいっさい登場していないので、ここでは写真の構造についてのみ考えてみましょう。写真の右側には若い女性が写っています。少女は祈るような姿勢で一輪の花を手にしながら、まっすぐに相手を見つめています。あたかも、彼女にとってはその花がとても重要な意味を帯びているかのようです。一方、写真の左側には、銃剣を手にしている兵士たちがずらり並んでいます。兵士たちの数はとても多いように見えますが、写真がぼやけているせいで、具体的な数は分かりません。そのうちの一人の顔ははっきりと写っていますが、まるで少女のことなど無視しているかのような印象を受けます。

STEP 3

文字とイメージの特徴を分析する

今回は報道写真なので、私たちは文字に見られる特徴については分析することができません。そこで、写真に登場しているイメージの特徴に注目してみましょう。この写真における重要なイメージは、**少女と兵士の被写体**であると言えます。実のところ、写真のピントがこの2つのイメージに合わさっていることで、私たちは写真の背景を見ることができません。つまり、この写真はあえて背景をぼかすことで、見る人の意識を「少女と兵士の対決」というシーンに引きつけていると言えるでしょう。実際、私たちは半ば強制的に、この緊迫感に満ちた情景を見るよう追いつめられることになります。この写真はいわば、なぜこのような異常な事件が起こっているのかを考えるよう、読者に訴えかけているのです。こうしたイメージの配置と効果については、ステップ5でもっと詳しく分析してみましょう。

STEP 4

それぞれのメディアの種類に存在する特徴を分析する

報道写真は言葉を使わない分、国境を超えてより多くの人に訴える効果を持っています。例えば、私たちにはこの写真に登場する少女や兵士が、いったいどの国に住んでいるのか分かりません。しかしながら、彼らの姿から色々な情報をくみ取ることができます。例えば、少女が花を手に持っているという姿は、「**愛**」や「**平和**」といったポジティブなイメージを連想させるかもしれません。それに対して、正面にいる兵士が手に持っている銃剣からは、反対に「**暴力**」や「**戦争**」といったネガティブな印象を抱くことでしょう。本来ならば相容(あいい)れることのないこれら2つのイメージが、写真のなかで共に描かれているとき、私たちは何か異常な事態が起こっていることを理解できるかもしれません。いわば、ただならぬ場の緊張感を感じとることができるのです。

また、この写真がカラーではなく、モノクロ（白黒）で撮られたということにも注目できるでしょう。当時、すでにカラー写真がアメリカで普及しつつあった事実を考えると、カメラマンは意図的にこのシーンをモノクロで撮影したのだと解釈できるかもしれません。それでは、写真がモノクロで撮られたことによって、作品にどのような効果が生まれているでしょうか？

例えば、写真の色が白と黒だけに限定されたことで、少女が手に持っている花の白さと、兵士が握りしめている銃剣の黒さとが、よりいっそう際立っていることに注目してください。こうした色の配置は、私たちにさまざまなイメージを連想させます。例えば、花の「白」という色から、私たちは「純粋さ」や「潔白さ」といったイメージを感じるかもしれません。一方、兵士たちの「黒」からは、「悪」や「恐怖」というイメージが浮かんでくることでしょう。このように、ここでは色のとり合わせにおける工夫が、内容と深く結びついているのです。

STEP 5

メディアのレイアウトを分析する

今回の報道写真では、「白い花を持つ少女」と「銃剣を持つ兵士」という2つのイメージが登場しました。ここで、2つのイメージが**並列の手法**によって配置されていることに注目してください。並列とは、2つの要素を並べて置くことで、両者の相違点や類似点を強調する方法のことを指します。例えば、家電量販店では、新しいスマートフォンと古いスマートフォンが並べられていることがよくありますが、これは古いスマートフォンを一緒に置くことで、新しいスマートフォンの良さを引き立てる効果があると言えるでしょう。

今回の作品においても、2つのイメージが並列の関係で結ばれていることが分かります。例えば、兵士の数はとても多いのに対して、少女はたった一人で立ち向かっています。兵士が銃剣という怖い武器を持っているのに対し、少女は一輪の可憐な白い花しか持っていません。さらに、兵士たちはヘルメットや革手袋を着用して武装しているのにもかかわらず、少女はまったくの無防備状態でいるのです。それでは、両者がこのように並列の関係で置かれていることによって、どのような効果が生じているでしょうか?

まず第一に、少女が兵士と一緒に配置されていることで、少女の存在感がよりいっそう引き立っていることに注目してください。強健な兵士たちの姿と比較されることで、か弱い少女のイメージがますます読者の心に焼き付けられることになるのです。実際、この写真を撮影したカメラマンがどれほどこの少女に注目していたかは、『ジャン・ローズ』というこの写真のタイトルからも理解できるでしょう。ジャン・ローズというのは、ここにいる少女の名前です。つまり、このカメラマンは写真のタイトルに『ジャン・ローズ』という名前を付けることで、たった一人で軍隊に立ち向かっている、彼女の勇気を強調しようとしていたのです。

また、被写体のポーズにも注目してみましょう。バルトは、私たちがさまざまな被写体のポーズを眺めるとき、こうしたポーズを日常生活における「ステレオタイプ化した態度のストック[3]」に結びつける傾向があると指摘しました。例えば、兵士たちが銃剣をかまえているポーズは、私たちに敵意や殺意を連想させます。一方、少女のポーズはどうでしょうか？　彼女の両手は花を囲むように組まれており、読者には彼女があたかも神に祈っているかのように見えます。このようなポーズから、読者はこの少女を清らかで神々しい人間と思ってしまうのではないでしょうか。

さらにバルトは、並列といったレイアウトが、「写真のメッセージに第二の意味を上乗せする[4]」効果があると指摘しました。実際、私たちはこうしたレイアウトを分析することで、作品のなかに描かれている社会的矛盾を感じとるかもしれません。少女はとてもか弱い存在にもかかわらず、兵士たちは圧倒的な力で彼女を排除しようとしているのです。このような異常な場面に立ち会うことで、私たちは**正義や公正が暴力で踏みにじられている印象**を受けることでしょう。なぜ、少女に対して兵士たちは銃剣をかまえなければならないのでしょうか？　なぜ、少女は兵士たちに立ち向かわなければならないのでしょうか？　なぜ、兵士たちは少女とのコミュニケーションを拒んでいるのでしょうか？　私たちはこうした問いを無意識のうちに考え、この場面

[3] バルト、前掲書、62ページ。

[4] 同上、59ページ。

において不公正が起こっているのだという確信を深めることになるのです。

STEP 6

メディアのメッセージに対する受け手の反応を分析する

今回の作品を見ることで、私たちはどのような感情を抱くでしょうか？　まず考えられるのは、少女に対する同情心かもしれません。完全武装した兵士たちにたった一人で立ち向かっていく少女の姿は、私たちの胸を強く打ちます。実のところ、私たちの文化において、これに類似した場面を思い起こすことはそう難しくはありません。例えば、宮崎駿の『風の谷のナウシカ』や『もののけ姫』といったアニメ映画のように、一人の少女が大勢の敵に立ち向かっていくシーンは、昔からさまざまな作品のなかで登場してきました。この作品は私たちが共有している「文化的イメージ」をそのまま反映していると言えるでしょう。その結果、私たちの心には少女に対する同情心が芽生えることになります。バルトが指摘するように、報道写真は「読まれるすなわちそれを消費する大衆によって、大なり小なり意識的に記号の伝統のストックに結びつけられる[5]」のです。

ほかにも、私たちはこの作品から怒りの感情を感じるかもしれません。実際、私たちは少女を暴力で屈服させようという、ごう慢で野蛮な軍人に対して、強い憤りを覚えます。こうした不正は絶対に許せないと考え、どうにかして少女を救ってやりたいと思うかもしれません。つまり、この作品は、国家権力が民衆を暴力によって弾圧しているという怒りのメッセージを読者に訴えているのです。実のところ、この作品を見た読者は、国家権力の正当性に対して疑問を抱くようになることでしょう。いわば、権力の横暴に対して抵抗しなければならないことをこの作品は強調しているのです。

また、社会学者の長谷正人は、写真というメディアが「記録」と「複製」という2つの機能を持っていることを指摘しました[6]。例えば、結婚式や旅行などでよく撮る記念写真を思い浮かべてみてください。このとき、写真はこれらのイベントが実際にあったことの「記録」としての役割を果たしていると言えるでしょう。

一方、写真はあるイメージの「複製」という側面も持ち合わせています。実際、私

---

[6] 伊藤守編著『よくわかるメディア・スタディーズ』ミネルヴァ書房、2009年、40ページ

[5] 同上、57ページ。

たちが普段目にする報道写真は、大量に生産された「コピー」にほかなりません。こうした写真は「記録」としての役割というより、そこに写されているイメージをより多くの読者に提供する機能を担っていると言えるでしょう。

こうした点から考えてみると、この作品も「記録」と「複製」の両方の役割を果たしていることが分かります。もちろん、この写真は「作られた」ものであり、実際に起こった事件をコピーしているにすぎません。しかしながら、私たちは写真を見るとき、これが現実に起こった出来事であることを疑うことはないでしょう。現実と写真の完璧な相似性ゆえに、私たちはこの事件をリアルなものとして受けとってしまうのです。

さらに、これが報道写真として大量に「複製」され、読者の手元に届くとき、私たちはそこから前に述べたような「国家権力の横暴」というメッセージを受けとります。新聞に載せられたこの写真を見る読者は、この作品がいつ、どのようにして撮られたのかという「記録性」について考えることはほとんどありません。むしろ、国家権力がいかに民衆を苦しめているのかという点に心を痛めることでしょう。このような点において、この作品は私たちの良心に強く訴えかけるものとなっているのです。

Column 01

デノテーションとコノテーション

言語学者のルイ・イェルムスレウは、言葉には「デノテーション」と「コノテーション」という2つのレベルが存在すると考えました（ルイ・イェルムスレウ『言語理論の確立をめぐって』竹内孝次訳、岩波書店、1985年、132～143ページ）。デノテーションとは、ある言葉が持っている文字どおりの意味のことです。例えば、「ルイ・ヴィトン」という言葉について考えてみましょう。辞書を引いてみると、「ルイ・ヴィトン」の欄には「アパレル商品を販売する企業の名前」という説明が載せられています。これは「ルイ・ヴィトン」という言葉に関する文字どおりの意味であり、「ルイ・ヴィトン」のデノテーションに当たると言えます。

一方、コノテーションとは、ある言葉から連想されるさまざまな感情やイメージのことです。例えば、私たちは「ルイ・ヴィトン」という言葉を聞くと、「お金持ち」や「高級品」といったイメージを抱くのではないでしょうか。このように、ある言葉を聞いて連想される間接的なイメージは、コノテーションと呼ばれています。

デノテーションとコノテーションという区別は、写真の分析にも応用することができます。例えば、今回の作品では少女の持っている「白い花」が、「愛」や「平和」といったコノテーションを帯びていることが分かります。一方、兵士の「黒い銃剣」は、「暴力」や「戦争」を表すコノテーションになっています。このように、デノテーションとコノテーションというカテゴリーは、さまざまなメディアを分析するための有効なツールとなっているのです。

Chapter 02

広告

Advertisements

押さえるべきポイント

・見る人に商品やサービスを買ってもらうという目的がある。
・特定の消費者層に向けてアピールしている。
・記憶に残りやすいキャッチコピーが使われる。
・ブランドのロゴやイメージなどが載せられている。
・イメージや文章は消費者の欲望を刺激する役割を果たす。
・特定の「価値観」が商品に付与されている。
・余白の配置によって、商品の価値を効果的に演出する。

PILOT広告
（2016年／画像提供：株式会社パイロットコーポレーション）

広告とは、商品やサービスを宣伝するために使われるメディアのことを指しています。広告ほど私たちの生活に浸透しているメディアはほかにはないと言えるかもしれません。実際、地下鉄の車内広告や新聞の折り込みチラシなど、私たちの身の回りにはたくさんの広告があふれています。広告はどのように私たちの購買意欲を刺激しているのでしょうか？　今回は、筆記具メーカーの「ＰＩＬＯＴ」が作成した企業広告を例に挙げて考えてみましょう。

STEP 1

メディアの種類、目的、受け手を押さえる

マーケティング・コミュニケーションの教科書として名高い『現代広告論』は、広告の主な特徴として、「識別可能な広告主」「特定のオーディエンス」「広告メッセージの対象」「大量伝達可能な有料媒体」「説得意図」という5つの要素を挙げています[1]。とりわけ、「特定のオーディエンス」と「説得意図」という2つの要素は、広

[1] 岸志津江ほか『現代広告論 新版』有斐閣、2008年、5ページ。

告というメディアにおける一番重要なポイントと言えるかもしれません。

「特定のオーディエンス」とはどういう意味でしょうか？　ほとんどの広告は、あらゆる人を対象にして発信されているわけではありません。例えば、口紅の広告について考えてみましょう。口紅が化粧品の一つであることを踏まえれば、これは男性をターゲットにしているのではなく、女性に向けて商品をアピールしていることが分かります。つまり、広告はある特定の受け手のために作られているのです。

次に、広告の「説得意図」について考えてみましょう。一般的に、広告は受け手を「説得する」ために用いられます。例えば、口紅を宣伝している広告には、受け手の欲望を刺激するために、魅力的な女性が登場していることが少なくありません。こうした例からも分かるように、広告には商品を買うよう受け手を促す意図が込められています。バルトが述べているように「広告ではイメージの意味作用がまさに意図的[2]」であると言えるのです。これらのポイントをまとめると、今回の広告の特徴は次のように分析できます。

[2] ロラン・バルト『映像の修辞学』蓮實重彦・杉本紀子訳、筑摩書房、2005年、10ページ。

メディアの種類：企業が商品を宣伝するために作成する広告。
メディアの目的：万年筆という商品を宣伝し、購入してもらうよう見る人を説得する。
メディアの受け手：手書きで書くことに関心を持っている大人。

STEP 2

メディアの構造とスタイルを分析する

広告はマルチモーダルなメディアであると言われています。マルチモーダルとは、言葉、イメージ、グラフといった、さまざまな種類の情報によって成り立っているメディアのことです。例えば、ほとんどの広告では、文章以外にもイメージやグラフなどが載せられています。したがって、広告の構造を分析するためには、そうした要素が作品のなかでどのように置かれているのかをまず考えなければなりません。

それでは、実際にこの作品の構造を分析してみましょう。私たちの目にまっさきに入るのは、大きな万年筆のイメージです。背景が白いので、万年筆の姿がよりいっそう鮮明に浮かんでくると言えるでしょう。また、受け手は万年筆のイメージを見たあとで、そのなかにあるもう一つのイメージにも気づきます。それは、万年筆のなかに描かれている、若い男性の姿にほかなりません。この男性は、机の上で万年筆を使って文字を書いているようです。興味深いことに、机の上には、スマホやパソコンといった、普段使われているデジタル機器がまったく見当たりません。一方、机の隣には本棚があり、そこにはたくさんの本が並べられていることが分かります。ほかにも、レコードや古いレコードプレーヤーなどが置かれていることも見えるかもしれません。

こうした視覚的なイメージに引きつけられた受け手は、次に左下の「書く人に、なろう。」という標語に目を向けることでしょう。この言葉が一番大きな文字で書かれていることから、広告の作成者がこのフレーズを強調したいと考えていることが分かるかもしれません。さらに、文字のスタイルに注目してみると、パソコンで打ったのではなく、手書きの青い文字であることが分かります。

受け手の視線が最後に向かうのは、右側にある文章です。「なんでもない言葉が嬉しいのは、一文字一文字が手作りだからかな。」というタイトルのようなフレーズは、これまた同じく手書きであることが分かります。一方、その下にある文章は、この広告のなかで一番小さな文字で黒く書かれており、他とは違って手書きではありません。この文章の最後には、小さな万年筆のイメージと、この広告を作っている「PILOT」という会社の名前、そして「書く、を支える。」という会社のブランドメッセージ[3]が添えられています。

STEP 3

文字とイメージの特徴を分析する

それでは、こうしたイメージや文字の持つ効果について考えてみましょう。まず注目できるのは、万年筆のなかにある男性の姿です。男性の部屋は、私たちのそれとは少し異なるように思えるかもしれません。前にも述べたように、彼の机にはペンや紙といった文房具が置かれている一方、スマホやパソコンといった、現代人に特有の電子機器がまったく見られないのです。

[3] 企業が顧客に伝えたい理念やキャッチフレーズのこと。

　また、彼がレコードプレーヤーとレコードを本棚の下に置いていることにも注目できるかもしれません。実のところ、レコードを聴く人間は、現代ではとても数が少ないと言えます。そもそも、レコードを聴くためには多くの手間がかかります。レコード店でレコードを購入し、家でそれをレコードプレーヤーにセットし、針を落としてやっと聴くことができるのです。そうした手間を嫌う私たちは、たいていの場合インターネットですぐに好きな曲を聴こうとするはずでしょう。ネットであれば、レコードのように時間をかける必要はまったくありません。つまり、レコードというのは音楽を聴く方法として、とても不便なものと言えるのです。

　それではなぜ、この部屋にわざわざレコードが置かれているのでしょうか？　レコードはたしかに古くて不便なものですが、そのことが反対に「教養」や「気品」といったイメージをレコードに与えていることに注目しましょう。実際、音楽を聴くためにあえてレコードを購入するという行為は、この男性が音質に強いこだわりを持つ人間であることを暗示しています。つまり、本棚の下のレコードは、この男性が芸術に深い造詣を持つ「文化人」であるというメッセージを受け手に伝えているのです。

このような「文化的な生活」が万年筆のなかに描かれることで、どんな効果が生まれているのでしょうか？　男性が万年筆を手にしている様子から、私たちはこうした文化的な生活が、この万年筆の存在と密接に結びついているという印象を感じるかもしれません。実際、万年筆のペン先が「知的でカッコいい生活」で満たされているというイメージは、まるでこの商品がこうした文化的な生活そのものを提供すると伝えているかのようです。この写真はいわば、「万年筆を所有すること」が「気品ただよう文化人の生活」と同じ意味を持つことをほのめかしているのです。

次に、広告にあるさまざまな文字の特徴に注目してみましょう。「書く人に、なろう。」という大きな標語は、手書きで書かれています。このような手書きの文字を見ることで、受け手は万年筆で書かれた文字の美しさに気づくことができると言えるでしょう。この広告は元はカラーで、手書きの文字が「青」、デジタル文字はすべて「黒」で書かれています。このように、それぞれの書体に別々の色が用いられていることによって、「手書きの文字」と「デジタル文字」の違いをよりいっそう受け手に意識させているのです。ただし、最後の「ＰＩＬＯＴ」という会社名だけは、これまでとは異なったフォントで書かれていることに注意しましょう。広告を作った会社にとって、万年筆に対してポジティブな印象を与えただけでは、受け手が自分の会社の万年筆を購入するとはかぎりません。どうしても万年筆という言葉を企業名である「ＰＩＬＯＴ」に結びつけてもらわなければならないのです。そのため、ここで「ＰＩＬＯＴ」という言葉をあえて太字で書くことで、インパクトをもたせようとしていると言えるでしょう。

STEP 4

それぞれのメディアの種類に存在する特徴を分析する

かつて、言語学者のダン・スペルベルとディアドラ・ウィルソンは、「人の認知は自分にとって関連ある情報に注意を払うようデザインされている」という理論を打ち立てました[★4]。言いかえれば、人間の脳は自分にとって関連性のある情報にしか注意を向けようとしません。いくらすぐれた論文であっても、それがその人にとって関係

★4 Sperber, D. and Wilson,D. *“Relevance: Communication and Cognition,”* Blackwell Publishers, 1995, p262.

のないものであれば、人々から見向きもされないのです。

それでは、広告というメディアはどうでしょうか？　受け手にとって、広告はあまり興味のある対象とは言えません。実際、私たちは雑誌に掲載されている広告をほんの数秒見ただけで、すぐ次のページをめくってしまうのではないでしょうか。したがって、広告の特徴とは、なるべく多くの人に関心を持ってもらうよう、さまざまな工夫を加えている点にあると言えます。ここでは、「PILOT」の広告が受け手の関心を引きつけるために行っている3つの工夫について考えてみましょう。

☑文の短さ

人の注意を引くために、広告の「キャッチフレーズ（宣伝文句）」は短く省略されているのが一般的です。例えば、今回の広告にある「書く人に、なろう。」というキャッチフレーズは、たった9文字で作られていることが分かります。なぜ、文を短くすることが人々の関心を引くことと関係しているのでしょうか？

文が短いということは、それだけ脳に負担がかからないことを意味しています。もしもキャッチフレーズが長いと、私たちはそれを解釈するために多くの時間を費やさなければならなくなってしまうかもしれません。そのような文章の場合、見る人は広告の内容がいったい自分とどのような関連性があるのか分からず、すぐに関心を失ってしまうでしょう。文章を短くすることで、広告は見る人が読むときの負担を減らし、内容をすぐに理解してもらおうと工夫しているのです。

詩的効果

もちろん、キャッチフレーズは短ければ短いほど良いというわけではありません。例えば、「万年筆はすばらしいペンです」というキャッチフレーズについて考えてみましょう。このキャッチフレーズは短いので、それを理解するのに労力はかかりませんが、かといって見る人の注意を引くこともありません。なぜなら、この文章は「万年筆はすばらしい」という、たった1つの情報しか伝えていないからです。一方、「書く人に、なろう。」というキャッチフレーズは、「これはいったいどのような意味を伝えているのだろうか？」と見る人に想像するよう誘導しています。実際、私たちはこの文章からさまざまな「意味の含み」を感じとることができるかもしれません。例えば、「万年筆を買えば、きれいな字を書くことができる」「知的な人間になれる」「落ち着いた雰囲気のオトナになれる」「誰かに手紙を書いてみよう」といった、数多くの意味を引きだすことができると言えるでしょう。このように、1つの文にさまざまな意味が込められていることは「詩的効果」と呼ばれています。たった1行のメッセージに多くの情報を盛り込むことで、読者はそこからさまざまなポジティブなイメージを連想することができるのです。

☑ レトリック

広告では、見る人の注意を引くための「レトリック」も頻繁に用いられます。レトリックとは、言葉づかいに工夫を加えることで、相手を説得する技術のことです。例えば、映画『天空の城ラピュタ』の「見ろ、人がゴミのようだ！」というフレーズについて考えてみましょう。これは「人間は弱い存在である」というような意味を比喩表現によって伝えていることが分かります。人をゴミにたとえることによって、読者はその場面を容易にイメージすることができるのです。

今回の作品にも、さまざまなレトリックが使われています。例えば、右下にある文章に注目してみましょう。「誰かのために腕をふるった手料理のように、手間と、時間のかかった言葉たち。」というフレーズでは、万年筆で書かれた言葉が「手料理」にたとえられていることが分かります。このような比喩表現により、「手料理」から連想される「ぬくもり」「愛情」「味わい」といったポジティブなイメージが万年筆にも投影されることになるのです。

また、「書く人は、知っています。同じひと言でも、手が生みだした言葉には、手触りが、表情が、ぬくもりがあることを。」という文章にも注目してみましょう。この文章をよく見ると、語順がひっくり返されていることが分かります。実際、通常であれば「同じひと言でも、手が生みだした言葉には、手触りが、表情が、ぬくもりがあることを、書く人は、知っています。」と書くはずなのに、あえて語順を逆転させ、「手触りが、表情が、ぬくもりがあることを」というフレーズが最後に置かれているのです。このような工夫によって、見る人の心には「手触り」「表情」「ぬくもり」といった言葉が強く印象づけられることになります。その結果、こうした肯定的なイメージが万年筆と強く結びつくようになるのです。

同様の例は、「さぁ、ペンをどうぞ。あなただけの手作りの言葉を、待っている人がいるから。」という文章にも当てはまります。「あなただけの手作りの言葉を、待っている人がいるから。」というフレーズを最後に持ってくることによって、見る人は、「もしも自分が手紙を書くとしたら、誰がいるだろうか?」と想像するかもしれません。「家族」「恋人」「友人」といった人々の姿を最後にイメージさせることで、万年筆で手紙を書く意欲をかきたてようとしているのです。このように、語順に工夫を加えるレトリックは、「倒置法」と呼ばれています。レトリックについては、「演説文」の章でより詳しく分析してみましょう。

STEP 5

メディアのレイアウトを分析する

この作品においてイメージや文章はどのように配置されているのでしょうか？ この広告のなかで一番大きなスペースを占めているのは、若い男性が手紙を書いている写真でしょう。この写真は、万年筆の形に切り取られ、右上から中央にかけて描かれていることが分かります。それでは、このように写真が置かれることで、広告にどのような効果が生まれているのでしょうか？

第一に、万年筆の図形で切り取られることによって、万年筆のイメージが強く印象に残ることになります。見る人がまずこの図形を知覚することで、写真に描かれている文化的、知的な生活が万年筆と密接に関連していることを感じとることができるのです。

さらに、写真が意図的に切り取られたことで、余計なものがなくなっていることにも注目できるでしょう。実のところ、この写真に写っているのは、若い男性が手紙を書いている様子と、たくさんの本やレコードが置かれている本棚、そしてその下にあるレコードプレーヤーのみです。もしも部屋全体の様子を載せてしまったら、見る人はさまざまなモノに気をとられて、若い男性の姿やレコードといった文化用品にピントを合わせることができません。この広告は不要な部分を取り除くことにより、見るべき場所へと視線を誘導しているのです。

また、スペースの取り方についても考えることができるかもしれません。例えば、この広告にはたくさんの余白が見られます。こうした余白の配置には、どのような効果があるのでしょうか？　ジョン・W・プラセジュスらの研究結果によれば、広告を占める余白のサイズが大きければ大きいほど、そのブランドに対する「一流」「権威」「信頼」といったイメージは高まる傾向にあります[*5]。つまり、余白をふんだんに用いることで、この広告は「万年筆」の高級感を最大限に引きだそうとしているのです。

ほかにも、スペースの配置は、伝えたいメッセージを強調する役割を担うことがあります。例えば「書く人に、なろう。」というキャッチフレーズは、他の文章から少し離れたところにあります。このようにまわりにスペースが置かれることで、このキャッチフレーズはよりいっそう注目を浴びることになるのです。スペースがふんだんに用いられていることで、私たちは「中央の写真」↓「左下のキャッチフレーズ」↓「右側の説明文」と、よどみなく読んでいくことができると言えるでしょう。受け手

[*5] Pracejus, John W., G. Douglas Olsen, and Thomas C. O'Guinn, *How Nothing Became Something: White Space, Rhetoric, History, and Meaning.* Journal of Consumer Research, 33(1), 2006. pp. 82-90.

は最初に写真やキャッチフレーズから知的な生活のイメージを受けとった後、そのイメージを今度は右側の説明文によってふくらませていくことができるようになるのです。

STEP 6

メディアのメッセージに対する受け手の反応を分析する

この広告を見ることで、私たちはどのような印象を受けるでしょうか？　まず、万年筆という商品が、ただの文房具ではなく、カッコいい生活と結びついていると感じることでしょう。そして、万年筆という商品が「温かさ」「知的」「落ち着き」「教養」といった要素を備えているという印象を受けるかもしれません。

こうした要素はまさに、私たちの日常生活には欠けているモノであると言えます。実のところ、私たちはいつも忙しく動きまわったり、一日中スマホを見てばかりいるのではないでしょうか。そうした点で、「書く人」というステータスは、普通の人々とはまったく異なった、特権的な人間であるという印象を受けるのです。

言いかえれば、この作品は「書く人」を他の人間と区別することで、私たちの「カッコつけたい」「見せびらかしたい」「自慢したい」といった欲望を刺激しているということになります。例えばソースティン・ヴェブレン[*6]は、知識人たちは昔から「ゆとりのある落ち着いた暮らし」を庶民に見せつけることで、自分たちの特権を自慢していたとして、次のように指摘しました。

> **ギリシア哲学者の時代から現代に至るまで、人間生活の日常的な目的に直接役立つ産業家庭に従事することから免除されたり解放されたりしている程度が、思慮深い男にとって価値がありすばらしいもの、つまり非のうちどころのない人生の前提条件である、とずっと思い込まれてきた。閑暇な生活は、それ自体としてもその結果としても、文明人の目にすばらしくしかも高貴なものと映るのである[*7]。**

たしかに、私たちが誰しも憧れるのは、浜辺のデッキチェアにくつろいでいるよう

*6 アメリカの経済学者・社会学者（1857〜1929）。所有権の成立から有閑階級が出現し、所有を求める欲求が富と権力の獲得につながることを指摘した。またレジャーについての独特の説明も行い、のちにまで多くの影響を及ぼした。

*7 ソースティン・ヴェブレン『有閑階級の理論──制度の進化に関する経済学的研究』高哲男訳、筑摩書房、1998 年、50 ページ。

な、ゆったりとした生活なのではないでしょうか。万年筆はいわば、そのような仕事から解放された、ゆとりのある生活のステータスシンボルとして、見る人の欲望を刺激していると言えるのです。

また、「書く人」という言葉は、私たちに「美しい字を書く」という行儀作法への「こだわり」をも見せつけています。というのも、美しい字を書く習慣を身につけるということは、それだけ時間とお金に余裕があることを裏付けているからなのです。

洗練された趣味、行儀作法および生活習慣は、上品さの便利な証拠である。というのは、立派な教養を身につけるためには、時間と努力とお金が必要であり、したがって、時間とエネルギーをもっぱら労働に吸い取られてしまっている人々には、達成しえないものだからである[8]。

こうヴェブレンも指摘しているように、「美しい字が書ける」というステータスは、そのまま「知識階級」のサインとして機能します。つまり、万年筆を有することは、

[8] ヴェブレン、前掲書、61ページ。

自分が「他人とは違う」ことをアピールするものであると言えるでしょう。

結果として、万年筆は見る人の目に「自分の地位を見せつけることができる」アクセサリーとして映ります。この広告は「他人よりもすぐれている」ことを自慢したい人々の欲求を、さまざまなしかけによってたくみに引きだしているのです。

Column 02

広告らしくない広告

近年、インターネットの爆発的な普及により、紙媒体における広告は減少傾向にあります。たしかに、多くの若い人は新聞や雑誌よりもパソコンでYouTubeを見るでしょうし、電車の中では広告よりもスマホばかり見ているかもしれません。コミュニケーション学者の小泉秀昭は、このように広告そのものを見る機会が減っていることを踏まえ、現代の企業は自然な形で商品を宣伝しようと試みていることを指摘しています（波田陽子・福間良明編『はじめてのメディア研究』世界思想社、2012年、195ページ）。

例えば、おもちゃメーカーのバンダイは、「ワンダースクール」というウェブサイトを立ち上げていますが、そのなかで絵の描き方や料理の作り方などを無料で紹介しています。こうした、消費者の役に立つ情報を提供することで、なるべく多くの人にバンダイの商品を見てもらおうと工夫していると言えるでしょう。また、見る人を楽しませることを意図して作られた、ブランデッド・エンターテイメントといった種類の広告もあります。例えば、ブロック玩具を販売しているレゴは、すべてをレゴのブロックで作った映画『レゴ ムービー』を作成し、人々の注目を浴びました。広告の未来は、いかに自然なかたちで消費者との絆を築いていくことができるかにかかっていると言えるかもしれません。

Chapter 03

表紙（カバーデザイン）

Magazine Front Covers

押さえるべきポイント

・雑誌のタイトルはインパクトのある位置に置かれる。
・表紙を飾るモデルの姿勢はメッセージ性を持つ。
・ヘッドライン（見出し）のフォントは強調されている。
・読者の注意を引きつけるキャッチコピーやタグラインが載せられている。
・色のとり合わせによって表紙の雰囲気を作りあげている。
・カッコいい「バズワード」が使われる。
・「吹き出し」といった囲みを使ってキーワードを際立たせている。
・縦書きと横書きを使い分けている。

図1 『PRESIDENT WOMAN』（プレジデント社／2016年12月号）

雑誌とは、さまざまな原稿が一冊に集められ、定期的に刊行される出版物のことを指しています。近年、インターネットの普及によって、雑誌の売り上げは減少傾向にありますが、読者のニーズに応える存在として、今なお強い支持を得ているものが少なくありません。実際、2018年の『雑誌新聞総かたろぐ』によれば、毎年およそ1万4000点以上の雑誌が出版されているのです。

インターネットなどに代表される新しいメディアとのし烈な競争のなかで、雑誌はいったいどのような方法で読者の支持を勝ち得ているのでしょうか？　この章では、プレジデント社が発行している『PRESIDENT WOMAN』の表紙（図1）を参考に、読者を引きつける表紙の魅力についてさぐっていきましょう。

STEP 1

メディアの種類、目的、受け手を押さえる

広告と同じように、雑誌の表紙には読者を「説得する」という目的があります。つ

まり、雑誌の表紙は、読者に雑誌の価値を知ってもらえるようなデザインでなければなりません。ただし、広告が一つの商品を紹介すればそれで事足りる一方、表紙はさまざまな記事について紹介する必要があります。したがって、なるべく多くの情報をコンパクトにまとめるために、雑誌の表紙にはさまざまな工夫が加えられているケースが少なくありません。こうした点に留意しながら、今回の作品を分析してみましょう。

メディアの種類：ビジネス誌。
メディアの目的：役に立つ情報を伝える、もしくは娯楽を提供する。
メディアの受け手：30代〜40代の働く女性。

STEP 2

メディアの構造とスタイルを分析する

まず、読者の注意を引きつけるのは、白色で書かれた大きな「WOMAN」という文字かもしれません。このような大きな文字は、『PRESIDENT WOMAN』というこの雑誌のタイトル（誌名）を私たちに強くアピールしています。

タイトルの下には、（元のカラーでは）青い服を着たきれいな女性が、微笑みながらこちらを向いています。左手は軽く頬杖をついており、右手はデスクの上に添えられています。右手によく注目してみると、腕時計や指輪をはめていることも分かるかもしれません。また、デスクの上にはパソコンが置かれていて、何か仕事をしている最中のようにも思えます。

次に読者の注意を引きつけるのは、おそらく右側に大きく赤色で書かれた「心を整える心理学」というフレーズでしょう。これは「ヘッドライン（見出し）」と言われるものでで、読者の関心を一番引きそうな記事のタイトルが選ばれる傾向にあります。しかしながら、「心を整える心理学」というヘッドラインだけでは、いったいどのような心理学なのかが見えてきません。したがって、「心を整える心理学」の具体的な内容について知らせるために、「もう怒らない、ねたまない、焦らない」といった、とても分かりやすい説明が右側に添えられています。

もちろん、すべての読者が「心を整える心理学」というヘッドラインに興味を持つとはかぎらないでしょう。そこで、表紙の左側には、読者の関心を引くさまざまな記事のタイトルが載せられています。例えば、文字の輪郭が赤色で強調されている「陣内孝則さん×柳葉敏郎さん」というヘッドラインは、ドラマ好きな読者の心を引きつけることでしょう。また、左下の「地方を変えるチェンジメーカーたち」や「働きやすい会社は私たちがつくる！」というタイトルは、働く女性の向上心を刺激する見出しであると言えるかもしれません。

STEP 3

文字とイメージの特徴を分析する

ここでは、表紙に登場するさまざまな文字やイメージについて考えてみましょう。最初に、タイトルの一部である「WOMAN」という文字が、一番大きく書かれていることに注目できるかもしれません。雑誌のタイトルというのは、読者にとって最も重要なサインです。例えば、コンビニや書店に置かれている雑誌の数について考えてみてください。その数は少なくても数十点、多ければ数百点にものぼります。さらに、そのほとんどはマガジンラックのような棚に重ねて並べられているので、読者には表紙の上半分しか見えません。もしもこうした雑誌の山のなかでタイトルが目立たなければ、読者に自社の雑誌を手にとってもらうことは難しいと言えます。こうした理由から、雑誌のタイトルは表紙の一番上に、一番大きな字で書かれていなければならないのです。

それでは、なぜここでは「PRESIDENT WOMAN」という正式なタイトルではなく、あえて「WOMAN」だけが強調されているのでしょうか？

第一に、「PRESIDENT WOMAN」という長いタイトルは、大きなフォントでは収まりきれません。もしも「PRESIDENT WOMAN」というフレーズをすべて同じサイズで載せようとすれば、一つひとつの文字を縮小しなければならず、タイトル自体が目立たなくなってしまいます。

第二に、「WOMAN」という言葉が持つ「訴求力」について考えてみましょう。訴求力とは、消費者の心に「商品を買いたい」という意欲を呼びおこす力のことを指します。そもそも私たちは、どのような時にモノやサービスを買いたいと思うでしょうか？「広告」の章でも見てきたように、私たちの脳は、「自分にとって関連ある情報に注意を払うよう」デザインされています。つまり、自分にとって関連性の高いモノやサービスに対してのみ、消費者は注意を向けるのです。そうであれば、「WOMAN」という語句は、女性の関心を引きつけるフレーズであると言えます。実際、「WOMAN」という言葉から、多くの女性はこれが自分と関連性のある雑誌だと感じ、

図2　弥勒菩薩像（広隆寺、小川晴暘『上代の彫刻』朝日新聞社、1942年）

強い興味を持つかもしれません。こうした工夫によって、『PRESIDENT WOMAN』は数ある雑誌のなかから一段と目立つようになっているのです。

今度は、表紙の中央に写っている女性のポーズに注目してみましょう。彼女は左手を頬に当てていますが、なぜこのようなポートレート（肖像写真）が選ばれたのでしょうか？ 実のところ、「頬杖をつく」という姿は、昔から美術の世界で「美しさを見せるポーズ」と見なされてきました。例えば、京都の広隆寺にある有名な弥勒菩薩像は、微笑みながら右手をそっと頬に当てている姿がとりわけ美しいと言われています（図2）。また、西洋の有名な画家ラファエロ・サンティ[*1]が描いた「システィーナの聖母」に登場する二人の天使のポーズも、美しいイメージとして世界的に認知されています（図3）。このように考えると、左手を軽く頬に当てている

---

*1 イタリアの画家（1483〜1520）。レオナルド・ダ・ビンチ、ミケランジェロと並ぶ三大芸術家の一人。バチカン宮殿の教皇署名の間に『アテネの学堂』『パルナッソス』などの傑作を描いた。

ポートレートは、被写体の「美しさ」を読者に印象づけるという点において、とりわけ重要なポーズであることが分かるのです。

また、「頬杖をつく」というポーズは、身体がリラックスしていることを示すボディ・ランゲージとしても機能しています。例えば、友人とおしゃべりしていると、無意識のうちに頬に手を当てていることがあるのではないでしょうか。言いかえれば、頬に手を当てるというしぐさは、緊張感がほぐれ、心が落ち着いていることを示すサインなのです。実際、この表紙に登場している女性のしぐさからも、私たちは「くつろぎ」や「ゆったり」といった印象を受けます。あたかも相手の言葉を余裕を持って聞いているかのような、冷静沈着なポーズに見えるのです。

さらに、彼女が着ている服の色にも注目できるかもしれません。色彩学によれば、私たちは青色

図3 「システィーナの聖母」の天使
（ラファエロ・サンティ）

から「落ち着き」や「信頼感」といった印象を連想する傾向にあります。こうした青のイメージはまさに、彼女の「落ち着き」のあるポーズとみごとに調和していると言えるのではないでしょうか。つまり、私たちはこの写真から、「冷静で頼もしいキャリアウーマン」というシグナルを受けとることができるのです。

最後に、こうした青のイメージは、「心を整える心理学」という今回のヘッドラインとも絶妙にマッチしていることに注目しましょう。信頼感のある女性の姿はあたかも、「もう怒らない、ねたまない、焦らない」というヘッドラインの正しさを証明しているかのようです。私たちはヘッドラインとモデルを互いに見比べることで、この雑誌の中身を読みたいという思いに満たされることになるのです。

しかしながら、心理学に関連する書籍や雑誌は、現代では数えきれないほどたくさんあります。こうした状況のなかでこの雑誌をアピールするために、デザイナーはほかにもどのような工夫を加えているでしょうか？　例えば、この表紙では「魔法の」という言葉がヘッドラインに付け加えられていることが分かります。「魔法」という言葉からは、「不思議な」「神秘的な」「人知を超えた」といった、読者の興味をそそるようなイメージが浮かんでくるかもしれません。また、この文字だけあえて白が使われており、読者の目にとまるように工夫されています。さらに、その周りには、けむりのような「吹き出し」が書かれていることにも注目してください。けむりというのは、テレビアニメなどで魔法が使われるときなどによく見られる現象です。作者はモクモクと立ちのぼるけむりのイメージを作ることで、読者が「魔法」という言葉の意味をすばやく理解できるようにデザインしているのです。

STEP 4

それぞれのメディアの種類に存在する特徴を分析する

表紙は読者の注意を引きつけるために、ほかにもさまざまな工夫を加えています。その一つとして挙げられるのが、「キャッチコピー」や「タグライン」と呼ばれる文章です。キャッチコピーとは、商品の価値を読者に伝えるために作られた、短い文章のことを指しています。忙しい現代社会で生活している私たちは、商品の価値を一瞬のうちに判断しなければなりません。つまり、パッと見ただけで商品の中身が伝わらなければ、誰にも買ってもらえないのです。したがって、雑誌の表紙には、読者の心を揺さぶるような短い宣伝文句が載せられているケースが少なくありません。

例えば、今回の作品では、「アドラー、ジェラシー、アンガー……私が変わる心理学入門」というキャッチコピーが誌名の上に置かれています。誌名のすぐ上にキャッチコピーが載せられていることで、読者は無意識のうちに「私が変わる心理学入門」という宣伝文句を雑誌の内容と結びつけようとするでしょう。いわば、この雑誌を読むことで自分が変われるようなイメージを読者は抱くことになるのです。

一方でタグラインとは、会社の理念を分かりやすく伝える短い文章のことです。キャッチコピーが商品や季節によって絶えず変わっていくのに対し、タグラインの文章はほとんど変わることがありません。そういう意味では、「広告」の章で紹介した「書く、を支える。」というPILOTのブランドメッセージもタグラインの一種であると言えるでしょう。今回の表紙にはタグラインがありませんが、音楽情報誌の『バックステージ・パス』における「音楽、人間マガジン」や、男性情報誌の『Safar i』における「いくつになっても冒険野郎！」といったタグラインのように、雑誌のコンセプトが表紙に記載されているケースも少なくありません。

表紙において見られるもう一つの特徴は、「バズワード」の多用です。バズワードとは、カッコよく聞こえる専門用語のことを指しています。例えば、「クラウドコンピューティング」や「マイナスイオン」などといった言葉について考えてみましょう。実のところ、私たち一般人にとって、これらの言葉が具体的に何を指しているのかはよく分かりません。しかしながら、私たちはこうした言葉から、どことなくポジティブでカッコいい響きを感じるのではないでしょうか。雑誌のなかには、こうしたバズワードを表紙に載せることで、内容を魅力的に見せるよう工夫しているケースが少なくありません。

例えば、今回の作品をもう一度見てみると、キャッチコピーに「アドラー、ジェラシー、アンガー」といったさまざまなカタカナ語が使われていることが分かります。「アドラー」とは、世間で話題の「アドラー心理学[注2]」のことを指しているのかもしれません。私たちはアドラー心理学とは何かについて詳しく知りませんが、アドラー心理

[注2] オーストリアの精神科医アルフレッド・アドラー（1870〜1937）が創始した心理学の体系。人間を動かす最も優勢な原動力は生命の本質的完成への努力であると見なす。

学がとても人気だということはなんとなく記憶にのこっているのではないでしょうか。このようなバズワードが書かれていることで、表紙のキャッチコピーがよりいっそう読者の心に強く印象づけられることになるのです。

ほかにも、「DIVERSITY（ダイバーシティ）」や「チェンジメーカー」というヘッドラインも、「よく分からないけどなんとなくカッコいい」言葉のように見えるかもしれません。この表紙は、こうした難しい用語や英語をそのまま使うことで、高級感や洗練されたイメージを雑誌に与えていると言えるでしょう。

STEP 5

メディアのレイアウトを分析する

この表紙のレイアウトに注目してみると、とてもシンプルな構成になっていることが分かります。例えば、『日経ウーマン』のような他の女性誌と比べてみると、『PRESIDENT WOMAN』の表紙がどれほどスッキリしているのかが分かるかもしれません（図4）。なぜこれほど簡素な構成になっているのでしょうか？

第一に、表紙がシンプルである場合、読者はそこから「優雅な美しさ」を受けとる傾向があります。前章でも述べたように、余白のスペースは大きければ大きいほど、宣伝されたブランドの品位や高級感が強まるのです。実際、教育学者の森住史は、『PRESIDENT WOMAN』が「会社でキャリアを積んでいる30代から40代の知的な女性」をターゲットにしていることを指摘しています[*3]。そうであれば、表紙のシンプルさはまさに、そうした高い教養のある女性を引きつけるうえで欠かせない要素であると言えるのではないでしょうか。

もちろん、ただシンプルであればそれで良いという訳ではありません。実のところ、表紙というメディアは、その雑誌が扱っている主要な記事をすべて読者にアピールする必要があり

図4 『日経 WOMAN』（日経BP社／2020年7月号）

*3 森住史「働く女性と英語―ビジネス雑誌表紙の分析から―」『国際基督教大学学報. I-A 教育研究 = Educational Studies (62)』国際基督教大学、2020年、124ページ。

ます。もしも過剰に文字数を削ってしまったら、そうした記事の内容が読者に伝わらなくなってしまうかもしれません。つまり、表紙はなるべくシンプルなデザインを目指しつつも、同時にたくさんの情報を盛り込まなければならないのです。

このような難問をクリアするために、表紙のレイアウトにはどのような工夫が加えられているのでしょうか？　まず、記事の見出しが女性のポートレートに決して重ならないように置かれていることに注目できるでしょう。例えば、「心を整える心理学」というヘッドラインは、一番大きな文字で書かれていますが、ポートレートに被らないように微妙な調整が施されていることが分かります。このように調整することで、表紙がシンプルなデザインになるよう工夫しているのです。

また、表紙の左側に注目してみると、すべての見出しが、ある特定のタテ線に沿って並べられていることが分かります。ちょうど、「ＷＯＭＡＮ」のＷの文字から左には、文字が絶対にはみ出ないように調整されているのです。このように、線を活用することは、レイアウトを引きしめ、作品全体をバランスのとれたものにする効果があると言えます。

さらに、このような美しいデザインを作るために、見出しの「書字方向」にも工夫が加えられていることにも注目できるでしょう。書字方向とは、その名のとおり文字を書き進める方向のことを指しています。日本語の文章は、縦書きか横書きのどちらか一つを選ぶことが一般的ですが、この表紙ではどちらも使われていることに注意してください。つまり、状況に合わせて縦書きと横書きを使い分けることで、メリハリのある美しいレイアウトになるようにデザインされているのです。

例えば、左下の「地方を変えるチェンジメーカーたち」や「働きやすい会社は私たちがつくる！」という見出しは横書きです。もしもこれらの見出しが縦書きで書かれたなら、見出しと見出しのあいだに置かれているスペースが無くなり、読者はゴチャゴチャした印象を感じてしまうことでしょう。このように、縦書きと横書きをうまく使い分けることによって、シンプルで美しい表紙に見えるよう工夫しているのです。

また、縦書きと横書きでは、文章を読む速さにも違いが生まれることがあります。実際、ある調査によれば、日本人は横書きの文章をスラスラと読めるのに対し、縦書きの文章の場合は、一文字一文字を注意深く読む傾向にあります[*4]。つまり、もしも

*4 井川美智子ほか「縦書き・横書き文章における読書時の眼球運動の比較」『臨床眼科（60〈7〉）』2006年、1251〜1255ページ。

表紙にあるすべての文章を横書きにしてしまったら、読者は重要な見出しをスーッと読み飛ばしてしまうかもしれません。しかしながら、この作品では「心を整える心理学」や「陣内孝則」「柳葉敏郎」といった名俳優の名前を縦書きで書くことにより、読者に興味のありそうな見出しをていねいに読んでもらうように設計しているのです。このように、縦書きと横書きのバランスは、どの見出しに注目してもらうかを考えるうえで、とても重要なポイントとなると言えるでしょう。

STEP 6

メディアのメッセージに対する受け手の反応を分析する

読者はこの表紙から、どのような印象を受けるでしょうか？　前にも述べたように、この雑誌は30代から40代の働く女性をターゲットにしています。女性の読者であれば、たくさんの雑誌のなかに見える「WOMAN」というタイトルにきっと目がとまることでしょう。もしかしたら、ちょっと立ち止まって、この雑誌を手にとってみようとするかもしれません。表紙をよく見てみると、上品で落ち着いたキャリアウーマンの姿が目に入ります。このゆったりとした雰囲気から、読者は自分もこのような品位のある女性になりたいと思うかもしれません。次に目を向けるのは、「心を整える心理学」という大きなヘッドラインです。この見出しを読んだ読者は、洗練された女性になる秘訣がこの雑誌に書かれていると感じることでしょう。さらには表紙のシンプルなレイアウトからも、どことなく気品のあるイメージを感じとるかもしれません。こうした工夫によって、読者は購買意欲を刺激され、この雑誌を買って読んでみようと心を動かされることでしょう。このように、雑誌の表紙は、私たちを引きつけるさまざまな魅力で満ちあふれているのです。

Column 03

女性誌が作りだす「あこがれの女性像」

本格的な女性誌が生まれたのは1970年代と言われています（井上輝子・女性雑誌研究会『女性雑誌を解読する―Comparepolitan 日・米・メキシコ比較研究』垣内出版、1989年、17ページ）。1970年に創刊された『an・an』を皮切りに、『non-no』（1971年）、『クロワッサン』（1977年）、『MORE』（1977年）などといったファッション雑誌が次々に誕生しました。この背景には、新しいライフスタイルや自立を求める女性たちの欲求が、当時とても高まっていたことが挙げられます。しかしながら、こうした女性誌は同時に、女性たちの欲求を積極的に生みだす装置ともなっていることも無視してはなりません。実際、社会学者の井上輝子は、女性誌が理想的な女性像をモデルの表情やキャッチコピーによって作り上げていることを指摘しています（同上、156～159ページ）。その一例として、井上は雑誌『COSMOPOLITAN』がどのようなキャッチコピーを選んでいるのかを分析しました。彼女によれば、『COSMOPOLITAN』は働く女性に向けて発行されているにもかかわらず、職場で目立ちたい、出世したいといった「目立ち志向」の表現がほとんど存在していません。この点について井上は、日本の職場では女性が「目立つ」ことがマイナスに働くので、安全で目立たないポジションに女性を押し込めようと『COSMOPOLITAN』が誘導していると指摘しています。このように、雑誌は読者の関心事に合わせるだけでなく、逆に読者のアイデンティティーそのものを形作ってしまう強力なメディアでもあると言えるでしょう。

Chapter 04

インフォグラフィック

Infographics

押さえるべきポイント

・イメージ、ピクトグラム、グラフ、数字、記号、文章など、多様な形式を用いている。
・色のとり合わせによって重要なポイントを強調している。
・イメージや記号はシンプルなデザインであり、誰にでも理解できる。
・難解なデータはグラフ化され、可視化されている。
・数字によって信頼性を高め、見る人を納得させる。
・矢印や数字によって、読む順序を誘導している。
・文は省略され、断定的なトーンになっている。
・線や点の配置によって特定のまとまりを構成している。

図1 「2015年度ものづくり白書」
（経済産業省／https://www.meti.go.jp/report/whitepaper/mono/2015/）

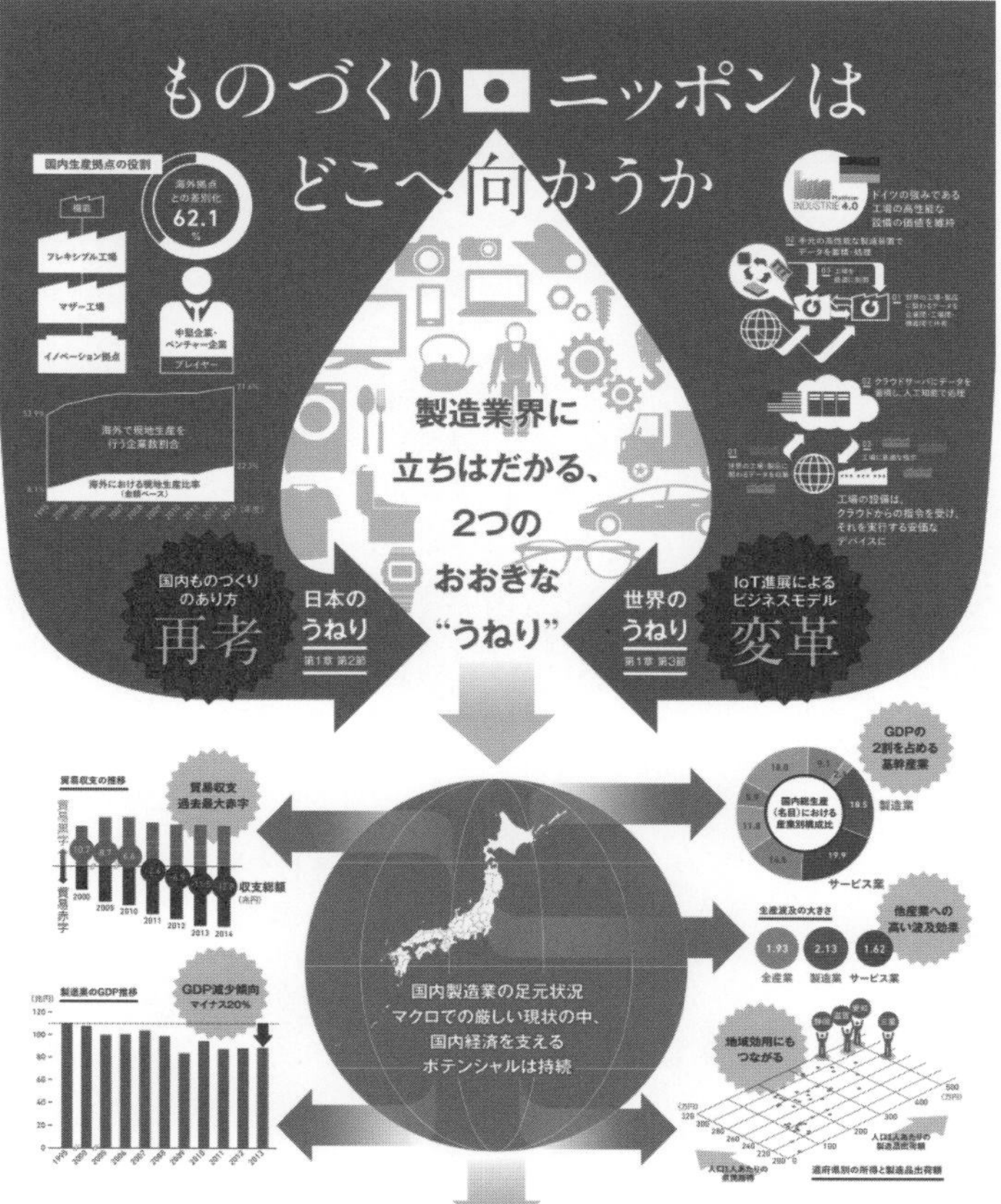

インフォグラフィックとは、「インフォメーション（情報）」と「グラフィック（図形）」をかけあわせた言葉です。「現代は情報化の時代」とよく言われているように、現代社会はさまざまな情報であふれかえっています。そのなかには、私たちにとって理解しにくい情報もたくさんあります。こうしたなかで、インフォグラフィックは近年、「難解でイメージしづらい情報」を「分かりやすい形」で示してくれる、便利なコミュニケーションツールとして注目されつつあります。この章では、経済産業省が作成した「2015年度ものづくり白書」を参考にしながら、インフォグラフィックの構造や特徴について考えてみましょう（図1）。

STEP 1

メディアの種類、目的、受け手を押さえる

メディアの種類：インフォグラフィック。

メディアの目的：製造業の現状と課題について伝え、考えるよう促す。

メディアの受け手：製造業に携わるすべての民間人。

STEP 2

メディアの構造とスタイルを分析する

まずは今回の作品の構造について分析してみましょう。最初に目につくのは、大きな文字で書かれている、「ものづくりニッポンはどこへ向かうか」という見出しです。背景の色が青であるのに対し、この見出しは白で書かれているので、見る人は一目で認識できるかもしれません。また、「ものづくり」と「ニッポン」とのあいだには、日本の国旗がちょうど中央に置かれるような形で描かれていることが分かります。

国旗のすぐ下には、大きな白い矢印が見えます。そのなかには、「製造業界に立ちはだかる、2つのおおきな〝うねり〟」というフレーズが、青の文字で書かれています。そしてその後ろには、パソコン、やかん、ロボット、自動車など、絵文字のような図形がたくさん描かれているのが見えます。

見る人は、この「〝うねり〟」という言葉がいったいどのような「うねり」を指しているのか、一瞬とまどってしまうかもしれません。しかしながら、「〝うねり〟」という文字の両側に大きな矢印があることで、私たちはすぐにこの「うねり」という言葉が、これら2つの矢印のことを指しているのだと理解できます。そして、これらの矢印のなかには「日本のうねり」や「世界のうねり」というフレーズが白で書かれていることから、読者はこの「うねり」という言葉が、日本や世界における製造業の変化を意味していると推測することができるでしょう。

左側の「うねり」に目をとめてみると、黒いギザギザマークに「国内ものづくりのあり方」という白い文字と、「再考」という大きい文字が書かれていることが分かります。そしてその上には、日本の製造業の現状がさまざまなイメージやグラフで説明されています。

一方、右側の「うねり」はどうでしょうか?「世界のうねり」というフレーズのすぐ横には、これまた「変革」という文字が大きな黒いギザギザマークのなかに書かれています。その上にはドイツやアメリカの国旗が掲げられ、それらの国々の製造業がどのような変化を経験しているのかが、豊富なイメージと矢印で描かれていることが分かります。

さて、もう一度中央の「〝うねり〟」に目を向けてみると、その下にも矢印があるのが見えます。その矢印が指しているのは、地球を連想させる円形のなかに浮かんだ、日本の姿にほかなりません。よく見ると、この日本地図から色々な矢印が左右に飛びでていることが分かります。

これらの矢印は、いったい何を指しているのでしょうか？　まずは左側に目を注いでみると、2つの棒グラフが見えます。その上にはギザギザマークが置かれており、「貿易収支　過去最大赤字」や「GDP減少傾向　マイナス20％」といった、ネガティブな印象を受ける見出しが載っています。見る人はこうしたグラフや言葉を読んで、日本の製造業は不況に陥っていると感じるかもしれません。

一方、右側のグラフやサインを見てみると、ここでもグラフやギザギザマークのサインが用いられていることが分かります。しかしながら、よく見ると、それらすべてがポジティブな情報であることに気づくかもしれません。実際、「GDPの2割を占める基幹産業」「他産業への高い波及効果」「地域効用にもつながる」といった見出しは、製造業がどれだけ重要な役割を果たしているのかを見る人に力強く訴えるものとなっているのです。

こうしたグラフや見出しを読んでから、もう一度真ん中の地球に目を戻してみると、そのなかには「国内製造業の足元状況　マクロでの厳しい現状の中、国内経済を支えるポテンシャルは持続」という文が書かれていることが分かります。たとえここに書かれている「マクロ」や「ポテンシャル」といった言葉の意味が分からないとしても、私たちは左右のグラフやマークから、日本の製造業が置かれている厳しい状況やその重要性について理解できることでしょう。

一番下には、矢印が地球からのびていることが分かります。この矢印の先には「日本にとって重要な産業である製造業」という大きな見出しと、「足元の状況と、迫りくる〝うねり〟の中、思い切った方向転換が求められる」という、このインフォグラフィックの内容をまとめたような文章が置かれています。

STEP 3

文字とイメージの特徴を分析する

それでは、今回の作品における文字とイメージの特徴について考えてみましょう。まず注目したいのが、「ものづくりニッポンはどこへ向かうか」というヘッドラインです。この見出しは一番大きな字で書かれているうえに、全体の一番上に置かれているので、見る人の視線を最も多く浴びる部分であると言えるでしょう。

よく見てみると、このヘッドラインは「どこへ向かうか」という質問形式で書かれていることが分かります。書き出しの文章が質問形式になっていることで、どのような効果が生まれているのでしょうか？　私たちは作品から問いを投げかけられることで、その答えを知りたいという欲求に駆られます。いわば、答えを知りたくて続きを読んでみたいと無意識のうちに考えるようになるのです。このように、見る人の心をたくみにひっかけるオープニングは「フック（釣り針）」と呼ばれています。あたかも魚を釣り針に引っかけるように、フックは私たちの心をわしづかみにすることができるのです。

次に考えてみたいのは、「ニッポン」という言葉です。「日本」には「ニホン」と「ニッポン」の2つの呼び方がありますが、なぜ今回の作品では「ニッポン」という言葉が使われているのでしょうか？　この点について考えるために、この文章における音の数をそれぞれ数えてみましょう。

・ものづくり……5音
・ニッポンは……5音
・どこへ向かうか……7音

このように見てみると、このフレーズが「5音」と「7音」のリズムで構成されていることが分かります。和歌や俳句にも表れているように、「5音」や「7音」のリズムは昔から、日本人にとって心地よいリズムとして見なされてきました。つまり、「ニホン」ではなく「ニッポン」という言葉を使うことによって、見る人がこのヘッドラインをよどみなく読めるよう工夫しているのです。

こうした見る人を引きつける「フック」に続いて、その下には「製造業界に立ちはだかる、2つのおおきな〝うねり〟」という文章が、インパクトのある文字で書かれています（図2）。「立ちはだかる」という言葉は、行く手をさえぎる大きな壁のようなイメージを見る人に連想させるでしょう。このような「比喩表現」を用いることで、私たちは製造業界が抱える問題を一つの映像として視覚化することができるのです。

また、「〝うねり〟」という言葉に「〝　〟」という「ダブルクォーテーションマーク」が使われていることにも注目できるでしょう。ダブルクォーテーションマークは、かぎ括弧

図2

どこへ向かうか
製造業界に
立ちはだかる、
2つの
おおきな
“うねり”
日本の
うねり
第1章 第2節
世界の
うねり
第1章 第3節

と同様に、ある特定の部分を強調したいときに用いられます。例えば、私たちにとって「うねり」という言葉はあまり聞き慣れない単語かもしれません。そこで、ダブルクォーテーションマークで強調することで、見る人は「うねり」という言葉を一つのまとまりとして理解することができます。このように、私たちがなるべく円滑に言葉の意味が分かるよう、さまざまな工夫が加えられているのです。

それでは次に、作品のなかに現れているイメージについて考察してみましょう。まず見る人の視線が向けられるのは、中央上に掲げられた日本の国旗です。この国旗は、単なる飾りとして置かれているわけではありません。この国旗を見たとき、私たちはすぐ日本という国家や、自分が日本人であるというアイデンティティーを連想することでしょう。つまり、ここでの国旗は、「日本」や「日本人」という概念を表す「シンボル」として機能していることが分かります。いわば日の丸を見ることで、私たちは今回の作品が扱うトピックが決して他人事ではなく、日本という国全体に関係していることを意識するようになるのです。

さらに、日本国旗の下には、「パソコン」「やかん」「ロボット」といった、さまざまな形をした「ピクトグラム（絵文字）」が登場しています（図2）。ピクトグラムとは、さまざまな情報を分かりやすく伝えるために用いられる、視覚的なサインのことを指します。例えば、「製造業界」という言葉がどのような業種を指すのか、私たち一般人には想像するのが難しいかもしれません。しかしながら、矢印の背景に色々なピクトグラムが導入されることで、私たちは製造業の具体的な内容をすぐさまイメージすることができます。このように、ピクトグラムはとてもシンプルですが、抽象的な概念を視覚化して伝えるためのツールとして、とりわけ重要な役割を担っているのです。

実のところ、ピクトグラムは他の箇所でもふんだんに用いられています。例えば、全体の右上に注目してみると、「工場」を表すピクトグラムや、「クラウドサーバ」を示す雲のようなピクトグラム、そして「世界」を表すための球体状のピクトグラムが使われているのが分かるかもしれません（図3）。

この作品に登場しているもう一つのイメージとして、ギザギザマークが挙げられます（図4）。よく見てみると、このギザギザマークは「再考」や「変革」など、特定のキーワードを強調したいときに使われていることが分かります。いったいなぜこのよ

図３

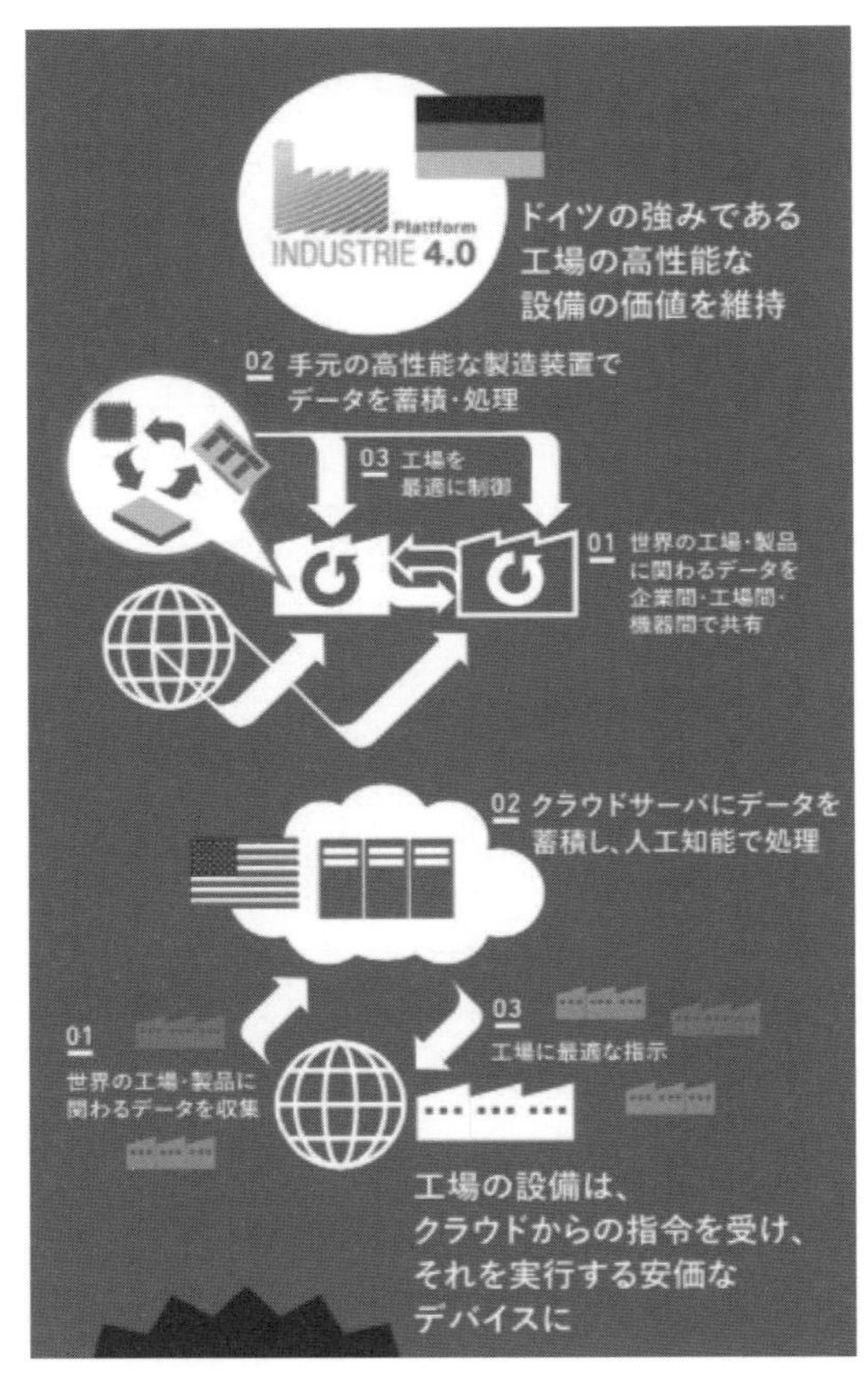
Plattform
INDUSTRIE 4.0
ドイツの強みである
工場の高性能な
設備の価値を維持
02 手元の高性能な製造装置で
データを蓄積・処理
03 工場を
最適に制御
01 世界の工場・製品
に関わるデータを
企業間・工場間・
機器間で共有
02 クラウドサーバにデータを
蓄積し、人工知能で処理
01
世界の工場・製品に
関わるデータを収集
03
工場に最適な指示
工場の設備は、
クラウドからの指令を受け、
それを実行する安価な
デバイスに

うなユニークな図形が使われているのでしょうか？

実のところ、刻み目のある図形というのは、自然界であまり見かけることがありません。つまり、森林やビル街などに同化しにくく、とても目立ちやすい図形だと言えます。例えば、私たちがよく目にする「止まれ」や「徐行」といった道路標識について考えてみてください。こうした標識には、「ひし形」や「逆三角形」といった図形が使われています（図5）。こうした先の尖った図形を用いることで、見る人の注意を引きつけるよう工夫しているのです。この原理は、今回の作品においても同じように使われています。奇抜なギザギザマークを用いることで、見る人の注意を「再考」や「変革」といった重要なキーワードに引きつけようとしているのです。

図4

図5

STEP 4

それぞれのメディアの種類に存在する特徴を分析する

インフォグラフィックの特徴的な要素として、方向性を指し示す「矢印」が挙げられるでしょう。私たち人類は、昔から尖った三角形の先を見てしまう傾向があります。実際、アドリアン・フルティガー[★1]はこの点について次のように述べています。

矢印は確実に、人間によって最初に使われたサインのひとつである。それは武器としての矢による「生存（狩猟）」と「負傷（自分の身を守る）」の問題、要するに生死の問題と密接な関わりを持っている[★2]。

フルティガーが指摘しているように、矢印という記号は元々、武器としての弓矢を連想させるサインでした。矢印はいわば私たちの生死と関わるものであり、人間の注

★1 スイスのデザイナー（1928〜2015）。数多くの有名な書体や公共機関のサインシステムを設計した。彼のデザインはJR東日本や東京メトロなどでも使用されている。

★2 アドリアン・フルティガー『図説 サインとシンボル』小泉均監訳、越朋彦訳、研究社、2015年、37ページ。

意を最も強力に引きつけることのできる記号だったのです。それでは今回のインフォグラフィックにおいて、矢印はどのように使われ、どのような機能を果たしているのでしょうか？

まず、一番大きな矢印として、作品の中央にある矢印が挙げられるでしょう。この大きな矢印のなかには、「製造業界に立ちはだかる、2つのおおきな〝うねり〟」と書かれています。私たちはこの「〝うねり〟」という言葉を読んだあと、無意識のうちに矢印の先にある、日本の国旗に目を向けることでしょう。その結果、この〝うねり〟があたかも、日本という国家に襲いかかっているような印象を見る人は受けとります。この矢印はいわば、日本が直面している危機的な状況を視覚的に描写しているのです。

このように、矢印は一般的に、作品をどのような順序で読むべきか、見る人を誘導する役割を果たしています。読みを誘導することは、インフォグラフィックにおいては不可欠であると言えるでしょう。実のところ、文字だけで構成された文章を読む場合であれば、私たちはどこから読むべきかと戸惑う心配はありません。日本語は上から下へ、右から左（横書きなら左から右）へと読んでいくのが常識的なルールとなっているからです。

しかしながら、インフォグラフィックにはこうした読み方の決まりというものがありません。というのも、インフォグラフィックは文章やイメージをあらゆる場所にちりばめているからです。もしも矢印というサインがなければ、見る人はどこから読めば良いのか、途方にくれてしまうかもしれません。こうした点から、矢印は見る人をていねいにガイドするために欠かせないツールであると言えるでしょう。

インフォグラフィックのもう一つの特徴としては、「グラフ」の使用が挙げられます（図6－1、2）。実のところ、この作品をよく見てみると、さまざまなタイプのグラフが用いられていることが分かります。インフォグラフィックにおいて、グラフはなぜこれほどよく使われるのでしょうか？

第一に、グラフは作品に信頼性を与える強力な武器となります。例えば、「日本にとって重要な産業である製造業」という文章は、それだけではあまり説得力をもっていません。しかし、製造業がGDPの2割を占めることを示す円グラフや、製造業が国民の所得と関わりがあることを示す点グラフは、主張の正しさを支持する有力な証

図 6-1

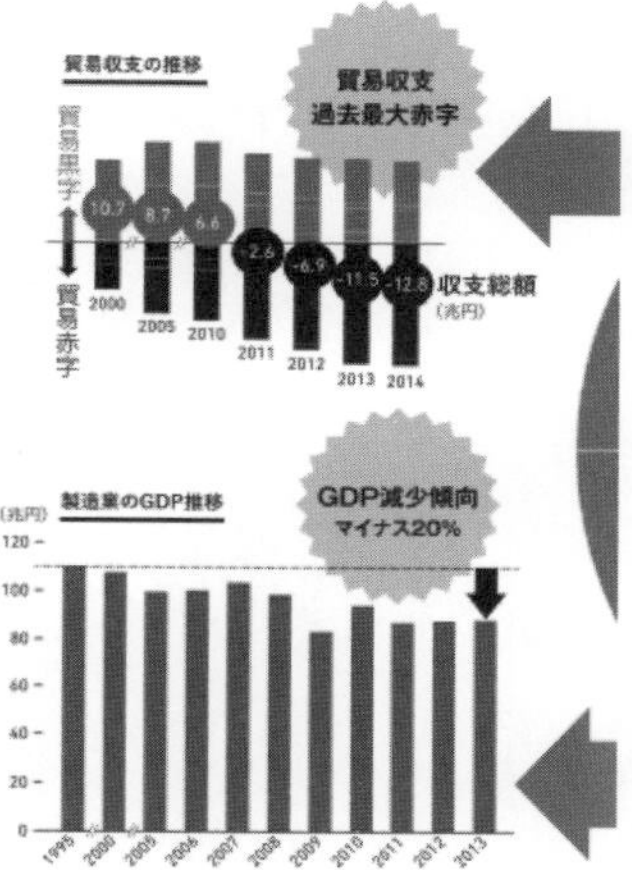
貿易収支の推移
貿易収支
過去最大赤字
貿易黒字
貿易赤字
10.7
8.7
6.6
-2.6
-6.9
-11.5
-12.8
収支総額
(兆円)
2000
2005
2010
2011
2012
2013
2014
製造業のGDP推移
GDP減少傾向
マイナス20%
(兆円)
120
100
80
60
40
20
0
1995
2000
2005
2006
2007
2008
2009
2010
2011
2012
2013

図 6-2

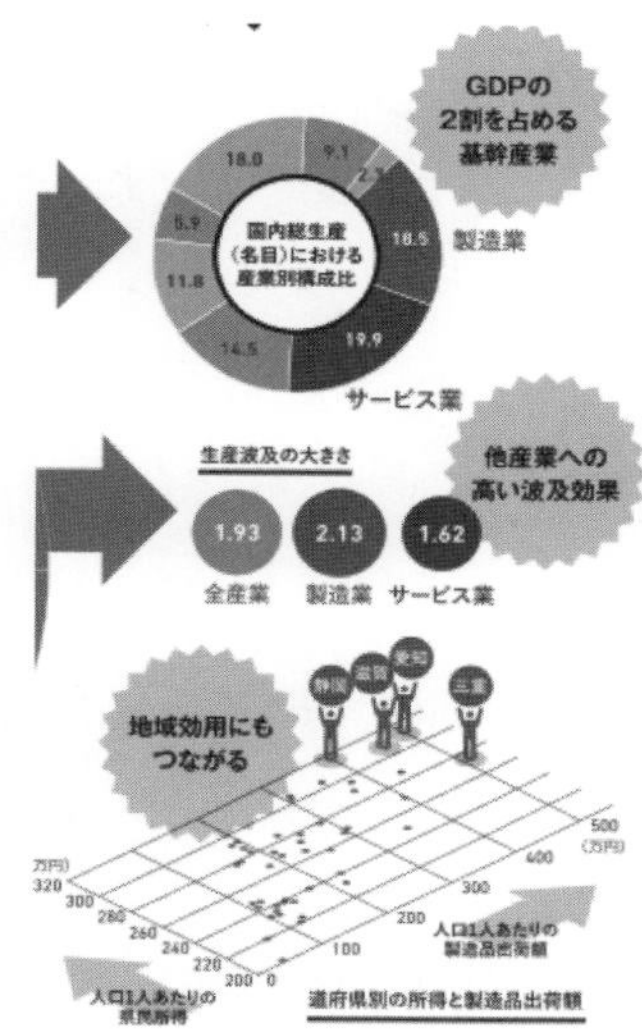
GDPの
2割を占める
基幹産業
国内総生産
(名目)における
産業別構成比
18.0
9.1
18.5
製造業
19.9
14.5
11.8
5.9
サービス業
生産波及の大きさ
他産業への
高い波及効果
1.93
2.13
1.62
全産業
製造業
サービス業
地域効用にも
つながる
静岡
滋賀
愛知
三重
500
400
300
200
100
0
(万円)
320
300
280
260
240
220
200
人口1人あたりの
製造品出荷額
人口1人あたりの
県民所得
道府県別の所得と製造品出荷額

拠となります。文章の内容に説得力をもたせることができるのです。
第二に、グラフは強いインパクトを与えることができます。例えば、左下の棒グラフからは、貿易収支が毎年悪化していることが一目で分かります。また、製造業の生産波及の大きさを示す円グラフでは、丸の大きさを意図的に大きくすることで、製造業がどれほど高い波及効果を有しているのかをアピールしていることに注目できるでしょう。さらに、製造業のGDP推移を示す棒グラフにおいては、2013年の項目にあえて矢印が付け加えられています。矢印があることで、見る人は昔と比べてGDPが極端に減っていることにすぐに気づくことができるでしょう。このように、グラフは文章に添えられることで、見る人に強いインパクトを与えることができるのです。

STEP 5

メディアのレイアウトを分析する

インフォグラフィックには、イラストやグラフといった、さまざまなイメージを自由に盛り込めるというメリットがあります。しかしながら、たとえ自由に盛り込めるといっても、好き勝手に配置して良いというわけではありません。実際、もしもイラストをバラバラに置いてしまったら、文章とイメージの関係性がぼやけてしまうでしょう。言いかえれば、どのイメージがどの文章と関係あるのかが分からなくなってしまうのです。したがって、インフォグラフィックのレイアウトにおいては、見る人がパーツどうしの関係性を一目で理解できるような工夫が必要となります。

それでは、具体的にどのような方法でイメージや文章を関係づけることができるのでしょうか？　文学者の前原真吾はその手段として、大まかに3つの方法を挙げています[3]。

配置による方法：特定の要素を一箇所に集めたり、並べたりすることによってまとまりを作る方法です（❶）。例えば、今回の製造業を表すピクトグラムは、すべて中央の一箇所に集められていることが分かります。このように配置することで、受け手はこれらのピクトグラムをひとまとまりとして認識することができるのです。

[3] 前原真吾「共振する芸術と教育（6）：コミュニケーション行為のインフォグラフィックス」『独語独文学研究年報（43）』北海道大学ドイツ語学・文学研究会、2017年、20ページ。

❶配置による方法

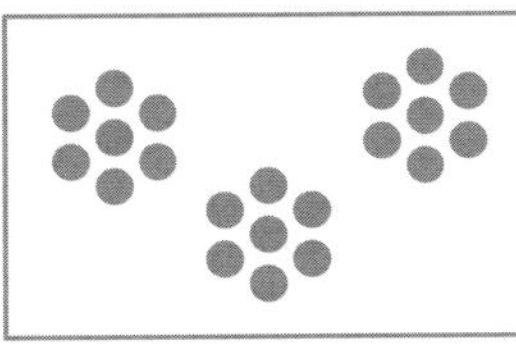

遠近配列（集める）

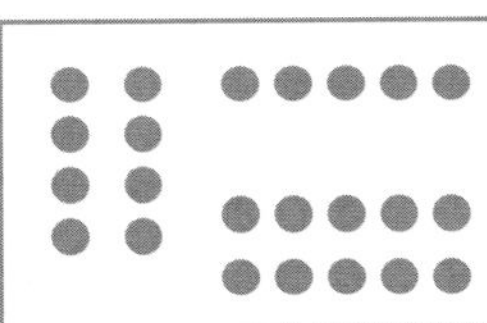

配列配置（並べる）

図形による方法：要素どうしを線で結んだり、分けたりすることで新しい空間を構成していく方法です（❷）。今回は、大きな矢印によって作品内で境界線を作り、空間を分けていることが分かります。

形態による方法：要素そのものに特徴を付けることで、一つのまとまりとして見る人に認識させる方法です（❸）。具体的な手段としては、要素の形状を変えたり、寸法を変えたりすることなどが挙げられます。例えば、今回のインフォグラフィックでは、ギザギザマークを使うことで、重要なメッセージを他のあまり一般的ではない要素から際立たせています。

❸形態による方法

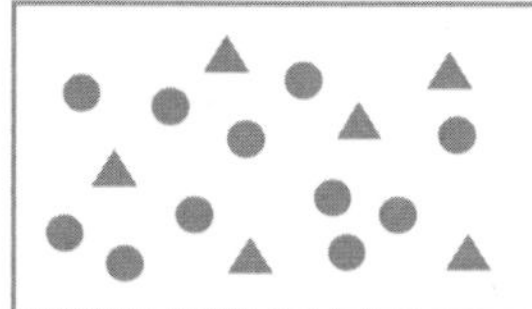

形状を変える

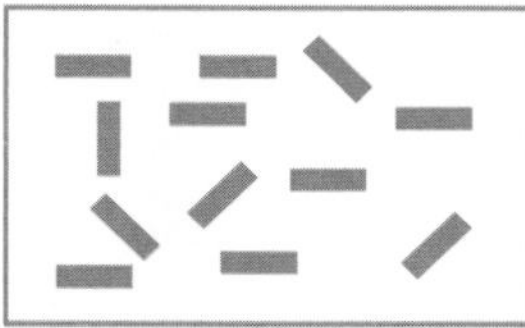

向きを変える

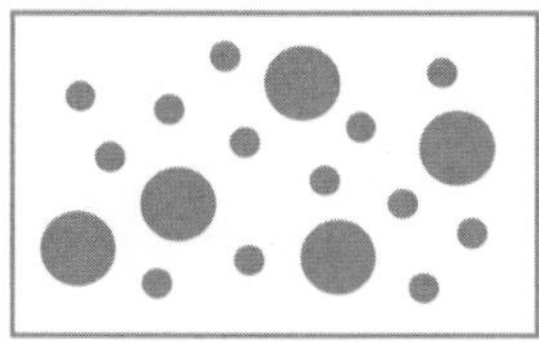

寸法を変える

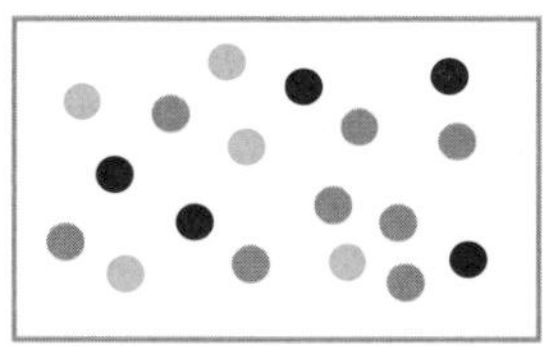

色彩を変える

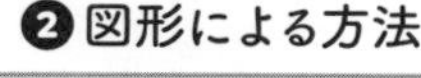

❷図形による方法

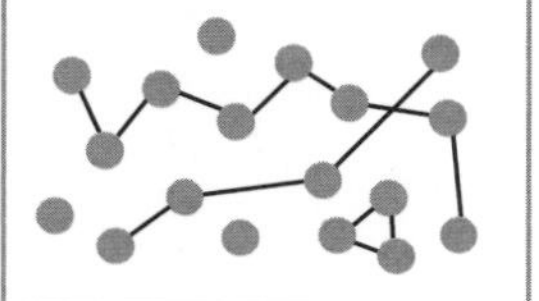

連結図形（結ぶ）

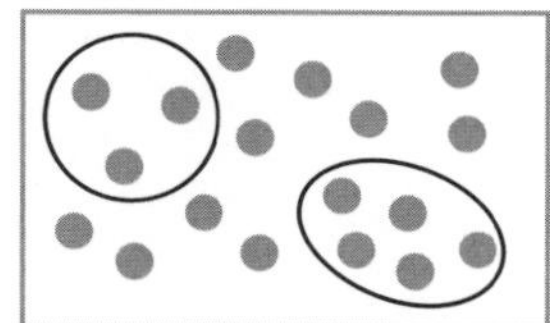

領域図形（囲む）

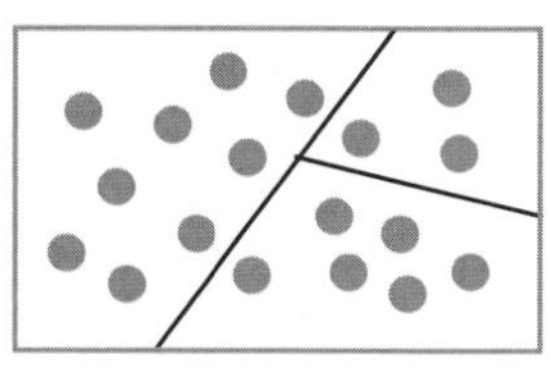

領域図形（分ける）

STEP 6

メディアのメッセージに対する受け手の反応を分析する

ここまで見てきたように、この作品では文章、イメージ、グラフ、矢印などのパーツがバランスよく配置されています。その結果、私たちは製造業の現状と課題についての情報を、すんなりと理解することができるのです。さらに、製造業が置かれている危機について知ることで、私たちは何らかの形で製造業の変革に取りくみたいと思うかもしれません。このように、インフォグラフィックは難しい情報を分かりやすく伝え、見る人の意識を変化させるために、きわめて重要な役割を果たしているのです。

Column 04

日本で生まれた現代のピクトグラム

現在、ピクトグラムは日常生活のあらゆるところで使われています。一番よく見かけるのは、男と女のアイコンで作られた「トイレ」のピクトグラムでしょう。今では世界中で採用されているこのマークですが、実はこれを考案したのは日本人だったことはあまり知られていません。そのきっかけとなったのは、1964年に開催された東京オリンピックでした。このような国際的なイベントでは、日本語を理解できない外国人がたくさん参加します。そのために、誰が見てもすぐ分かるようなマークが必要とされるようになりました。その結果、評論家の勝見勝と若手のデザイナーたちの手によって、「トイレ」のピクトグラムが開発されることになったのです。しかも、彼らはこうしたピクトグラムの著作権を放棄することで、世界中の人々が無料でピクトグラムを使用できるようにしました。こうした背景を考えると、ピクトグラムはまさに、人類共通のコミュニケーションツールであると言えるでしょう。

Chapter 05

広報

Public Relations

押さえるべきポイント

・商品の売り上げではなく組織のイメージアップのために使われる。
・あまり知られていない情報を提供することで、組織に対する人々の認識を変える。
・被写体のポーズは特定の感情を伝えることができる。
・カメラアングルによって見る人の印象が変化する。
・有名人を起用することで人々の好感を獲得する。
・見た人のフィードバックを得ることが重要となる。

図1 陸海空自衛官募集ポスター（自衛隊山口地方協力本部／2020年度）

広報とは、特定の組織や企業の情報を人々に公開することで、好意的な世論を作り上げ、社会の支持を得ようとするメディアのことを指します[*1]。相手に何かを売り込むという意味においては、広報は広告とあまり変わりません。しかしながら、広告が主に「商品やサービスを宣伝すること」を目的としているのに対し、広報は「社会との信頼関係を築いていく」ことを目指しています。また、広報はただ一方的に情報を伝えるだけではなく、人々からのフィードバックを集めることまで考えた、双方的なコミュニケーションを目指しています。この章では、広報がこれらの目的をどのように達成しているのかについて考えてみましょう。

STEP 1

メディアの種類、目的、受け手を押さえる

今回取り上げる広報は、自衛隊山口地方協力本部が作成した、自衛官募集のポスターです（図1）。まずは、このメディアの種類、目的、受け手について確認しておきま

*1 三島万里「広報の変容（1）：1990年代以降の書籍・雑誌分析から」『文化学園大学紀要 Journal of Bunka Gakuen University 人文・社会科学研究（20）』文化学園大学、2012年、20ページ。

しょう。

メディアの種類：広報ポスター。

メディアの目的：自衛隊に対して地域社会に好感を持ってもらう。自衛官を募集する。

メディアの受け手：山口県民。

STEP 2

メディアの構造とスタイルを分析する

今回の広報ポスターはどのように構成されているのでしょうか？　最初に私たちの目に止まるのは、さまざまなユニフォームを着た自衛隊員の姿です。興味深いことに、彼らは誰ひとりとして同じ制服を着ていません。しかも、消防員や潜水員といった、一見自衛隊とは何の関係もなさそうなユニフォームを着ている隊員もいます。どうしてみんな違った服を着ているのでしょうか？

この章の冒頭でも述べたように、広報とは、世論に働きかけることで、組織に対する「好感」を勝ち得ることを目的としています。そのためには、広報に載せられている情報が、市民にとって好感の持てるものでなければなりません。この点において、今回のポスターは、自衛隊が具体的にどのような活動を行っているのかを伝えることで、自衛隊に良い印象を持ってもらおうと工夫していると言えます。

実のところ、私たちは自衛隊の活動について、どれほどの知識を持っているでしょうか？　もしかしたら、「戦うことを仕事としている」「武器を扱う訓練をしている」といったイメージしか持っていないかもしれません。しかしながら、このポスターを見ることで、私たちの固定観念はひっくり返されることになります。例えば、彼らのさまざまな制服を見ることで、自衛隊員が時には消防員として消火活動を行ったり、潜水員として海中における行方不明者の救助を行ったりもしていることを認識することでしょう。その結果、それまでよく知らなかった自衛隊の仕事に対し、好意的な印象を持つ人が増えるかもしれません。このように、今回のポスターは自衛隊員の多種多様なユニフォームを見せることで好感を与え、県民とより良い関係を構築しようとしているのです。

このようなメッセージは、ポスターの背景にも反映されていると言えるかもしれません。元のポスターはカラーで、自衛隊員の背景は黄色、青、オレンジ色、緑といった、さまざまな色で彩られています。こうした配色も、自衛隊には色々な職種があることを視覚的に表現していると言えるでしょう。このポスターはいわば、自衛隊の仕事にはたくさんの可能性が満ちあふれていることを見る人に強く印象づけているのです。

STEP 3

文字とイメージの特徴を分析する

今回のポスターのなかで一番見る人の目を引きつけるメッセージと言えば、やはり中央にある「平和を、一生の仕事にする」という言葉でしょう。「平和」を「仕事」に結びつけることで、私たちは自衛隊という職業にきわめてポジティブなイメージを抱くに違いありません。実際、ランドセル素材メーカーのクラレが2020年に行った調査の結果によれば、小学1年生の男の子のなりたい職業の第1位は「警察官」となっています[*2]。「悪を成敗し、社会の平和を守る」という姿は、誰にとってもカッコいい存在として認識されていると言えるでしょう。したがって、このポスターでは、「平和」と「仕事」という言葉だけを一回り大きな文字に変えることで、これら2つのキーワードを特に目立たせていることが分かります。

次に目に入るのは、中央下にある「陸海空 自衛官募集」というメッセージです。「陸海空」と「自衛官募集」とのあいだにスペースを置くことで、漢字がぎっしりと並んでいるような、ゴミゴミした印象を見る人に与えないように配慮していることが分かります。また、そのすぐ下には、「JAPAN SELF-DEFENSE FORCES」という、自衛隊の英語名が記載されていることに注目してください。ほとんどの日本人はこのアルファベットの意味を知らないはずなのに、なぜあえて英語の表記も加えたのでしょうか？

日本人にとって、「漢字」や「ひらがな」はとても使い慣れた文字です。すぐにそ

[*2] クラレ「将来就きたい職業」 https://www.kuraray.co.jp/enquete/2020/boys 2020年4月2日、2021年4月27日閲覧。

の意味を把握することができると言えるでしょう。一方、アルファベットは外国の文字であり、私たちは普段それらを文字として認識することはありません。むしろ、私たちはアルファベットをカッコいいアクセサリーとして見ているのではないでしょうか。実際、喫茶店や高級レストランには、お店の名前がアルファベットで記載されていることが少なくありません。それは、アルファベットがオシャレで都会的なイメージを与えてくれるからだと言えるでしょう。今回のポスターも、自衛隊という言葉を英語で書くことで、アルファベットが持つ「カッコいい」イメージを自衛隊に投影しているのかもしれません。

次に、ポスターに登場するイメージについて考えてみましょう。今回の作品には、実際に現場で活躍している自衛隊員の被写体が使われていることが分かります。彼らの写真を載せることで、ポスターにより真実味が増していると言えます。また、彼ら一人ひとりの姿勢に注目してみると、さまざまなポーズを取っていることが分かります。アメリカの政府機関である「メディケア&メディケイド・サービスセンター（CMS）」のガイドラインには、広報において気をつけるべきこととして、「被写体のポーズ、顔の表情、ボディランゲージが状況や対象とする観客にふさわしいかを確かめる」必要があると記載されています[注3]。つまり、モデルとなる人物のポーズは、読み手の心理に大きな影響を与えると言えるでしょう。それでは、今回の被写体のポーズには、どのような意味が込められているのでしょうか？

まず、ポスターに登場している最も多いポーズは、両手を腰に当てている姿です。このようなポーズは見る人にどういった印象を与えるでしょうか？　第一に、両手を腰に当てると、体よりも腕が大きくはみ出す格好になるため、自分の存在が大きく見えるという効果があります。さらに、このポーズは、相手に自分の意志が強いことや、自信に満ちあふれている様子も伝えることができます。つまり、彼らが両手を腰に当てたポーズをとることで、見る人に自衛隊員の勇敢さと強靭な精神をアピールすることができるのです。ほかにもこのポスターでは、腕組みをしている姿や、拳を握りしめてガッツポーズをしている姿が目に入ります。こうしたポーズも、隊員のたくましさや勇ましさを伝えていると言えるでしょう。私たちは彼らのポーズを通して、自衛隊のメンバーがどれほど熱心に仕事に打ち込んでいるのかをイメージすることができ

[注3] Centers for Medicare and Medicaid Services（CMS）“Toolkit for Making Written Material Clear Effective” https://www.cms.gov/Outreach-and-Education/Outreach/WrittenMaterialsToolkit 2021年4月27日閲覧。

るのです。

STEP 4

それぞれのメディアの種類に存在する特徴を分析する

シンボル

ハトが平和を、ドクロが死を意味するように、シンボルはある特定の概念を別の事物で表すことができます。例えば、今回のポスターでは、「ユニフォーム」がシンボルとしての意味を担っていることに注目してみましょう。実のところ、ユニフォームは私たちの見方にきわめて大きな影響力を及ぼすシンボルであると言えます。私たちは警察官のユニフォームを着ている人間を見かけると、何となく緊張してしまうのではないでしょうか。また、客室乗務員のユニフォームを着ている人に対しては、「英語をペラペラに話せる」「礼儀正しい」といったポジティブな印象を抱くかもしれません。このように、ユニフォームが特定のイメージを見る者に与える効果は、「ドレス効果」と呼ばれています[4]。

今回のポスターでも、こうしたユニフォームの持つシンボル性が十分に発揮されていると言えるでしょう。例えば、警察官に似た制服や、消防員のユニフォームは、見る人に「カッコよさ」や「安心感」といった、プラスのイメージを与えています。このようなシンボルを積極的に活用することで、ポスターを見る人が自衛隊に好意的な気持ちを抱くよう工夫しているのです。

さらに、ポスターの中央下には防衛省のロゴマークが載っていることにも注目してください。このような権威あるシンボルを載せることで、このポスターが公的な政府機関によって作成された、信頼できるものであることもアピールしていると言えるでしょう。

☑ モデルの起用

今回のポスターの一番ユニークな点は、プロのサッカー選手である池上丈二が登場していることでしょう。このような地元の有名人が自衛隊のメンバーに加わっている

[4] 尾川佳子「制服の印象が企業イメージに与える効果に関する一考察」『桜美林論考. ビジネスマネジメントレビュー＝The journal of J. F. Oberlin University. Business management review（11）』桜美林大学、2020年、25ページ。

ことにより、どのような効果が生まれているのでしょうか？

　この点について理解するために、テレビのCMについて考えてみましょう。化粧品メーカーのCMでは、有名女優が化粧品を使っている様子が放送されるケースが少なくありません。これには、「あの化粧品を購入することで、自分も同じように美しい女優になれる」というイメージを視聴者に想像させる意図が働いています[5]。今回の作品に池上選手が登場しているのも、これと同じ効果をねらったものであると言えるでしょう。つまり、「自衛隊に参加することで、自分も池上選手のように強くなれる」というメッセージを見る人に強く印象づけることができるのです。

　また、有名人が持つ「ハロー効果」も無視できません。ハロー効果とは、ある人間を評価するときに、その人が持っている特定の高い能力に引きずられて、他の素質についても高く評価してしまう現象のことです[6]。例えば、雑誌の広告にはよく有名人が登場しています。こうした有名人は、ただ知名度が高いからといった理由や、単にイケメンだからという理由で起用されている場合が少なくありません。しかしながら、私たちは無意識のうちに、彼らのことをとても信頼できる人間だと考えてしまうので

[6] 特定の分野で好ましくない印象を持っている結果、全体の評価も下がってしまう「ネガティブ・ハロー効果」もある。

[5] 朴正洙「広告コミュニケーションにおける有名人広告の効果と課題」『産業経営（44）』早稲田大学産業経営研究所、2009年、24ページ。

はないでしょうか。私たちは外見的な魅力がある人間に対して、その人の性格や人柄といった点までも優秀だと感じてしまうのです。

同じように、私たちはプロのサッカー選手に対して身体的な魅力を感じます。その結果、身体能力とはまったく関係ないのにもかかわらず、私たちはその選手のことを、とても信頼できる人間だと思ってしまうかもしれません。このように、今回のポスターはハロー効果を巧みに活用することにより、「池上選手が応援しているのだから、自衛隊はとても素晴らしい仕事だ」というポジティブなイメージを生み出すことに成功しているのです。

STEP 5

メディアのレイアウトを分析する

今回のポスターでは、さまざまな自衛隊員が登場しているのが大きな特徴です。それでは、彼らは一体どのようなポジションに配置されているのでしょうか?

よく見てみると、人物は上半分に5人、下半分に5人と、均等に分けられていることが分かります。真ん中に水平線を置くことで、メンバーが上下に分けられていると言ってもいいかもしれません。このように、一本の分割線で画面を二等分にするレイアウトは、「二分割法」と呼ばれています（図2）。二分割法は、被写体をはっきりと上下に分けることで、ポスターに安定感をもたらすことができます。実際、このポスターにおいて、被写体はバランスよく並べられているため、見る側はゴチャゴチャした印象を感じることはありません。また、上下均等に分割されているため、見る人の視線もどこかに偏ったりすることはないでしょう。つまり、どれか特定のメンバーだけが強調されたり、見落とされたりするリスクはほとんどないのです。

もちろん、もしも特定のイメージだけを強調したい場合、二分割法はあまり効果的なレイアウトとは言えないでしょう。

図2

そのようなときには、「三分割法」が効果的です。三分割法とは、作品をタテとヨコに三分割し、分割線が交差している点に被写体を置くことで、見る人の注意を特定のイメージに引きつける方法のことです。例えば、図3の広報ポスターでは、左下の交点部分に鮮やかな振袖が配置されていることが分かります。ある一箇所だけにイメージを置くことで、見る人の焦点を巧みに誘導することができるのです。

また、今回のポスターの被写体をもう一度よく見てみると、上から見下ろすような形で撮影されていることが分かります。このように、ある一定の角度からイメージを撮ることで、ポスターに特定の効果をもたらすことができます。例えば、今回のように上から被写体を撮影する方法は「ハイアングル」と呼ばれています。高い所から被写体を撮ることで、私たちは自衛隊にはどのような隊員がいるのか、またそのバラエティーに富んだ職種を満遍なく見ることができます。

一方、上からではなく、自分の目の高さから撮影する方法は「水平アングル」と呼ばれています。水平アングルの写真を見る人は自分があたかもその場にいるような臨場感を感じることができるでしょう。例えば、左のポスターでは、アニメキャラクタ

図3 足立区成人式ポスター（足立区／2019年）

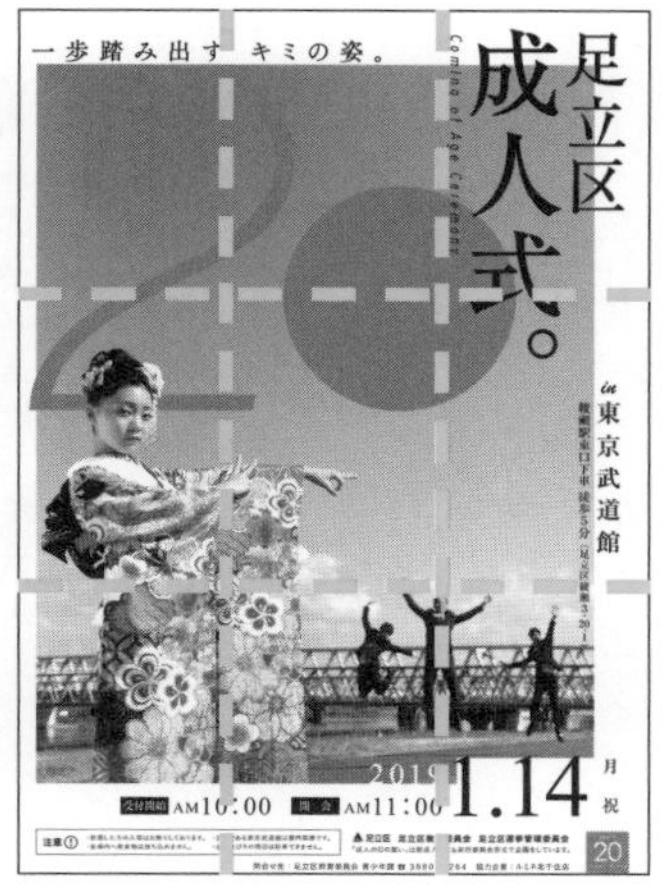

ーが水平アングルで描かれていることが分かります（図4）。見る人と同じ目線から描かれているので、私たちは自分たちが彼らと同じ場所に立っているかのような印象を受けるかもしれません。こうした点から分かるように、角度に工夫を加えることは、特定の部分を強調したり、一定のムードを生みだしたりするうえで、とりわけ重要な役割を担っているのです。

STEP 6

メディアのメッセージに対する受け手の反応を分析する

この広報ポスターは、見る人の行動にどのような影響を及ぼすのでしょうか？　今回は広告代理店である株式会社「電通」が提唱した「A I S A S（アイサス）の法則」に基づき、ポスターを見た人の行動プロセスを分析してみましょう。

A I S A Sの法則とは、現代の人間が、広告や広報に対して取る次の5つのステップのことを指しています。

ステップ1

「**注意（Attention）**」：私たちが何らかのアクション（例えば自衛隊に入隊する）を起こすためには、まずは自衛隊の存在について知らなくてはなりません。例えば、今回の場合であれば、このポスターを見ることで、私たちは自衛隊の存在について知ることができます。

ステップ2

「関心（Interest）」：広報ポスターは、ただ認識されればそれで良いというわけではありません。見る人の意識を変えるためには、その内容が自分たちにとって関係があるものだと感じてもらわなければならないのです。例えば、今回のポスターには、「防衛省自衛隊山口地方協力本部はレノファ山口FCを応援しています！」というメッセージが左下に記載されていることが分かります。同じくレノファ山口を応援している山口県民は、こうしたメッセージに深く共感できることでしょう。「自衛隊も自分と同じ仲間である」という印象を持ち、自衛隊に対して肯定的な感情を抱くかもしれません。

図4 茨城地本自衛官募集ポスター（自衛隊茨城地方協力本部／2020年度）

ステップ3

「**検索**（Search）」：ポスターのスペースは限られているため、自衛隊が具体的にどのような活動をしているのか、そして実際どのようにレノファ山口を応援しているのか、このポスターだけでは知ることができません。そこで、このポスターでは左下に「検索ボタン」や「検索ワード」を置くことで、より詳しい情報を検索してもらうよう誘導しています。このように、見る人が自然と自衛隊のホームページを見るよう工夫しているのです。

ステップ4

「**行動**（Action）」：自衛隊の仕事について詳細な情報を得られた人のなかには、実際に自衛隊に加入しようと思う人もいるかもしれません。もちろん、ほとんどの人はそんなに簡単に自衛隊に入るという選択肢を選ばないかもしれませんが、自衛隊に対するポジティブな印象が心に残ったという点で、広報活動の目的はすでに達成されていると言えます。

☑ ステップ5

「**共有**（**Share**）」：また、たとえ自衛隊に加入しなかったとしても、私たちは自分たちが得た情報や持った感想をたくさんの人々にシェアしたいという気持ちになることがあります。その結果、より多くの人が自衛隊について知るきっかけとなるかもしれません。

もちろん、そうした感想のなかには、自衛隊の広報ポスターに対するポジティブな評価だけではなく、欠点や問題点も指摘されていることでしょう。こうした意見は、今後さらにすぐれた広報ポスターを作成するうえで貴重なものとなります。したがって、ポスターの左下にフェイスブックやツイッターといったソーシャルメディアのマークを描くことで、このポスターを他の人にシェアしてもらうよう促していることが分かります。こうした市民の反応を取りこむことで、より適切な広報を作っていくことができるのです。このように、さまざまな意見を吸いあげながら地域社会との信頼関係を構築していくことが、まさに広報活動の使命であると言えるでしょう。実のところ、広告は単に一方的に情報を発信するだけで、読者からのフィードバックを得る

図5　企業広報の定義

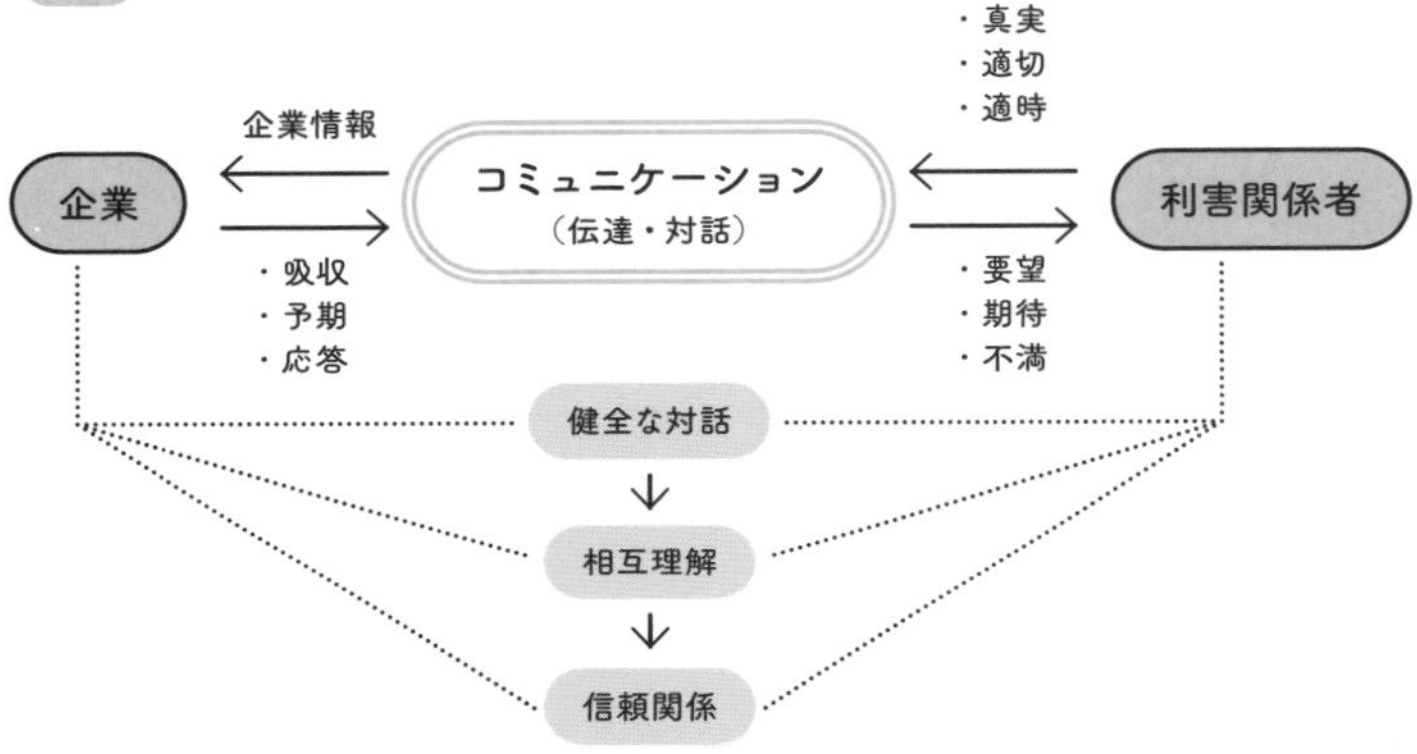

（宣京哲「21世紀における企業広報の研究領域（1）企業広報の発端、定義、技術、特質」『神奈川大学大学院経営学研究科研究年報（14）』神奈川大学大学院経営学研究科、2010年より掲載）

ことができません。しかしながら、広報は積極的に読者と対話を行い、信頼関係を築き上げることができるという点で、きわめて有用なツールなのです（図5）。

Column 05

模倣の欲望

フランスの思想家ルネ・ジラール（1923～2015）によれば、人間が抱く欲望のほとんどは、つねに他人の欲望から生じます（ルネ・ジラール『欲望の現象学―文学の虚偽と真実』法政大学出版局、1971年、1～5ページ）。例えば、私たちは誰しも手本となる「モデル」がいるかもしれません。それは、年上のきょうだいであったり、テレビに登場する有名人であったりすることもあるでしょう。私たちはこうしたモデルに対して尊敬の念を抱き、自分も同じような人間になりたいと願うようになります。いわば、「モデルと同じものを持ちたい」「モデルと同じような仕事をしたい」といった欲望が生まれ、それが私たちの消費意欲を刺激することになるのです。

今回のポスターでも、サッカー選手が登場することによって、読者の「模倣の欲望」がたくみに刺激されていることが分かります。このポスターを見る人のなかには、サッカー選手に憧れる人もいることでしょう。そのような人にとって、サッカー選手が応援している自衛隊は、同じように魅力的な対象になり得るのです。有名人に出演してもらうことには、こうした心理的な効果も期待されていると言えるかもしれません。

Chapter 06

論説文

Editorials

押さえるべきポイント

・特定のテーマに関する筆者の主張を伝える。
・基本的なヘッドラインのスタイルがある。
・書き出しで筆者の主張が明確に打ち出されている。
・事実と意見がはっきりと分けられている。
・論理的かつ知的なトーンで読者を説得する。
・読者が持つ普遍的な価値観に訴える。

『朝日新聞』2021年3月18日朝刊掲載社説

同性婚判決

「違憲」の解消を急げ

同性間の結婚を認めず、国が法的保護を一切与えないのは不合理な差別で、法の下の平等を定めた憲法に違反する――。同性パートナーとの法律婚を望む人たちが起こした裁判で、札幌地裁がそんな判断を示した。

少数者の基本的人権を尊重し、時代の大きな流れにも沿った判決であり、評価できる。

結婚制度は、ともに生きる2人の関係を公的に証明するもので、そこからさまざまな権利・義務など法律上の効果が生まれる。同性カップルをその枠外に置き続けるのを見過ごすわけにはいかない。国会と政府は不平等の解消に、ただちに乗りださなければならない。

判決は、性的指向は「自分の意思で選択・変更できないもので、性別や人種と同様だ」と指摘。どんな結婚制度にするか国会には広範な裁量権があるとしつつ、同性愛者を排除するのは合理的な根拠を欠くと結論づけた。ただし、この問題が認識されるようになってまだ日が浅いことを挙げ、国会が民法や戸籍法の改正を怠ったことに対する賠償請求は退けた。

同様の訴訟は東京など4地裁でも進行中だ。判決も指摘するように、同性婚に関する国民の意識は変化してきている。見直しをためらう理由はない。

同性カップルの権利に配慮した施策は自治体が先を行く。関係を公的に証明するパートナーシップ制度は、15年の東京都渋谷区を皮切りに、これまでに大阪府、茨城・群馬両県など80近い自治体が導入している。同性パートナーを生命保険金の受取人に指定するのを認めるなど、民間企業の対応も広がる。

とはいえ法的拘束力はないため、パートナーとして登録されても、配偶者控除、医療費控除の合算、相続税の優遇、養子の共同親権などは認められない。犯罪被害者の遺族を支援するための国の給付金も同性パートナーには支給されず、その是非が別途裁判で争われている。

国外に視線を転じると、既に約30の国・地域が同性婚を認めている。主要7カ国で法整備が手つかずなのは日本だけだ。日本人と同性婚した外国人は来日しても配偶者ビザを得られず、身分が不安定になっているとして、米国などの商工会議所が改善を求めている。

当事者にとってはそれぞれの人生や幸福に直結する問題である。野党3党は2年前、同性婚を法律上認めるようにする民法改正案を国会に提出したが、たなざらしになったままだ。

司法の警告を受け止め、この国会で審議を始め、あるべき姿を探る必要がある。これ以上手をこまぬくのは、差別に加担し偏見を助長するのと同じだ。

2021・3・18

同性婚判決 「違憲」の解消を急げ

同性間の結婚を認めず、国が法的保護を一切与えないのは不合理な差別で、法の下の平等を定めた憲法に違反する――。同性パートナーとの法律婚を望む人たちが起こした裁判で、札幌地裁がそんな判断を示した。

少数者の基本的人権を尊重し、時代の大きな流れにも沿った判決であり、評価できる。

結婚制度は、ともに生きる2人の関係を公的に証明するもので、そこからさまざまな権利・義務など法律上の効果が生まれる。同性カップルをその枠外に置き続けるのを見過ごすわけにはいかない。国会と政府は不平等の解消に、ただちに乗りださなければならない。

判決は、性的指向は「自分の意思で選択・変更できないもので、性別や人種と同様だ」と指摘。どんな結婚制度にするか国会には広範な裁量権があるとしつつ、同性愛者を排除するのは合理的な根拠を欠くと結論づけた。ただし、この問題が認識されるようになってまだ日が浅いことを挙げ、国会が民法や戸籍法の改正を怠ったことに対する賠償請求は退けた。

同様の訴訟は東京など4地裁でも進行中だ。判決も指摘するように、同性婚に関する国民の意識は変化してきている。見直しをためらう理由はない。

同性カップルの権利に配慮した施策は自治体が先を行く。関係を公的に証明するパートナーシップ制度は、15年の東京都渋谷区を皮切りに、これまでに大阪府、茨城・群馬両県など80近い自治体が導入している。同性パートナーを生命保険金の受取人に指定するのを認めるなど、民間企業の対応も広がる。

とはいえ法的拘束力はないため、パートナーとして登録されても、配偶者控除、医療費控除の合算、相続税の優遇、養子の共同親権などは認められない。犯罪被害者の遺族を支援するための国の給付金も同性パートナーには支給されず、その是非が別途裁判で争われている。

国外に視線を転じると、既に約30の国・地域が同性婚を認めている。主要7カ国で法整備が手つかずなのは日本だけだ。日本人と同性婚した外国人は来日して

も配偶者ビザを得られず、身分が不安定になっているとして、米国などの商工会議所が改善を求めている。

当事者にとってはそれぞれの人生や幸福に直結する問題である。野党3党は2年前、同性婚を法律上認めるようにする民法改正案を国会に提出したが、たなざらしになったままだ。

司法の警告を受け止め、この国会で審議を始め、あるべき姿を探る必要がある。これ以上手をこまぬくのは、差別に加担し偏見を助長するのと同じだ。

論説文とは、あるテーマに関する筆者の主張が書かれた文章のことを指します。私たちが日常生活で最もよく目にする論説文は、おそらく新聞に掲載されている「社説」でしょう。一般的に、社説は時事問題をテーマとして扱い、新聞社の主張を論理的に展開しています。いわば、読者に自分の議論がいかに適切であるかをアピールするために書かれた文章であると言えるかもしれません[*1]。この章では、2021年3月18日に掲載された朝日新聞の社説を取り上げながら、論説文のメカニズムについて調べ

*1 塩澤和子「社説の文章構造―語句の反復表現を手がかりとして―」『文藝言語研究 言語篇(25)』筑波大学文藝・言語学系、1994年、97ページ。

てみましょう。

STEP 1

メディアの種類、目的、受け手を押さえる

社説のタイトルに「同性婚判決　『違憲』の解消を急げ」と記されているように、今回の社説は同性カップルの結婚をテーマとした内容となっています。ここでメディアの種類、目的、受け手を明記しておきましょう。

メディアの種類：論説文（新聞の社説）。

メディアの目的：同性婚が認められるために社会制度の改革を促す。

メディアの受け手：朝日新聞を読んでいる人々。特に、同性婚問題に関心がある人。

STEP 2

メディアの構造とスタイルを分析する

まずはヘッドラインに注目してみましょう。興味深いことに、今回のヘッドラインは「同性婚判決　『違憲』の解消を急げ」と真ん中にスペースが置かれることで、2つのパートに区切られていることが分かります。前半の部分は今回扱われる「同性婚判決」というトピックが示されているのに対し、後半の部分は「『違憲』の解消を急げ」といったように、トピックに関する新聞社の立場が記されているのです。

このように、新聞の社説におけるヘッドラインは、前半部分で話題、後半部分で新聞社の主張や見解を明らかにしているパターンが少なくありません[注2]。実際、他の社説のヘッドラインを見ると、どれも同じような構造になっていることが分かります。

注2 単艾婷「新聞社説における冒頭文・末尾文の日中対照研究—呼応状況及び見出しとの関連性をめぐって—」『地球社会統合科学研究（7）』九州大学大学院地球社会統合科学府、2017年、70～73ページ。

「共通テスト　指摘受け止めて改善を」（朝日新聞、２０２１年３月１日）

← **話題**　← **意見**

「ウーバー的な働き方　実態踏まえルール整備を」（毎日新聞、２０２１年３月９日）

← **話題**　← **意見**

「北方領土問題　原点踏まえ戦略的に交渉せよ」（読売新聞、２０２１年３月22日）

← **話題**　← **意見**

これらの見出しから、いずれのヘッドラインでも最初に話題が提示され、その次に意見が示されているというパターンに変わりはないことが分かります。このように「話題＋意見」のセットを見出しに置くことで、読者は社説が伝えたい論点をきっちりと把握することができるのです。

それでは次に、本文の構造について考えてみましょう。言語学者の単艾婷と松村瑞子の研究によれば、社説には次の２つのタイプが存在します[※3]。

１つ目は、**説明型**と呼ばれるタイプです。説明型とは「事実↓意見」というように、最初に事実を書いたあと、それに続いて新聞社の見解が語られていくタイプのことです。例えば、今回の社説は合計10段落から構成されていますが、内容を要約してみると、「事実↓意見」という順番で記事が展開されていることが分かります（図１）。

例えば、今回の社説における書き出しは「裁判所は同性婚を認めないのは違憲であると判断した」という問題提起から始まっています。また、展開部分においては、「同性婚に対して裁判所が何を述べたか」という事実が解説され、続いて「見直しをためらう必要はない」といった書き手の見解が示されているように、「事実↓意見」の流

※3 単艾婷・松村瑞子「新聞社説におけるテクスト構造の一考察：題材の配列をめぐって」『言語文化論究（40）』九州大学大学院言語文化研究院、2018年、45ページ。

図1

段落数	段落の要約	事実／意見
1	同性婚を認めない法律は違憲であるという判決が下された。	事実（問題提起）
2〜3	違憲判決は正しい。不平等を解消するべきだ。	意見
4	同性婚に対する裁判所のコメント。	事実
5	同性婚を認めることをためらう必要はない。	意見
6〜9	自治体や企業は同性カップルに配慮している。外国も同性婚を認めている。	事実
10	同性婚を認めないことは、差別に加担することだ。	意見（結論）

れで内容が描かれていることが分かります。そして最後に、結論として、「これ以上手をこまぬくのは、差別に加担し偏見を助長するのと同じだ」という意見が強く主張されているのです（図2）。

社説における2つ目の構造は、**主張型**と呼ばれるタイプです。主張型も、展開部分において事実と意見を繰り返している点では、説明型とあまり変わりはありません。しかしながら、主張型の場合、書き手の主張が本文の冒頭で明確に示されているのが特徴的です。例えば、「柔道パワハラ　山下会長の見識を問う」（朝日新聞、2021年3月2日）と題された社説の書き出しを見てみましょう。

図2

一競技団体の振る舞いとしても不適切極まりない。ましてそのトップが日本オリンピック委員会（JOC）の会長とあっては、日本スポーツ界の後進性を世界に発信することになる。直ちに対応を見直すべきだ。

ここでは、筆者の主張が強いトーンで述べられていることが分かります。主張型ではこのように、最初に主張が置かれることで、読者に筆者のメッセージを強くアピールすることができると言えるでしょう。こうした主張型の構造は、次のように示すことができます（図3）。

いったいなぜ社説では「事実→意見」のサイクルがよく使われているのでしょうか？

国語学者の森岡健二によれば、具体的な事実を述べた後に自分の見解を述べるこのようなスタイルは、「人間の思考の順序に一致させた機能的な組み方であり、論理がスムーズに流れていく[4]」という効果があります。たしかに、事実と意見をごちゃ混ぜにせず、順番に並べることで、読者は書き手の主張をすんなりと理解できると言えるかもしれません。社説は、読者が分かりやすく読めるよう、きわめて論理的な順序で書かれているのです。

さらに、書き出し、展開、結論それぞれの構造についても詳しくみていきましょう。単艾婷と松村瑞子は、これらの部分にも次のような基本的なパターンがあると指摘しました（図4）。

図3

書き出し
主張
↓
展開
事実→意見の
サイクル
↓
結論
主張の再提示

[4] 盛岡健二監修『新版 文章構成法』東海大学出版部、1995年、194ページ。

図4 導入部・展開部・終結部の基本的なパターン

I 導入部	(1) 時事問題を紹介する。
	(2) 問題や課題を提起する。
	(3) 主張を述べる。
	(4) 用語や概念を定義する。
	(5) 引用する。
	(6) 問い掛け、自問自答する。
	(7) 感想を述べる。
II 展開部	(1) 時事問題や話題に対する評価を述べる。
	(2) 問題提起や問題の指摘をする。
	(3) 時事問題や話題の背景または詳しい内容を解説する。
	(4) 具体例などの資料を挙げる。
	(5) 見解を述べる。
III 終結部	(1) 主張を述べる。
	(2) 結論を述べる。

(単艾婷・松村瑞子、「新聞社説におけるテクスト構造の一考察：題材の配列をめぐって」『言語文化論究(40)』九州大学大学院言語文化研究院、2018年、49ページ)

例えば、今回の社説における書き出し部分に注目してみると、(1)(同性婚)、(2)(違憲判決)、(5)(裁判所の判決文)の要素を満たしていることが分かります。一方、先ほど触れた主張型の例文の場合でも、(1)~(2)(柔道パワハラ問題)、(3)(対応を見直すべきだ)、(7)(競技団体として不適切)といった要素が含まれていると言えるでしょう。このように、新聞の社説は特定のパターンに沿って、綿密に構成されているのです。

STEP 3

文字とイメージの特徴を分析する

☑ 熟語の使用

ここでは、社説の文章に特有の2つの特徴について考えてみましょう。まず目に付くのは、ひらがなやカタカナと比べて、漢字の量がとても多いという点です。もちろん、小説といった他のジャンルにおいても、漢字がたくさん使われているケースは少なくありません。しかしながら、社説において際立っているのは、3文字以上の熟語がとりわけ多く使用されているという事実です。例えば、言語学者である大久保愛の研究をみてみましょう[5]。大久保は、さまざまな社説と小説を収集し、3文字以上の熟語が1つのセンテンスにどれだけ含まれているかを研究しました。その結果によれば、社説において、3文字以上の熟語は平均2・4語も入っていたのに対し、小説においては、たった0・7語しか含まれていなかったのです。

[5] 大久保愛「新聞社説の文章と小説の文章：その文体論的比較研究」『ことばの研究（1）』国立国語研究所、1959年、45〜56ページ。

実のところ、こうした難しい熟語は、今回の社説においてもたくさんちりばめられています。例えば、5文字以上の熟語として、「基本的人権」「法的拘束力」「配偶者控除」「犯罪被害者」「商工会議所」などを挙げることができるでしょう。これらの熟語を使うことは文章全体をひきしめる作用をもたらしますが、同時に社説の文章を読みにくくしている原因の一つと言えるかもしれません。

文の長さ

社説の文章における2つ目の特徴は、文の長さです。言語学者の村田年の調査によれば、社説は論文に次いで文がとても長いジャンルであるという結果が出ています[注6]。さらに、先ほど述べた大久保愛の研究によれば、社説は小説と比べ、文の長さにばらつきがありません。実際、小説では9文字以下の短い文や100文字以上の長い文が満遍なく存在するのに対し、社説の文は大体似たような長さに収まっているのです。大久保が指摘するように、こうした単調さも読者に社説を読みづらくさせる要因の一つになっていると言えるでしょう。

注6 村田年「異なる文章ジャンルの判別可能性に関する調査：ブログ本文、新聞社説、文学作品、論文を対象として」『日本語と日本語教育（42）』慶應義塾大学日本語・日本文化教育センター、2014年、125～135ページ。

STEP 4

それぞれのメディアの種類に存在する特徴を分析する

ギリシャの哲学者アリストテレスは、相手を説得するための手段として、「ロゴス・エトス・パトス」という3つの要素が重要であると提唱しました。

ロゴス（論理）

ロゴスとは、相手の知性に働きかけるように論じることを指しています。相手の常識に訴えることで、読者が感情ではなく理性で納得できるようにさせる手法であると言えるでしょう。アリストテレスは、ロゴスを活用した弁論術として、実に28種類もの方法を挙げています。28種類を網羅することは大変なので、今回はそのうちの3つを取り上げて考えてみましょう。

●類あるいは定義

これは、ある言葉の意味を再確認させることで、自分の主張がいかに正しいかを相手に訴える方法です。例えば、今回の社説における次の一節を見てください。

結婚制度は、ともに生きる2人の関係を公的に証明するもので、そこからさまざまな権利・義務など法律上の効果が生まれる。同性カップルをその枠外に置き続けるのを見過ごすわけにはいかない。

ここで筆者は、「結婚制度」という言葉の定義を「ともに生きる2人の関係を公的に証明するもの」であると述べています。もしもそうであれば、「ともに生きる2人」である同性カップルも結婚制度に入るのは当然なのではないでしょうか。これを図式化すると、次のようになります。

①結婚制度とは「ともに生きる2人の関係を公的に証明するもの」である。

②同性カップルもまた「ともに生きる2人」である。←

③ゆえに同性カップルは結婚制度の枠組みに入る。←

このように、あらかじめ定義を明確化しておくことで、相手に反論の余地を残さないほど強力な弁論を展開することができます。しかしながら、もしもある言葉の定義が人によって異なる場合、こうしたロジックを成立させることは難しくなってしまうかもしれません。例えば、同じトピックに関する読売新聞の社説を読んでみましょう。

憲法24条は「婚姻は、両性の合意のみに基づいて成立」すると定めており、判決も異性婚について定めたものだと認めている。これを踏まえれば、現行の民法や戸籍法に同性婚に関する規定がないのは、当然のことと言えよう。

（『読売新聞』2021年3月20日朝刊）

ここで書き手は、婚姻制度を「両性の合意のみに基づいて成立」するものであると定義づけています。両性とは「男性と女性」を指す言葉ですから、仮にこの定義に基づくなら、同性カップルは現在行われている結婚制度の枠組みに入らないことになるのです。このように、「結婚制度」の定義に関しては、人によって解釈が異なっており、そのために合意に至るのがなかなか難しいと言えるでしょう。

状況

これは、今の社会がどのような状況にあるのかをアピールすることで、自分の議論を相手に受け入れてもらう方法です。「みんながそうしているから」「今はそういう時代だから」というように、「救いの見出せない状況を自然の手に委ねる[ﾁ7]」手法であるとも言えるでしょう。例えば、今回の社説に載せられている次のような文を見てください。

＝ **同性婚に関する国民の意識は変化してきている。**

[ﾁ7] Richard M. Weaver, *A Rhetoric and Composition Handbook*, William Morrow and Company, 1967, pp. 141-142.

関係を公的に証明するパートナーシップ制度は、15年の東京都渋谷区を皮切りに、これまでに大阪府、茨城・群馬両県など80近い自治体が導入している。

国外に視線を転じると、既に約30の国・地域が同性婚を認めている。主要7カ国で法整備が手つかずなのは日本だけだ。

読者はこれらの文を読むことで、「世間はすでに同性婚を認めている」というような印象を受けます。その結果、同性婚を法的に認める必要があるのだと読者を説得することができるのです。

証言と権威

これは、外からの証言を持ってくることで、自分の主張の正しさを立証する方法です。例えば、今回の社説では次のような証言が引用されています。

日本人と同性婚した外国人は来日しても配偶者ビザを得られず、身分が不安定になっているとして、米国などの商工会議所が改善を求めている。

このように同性婚を認めるよう促す証人に登場してもらうことで、説得力はグッと強まると言えるでしょう。とりわけ、「商工会議所」といった権威のある団体の名前を挙げることは、証言の信ぴょう性をより深める効果があります。

エトス（道徳）

エトスとは、相手の道徳観に訴える弁論術のことを指しています。アリストテレスは、エトスを用いた方法として次の3つを挙げました。

思慮

これは、自分がいかに公平で信頼できるかをアピールする方法です。具体的には、あくまでも自分は利己的ではなく、他人の幸せを願っていることをそれとなくほのめかすことが挙げられます。例えば、次のような文章を読んでみましょう。

＝当事者にとってはそれぞれの人生や幸福に直結する問題である。

＝これ以上手をこまぬくのは、差別に加担し偏見を助長するのと同じだ。

ここで筆者は、社会的に受け入れられている「幸福」や「反差別」といった普遍的な理念を持ちだすことで、自分の主張が社会全体の利益になることを読者に訴えていることが分かります。このように、私たちが持つ共通の道徳観に働きかけることで、同性婚を認めるよう動くべきだと間接的に伝えているのです。

徳

これは先ほどの「思慮」と似ていますが、「徳」の場合、「私はきわめて公平な人間です」「私は正義を愛しています」といったように、直接相手に自分の誠実さをアピールしていきます。これは、ともすると偉そうな印象を与えてしまうので、公共の場ではほとんど使われません。実際、今回の文章でも、筆者は自分がどのような人間であるかを一切語っていないことが分かります。

好意

「好意」とは、相手から好意を持たれるように話し方に工夫を加える方法のことを指します。「人柄の優れた人々に対しては、我々は誰に対するよりも多くの信を、より速やかに置くものなのである[8]」とアリストテレスも述べているように、私たちは相手に対して好意的な印象を持っていると、その言葉を信じやすくなります。例えば、高名な批評家が書いた文章には、難解な語句がちりばめられていることが少なくありません。これは、あえて難しい言葉を使うことで、自分がいかに難しいことを考えている知識人であるかをアピールしているのです[9]。

もしも、好意という視点から考えたならば、今回の社説が読みづらいことにも納得がいくかもしれません。さまざまな難しい熟語をあえて用いることで、筆者は自分が

[8] アリストテレス『弁論術』戸塚七郎訳、岩波書店、1992年、32ページ。

[9] 柳沢浩哉「戦略としてのロゴス・エトス・パトス」『日本研究(5)』日本研究研究会、1991年、6ページ。

このテーマにとても詳しく、信頼に値する人物であることを強調しているのです。

パトス（感情）

パトスとは、相手の感情に訴えることを指します。怒り、不安、喜び、悲しみといった感情を相手の心に呼びおこすことで、「人々の気持ちが変わり、判断の上に差異をもたらすようにする[10]」ことができるのです。今回の論説文では、読者の感情を刺激するようなフレーズは見当たらないので、「演説文」の章において詳しく扱うことにしましょう。

STEP 5

メディアのレイアウトを分析する

今度は同じ社説のオンライン版[11]におけるレイアウトを考えてみましょう。オンライン版をよく見てみると、「同性婚判決　『違憲』の解消を急げ」というヘッドライン

[11] https://www.asahi.com/articles/DA3S14836732.html 2021年６月27日閲覧。

[10] アリストテレス、前掲書、160ページ。

のすぐ下に、フェイスブックやツイッターなどのアイコンが置かれていることが分かります。読者はこの社説を共有したいと思ったとき、すぐにこれらのアイコンをクリックすることができます。こうした機能については、「ニュース記事」の章でより詳しく考えてみましょう。

また、最初の段落のすぐ左には、裁判所の前で「違憲判決」と書かれた紙を掲げている人々の写真が掲載されています。ＬＧＢＴ[12]の尊厳を表すレインボーフラッグが飾られていることで、読者は多くの人がこの運動を支持しているのだと思うかもしれません。その結果、社説の「同性婚に関する国民の意識は変化してきている」という主張には、説得力があると感じることでしょう。このように、掲載されている写真は社説の内容を強化する役割を担っているのです。

STEP 6

メディアのメッセージに対する受け手の反応を分析する

[12] Lesbian（女性同性愛者）、Gay（男性同性愛者）、Bisexual（両性愛者）、Transgender（性別越境者）の頭文字から成る単語で、性的少数者の総称の一つとして用いられている。

この社説の読者は、どのような反応を示すでしょうか？ 今回の文章は、「これ以上手をこまぬくのは、差別に加担し偏見を助長するのと同じだ」という読者への力強い訴えかけで終わっています。このように、社説は読者を納得させるだけではなく、行動へと駆りたてようとしていることが分かります。もちろん、ここには私たちが具体的にどうすべきかについてはまったく書かれていません。しかしながら、読者は同性カップルが不公平な状況に置かれていることを知り、人道的な見地から何かしたいと思うことでしょう。このように、社説は私たちの知性や内面の道義心に働きかけることで、世論を形作る効果を持っているのです。

Column 06

社説と政治思想

私たちは、新聞がいかなる政治的な立場からも中立であることを期待しています。その期待に応える形で、新聞も常に客観的な立場で記事を書こうとしていることは言うまでもありません。例えば、今回の社説では書き手を表す「私」という一人称が一切登場していないことが分かります。書き手の存在を消すことで、あたかも客観的な視点から内容が描かれたように演出しているのです。

しかしながら、実のところ、「中立で無色透明な」メディアというのはこの世には存在しません。多かれ少なかれ、どの新聞にも何らかの政治思想が反映されています。実際、社説の内容は、そうした政治的な立場を最もよく表している部分であると言えるでしょう。例えば、朝日新聞は今回の社説で、同性婚を認めるべきだという立場を鮮明にしています。一方、読売新聞の社説は、「同性婚訴訟判決　『違憲』判断には疑問が残る」というヘッドラインからも分かるように、こうした動きに対してきわめて慎重な態度を取っていると言えるでしょう。このように、私たちは社説を通して、新聞がいかなる政治的なスタンスでニュースを報道しているのかを見きわめることができるのです。

Chapter 07

演説文

Persuasive Speeches

押さえるべきポイント

・聴衆の心に訴えかけるために使われる。
・序論と結論に一定のパターンがある。
・たくみな比喩表現や対句法などのレトリックを活用する。
・聴衆との一体感を作り上げるための工夫が見られる。
・人々の「ロゴス（論理）」「エトス（道徳）」「パトス（感情）」に働きかける言葉が用いられる。

例文

ジョンソン副大統領、議長、最高裁長官、アイゼンハワー大統領、ニクソン副大統領、トルーマン大統領、聖職者、そして国民の皆さん。

私たちはいま、政党の勝利を祝っているのではなく、自由の祝典を執り行っています。これは、始まりと同時に終わりを象徴するものであり、変化とともに再生を意味するものです。なぜなら、私は、今からおよそ175年前に私たちの祖先が定めたものと同じ荘厳な誓いの言葉を、皆さんと全能の神の前で誓ったからです。

今や世界は大きく変貌しています。何故なら人類は、あらゆる形の貧困をも、そしてあらゆる形の人命をも消滅させ得る力を手に入れたからです。しかし、それにもかかわらず、私たちの先達がそのために闘った同じ革命的な信念が、今も依然として世界中で争点となっています。それは、人間の権利は国家の寛大さからではなく、神の手からもたらされる、という信念です。

今日私たちは、自分たちがその最初の革命の継承者であることを忘れてはならないいまこの瞬間、この場所より、私たちの敵にも味方にも、次の言葉を高らかに宣言しようではありませんか。たいまつは、アメリカの新しい世代に引き継がれたのだ、と。今世紀に生まれ、戦争によって鍛えられ、厳しく苦い平和によって訓練され、古き伝統に誇りを持つ私たちアメリカ国民は、この国が常に擁護に努め、今も国の内外で擁護に努めている人権が、次第に剝奪されてゆくのを傍観も容認もする気はありません。

私たちに好意を持つ国であろうが、悪意を持つ国であろうが、すべての国に、次のことを知らせようではありませんか。私たちは自由の存続と成功を確保するために、いかなる代価をも払い、いかなる重荷をも背負い、いかなる困難にも立ち向かい、いかなる友をも支援し、いかなる敵にも対抗するということを。

私たちは、これだけのことを、そしてそれ以上のことを誓います。

私たちが文化と精神の起源を共有する古くからの同盟国に対して、私たちは誠実な友人としての忠誠を誓います。一致団結すれば、多くの共同事業において、できないことはほとんどありません。分裂すれば、私たちができることはほとんどありません。反目し合い、ばらばらに分裂すれば、とうてい強力な挑戦に立ち向かうことはできないからです。

私たちが自由世界への仲間入りを歓迎する新たな国々に対しては、植民地支配のひとつの形態が過ぎ去ったあとに、単にはるかに強固な専制政治にとって代わるようなことはさせないことを誓います。私たちは、彼らが常に私たちの意見を支持することを期待はしません。しかし、私たちは、彼らが彼ら自身の自由を強く支持することを望むとともに、過去において愚かにもトラの背に乗ることによって力を得ようとした者は、結局、そのトラの腹の中に収まってしまったことを忘れずにいたいと思います。この地球の半分で、小屋や村落に住み、多大な窮乏の束縛から逃れようと苦闘している人々に対して、どんなに時間が必要とされようと、彼らの自助努力を助けるための最大の努力を誓います。それは、共産主義者がそうしているかもしれないからではなく、また彼らの票が欲しいからでもなく、それが正しいからです。もし、自由な社会が貧しい多くの人々を助けることができなければ、裕福な少数の人々を救うこともできません。

私たちの国境の南に位置する、私たちの姉妹である各共和国に対しては、特別の誓約をします。進歩のための新たな同盟において、私たちの善意の言葉を善意の行動に移し、貧困の鎖を断ち切るために、自由な人々と自由な政府を支援します。しかし、この希望の平和革命が敵対的な勢力の餌食となってはなりません。私たちは、すべての近隣諸国に対して、米州のどこにおいても侵略と破壊工作に対抗するため、彼らに協力することを知らしめます。そして、他のすべての勢力に対して、この西半球は今後も自分の家の主人であり続けるつもりであることを知らせます。

世界の主権国家の集まりである国際連合、戦争の手段が平和の手段をはるかに追い越した時代の、私たちの最後の、そして最大の希望である国際連合に対して、私たちは、改めて支持を誓約します。私たちは国連が単なる罵倒の応酬の場となるのを防ぐこと、新興国や弱国を守る力を強化すること、及びその影響力の及ぶ地域を拡張することに対する支持を改めて誓約します。

最後に、私たちと敵対しようとする国々に対しては、誓約ではなく要求を掲げます。それは、科学によって解き放たれた暗黒の破壊力が、計画的あるいは偶発的に全人類を自己破壊させる前に、双方が新たに平和の追求を始めることです。

弱ければ敵は手を出したくなります。ゆえに、十分な軍備を整えておけば、敵を誘惑することもなく、武力を使う必要も無くなります。

しかし、2つの偉大で強力な国家の陣営は、どちらも私たちの現在の進路に安心できずにいます。現状では、双方ともに近代兵器のコストの重い負担に悩まされ、双方ともに死をもたらす原子兵器の着実な拡散に当然の警戒心を抱きながらも、双方とも引き続き人類の最終戦争を食い止めている不確実な恐怖の均衡を変えようと競争を続けているからです。

だから双方とも、再出発しようではありませんか。再び原点に立ち戻り、礼節は弱さの徴候ではなく、誠実さは常に証明されなければならないことを双方が思い起こしながら、決して恐怖心から交渉をしないようにしましょう。ただし、決して交渉に恐怖心を抱かないようにしましょう。

互いに、私たちを対立させている諸問題に固執するのではなく、何が私たちを団結させる問題なのかを探究しようではありませんか。

互いに、軍備の査察と管理のための真剣かつ厳密な提案を、初めて作成し、他国を破壊する絶対的な力を、すべての諸国の絶対的な統制の下に置こうではありませんか。

互いに、科学の恐怖ではなく、その驚異を呼び起こすことを追究しようではありませんか。一緒に天体を探査し、砂漠を征服し、病気を根絶させ、深海を開発し、芸術と通商を奨励しようではありませんか。

互いに、「重荷を取り除き……虐げられている者を解放しよう」という聖書に書かれたイザヤの言葉を、地球上のあらゆる人々の心に届くよう、力を合わせようではありませんか。

そして、協力を足掛かりにして疑念を振り払うことができれば、双方とも、共に新たな取り組みに乗り出しましょう。新たな勢力均衡でなく、新たな法に基づく世界を築きましょう。強き者が正義を為し、弱き者が守られ、平和が保たれるような世界を。

このすべてが、最初の100日間で達成されることはないでしょう。それどころか最初の1000日間でも、この政権の任期中にも、あるいは私たちがこの地球上に生きている間でさえも、おそらく達成されないことでしょう。だが、とにかく始めようではありませんか。

市民同胞の皆さん、私たちの進路の最終的な成否は、私よりも皆さんの手の中にあります。この国が建てられて以来、アメリカ国民の各世代は、国家への忠誠を証明することを求められてきました。軍務の召集に応えたアメリカの若者たちの墓は、地球を覆っています。

今、私たちを召集するラッパが再び鳴っています。それは、武器は必要ではあるが、武器を取れとの合図ではありません。私たちは闘争の中にあるが、戦闘に参加せよとの呼びかけでもありません。それは昨日と今日もそして明日も続くであろう、「のぞみを抱いて喜び、艱難（かんなん）に耐えて」長いたそがれの戦いの重荷を引き受けよ、という呼びかけなのであります。その闘争は、人類の共通の敵である圧政、貧困、疾病、そして戦争そのものに対する戦いなのであります。

私たちは、これらの敵に対抗して、より実り多い生活を全人類に確保することのできる、南北の、東西の壮大な世界的同盟を築きあげることができるでしょうか？　皆さんは、その歴史的な努力に参加していただけるでしょうか？

世界の長い歴史の中で、自由が最大の危機にさらされているときに、その自由を守る役割を与えられた世代はほとんどいません。私はその責任に尻込みしません。私はそれを歓迎します。私たちの誰一人として、他の国民や他の世代と立場を交換したいと願っていない、と私は信じています。私たちがこの努力にかけるエネルギー、信念、そして献身は、わが国とわが国に奉仕する者すべてを照らし、その炎の輝きは世界を真に照らし出すことができるのです。

だからこそ、アメリカ国民の皆さん、国があなたのために何をしてくれるかを考えるのではなく、あなたが国のために何ができるかを考えてください。

世界の市民同胞の皆さん、アメリカがあなたのために何をするかを問うのではなく、私たちが人類の自由のために、一緒に何ができるかを問うてください。

最後に、あなたがアメリカ国民であれ、世界の市民であれ、今ここにいる私たちに対して、私たちがあなたに求めるのと同じ力と犠牲の高い基準を求めてください。私たちにとっての唯一確かな報酬とは良心の喜びであり、私たちの行いに最後の審判を下すのは歴史です。私たちは神の祝福と助けを求めながらも、この地球上における神の御業とは私たち自身の行いであるということをわきまえつつ、私たちが愛するこの土地を導いていこうではありませんか。

※右の演説文は、AMERICAN CENTER JAPAN の翻訳（https://americancenterjapan.com/aboutusa/translations/2372/）および『ケネディは「リーダーシップ」をどう語ったか』（瀧沢大・瀧沢中著、中経出版、２００２年、１６０～１７１ページ）を参照して著者が翻訳した。

演説とは、大勢の人々の前で自分の主張を述べる行為を指しています。私たちが普段よく見聞きする演説といえば、駅前などで行われている政治家の「街頭演説」かもしれません。また、最近ではビル・ゲイツ[*1]やスティーブ・ジョブズ[*2]などといった有名人が、「TED」と呼ばれる非営利団体を通して自分たちのスピーチを発信しています。このように、演説は自分の意見をたくさんの人々に伝えるという点において、今なお重要なメディアの一つとなっていると言えます。今回は、ジョン・F・ケネディ[*3]が1961年に行った大統領就任演説を例に、演説の仕組みや効果について考えてみましょう。

STEP 1

メディアの種類、目的、受け手を押さえる

就任演説とは、これから自分がどのように国家を導き、どのような政策を行うかを伝えることで、すべての国民に大統領への支持を呼びかける目的があります。例えば、

*1 アメリカの実業家（1955〜）。1975年にマイクロソフトを設立。IBM社のOS開発の受注をきっかけに、MS-DOSの開発やWindowsでの成功によって揺るがぬ地位を確立した。

*2 アメリカの起業家（1955〜2011）。アップルの共同創業者の一人。iMacやiPhoneなどの人気商品を送り出し、パーソナル・コンピュータ時代のカリスマ的な先駆者として知られた。

*3 アメリカの政治家（1917〜63）。第35代大統領として、内政面ではニューフロンティア政策を推進して社会福祉の充実や人種差別の廃止などを目指した。対外的には、キューバ危機を乗り越え、協調外交を展開。宇宙開発にも積極的で、アポロ計画を積極的に推進した。

ケネディは今回の演説において、自分の利益のためだけに動くのではなく、国家の福祉のために自己犠牲に耐えるようアメリカ国民に訴えていることが分かります。それではまず、この演説における「種類」「目的」「受け手」をまず押さえておきましょう。

メディアの種類：演説文（アメリカ大統領の就任演説）。
メディアの目的：人々の心を動かし、行動へと促す。
メディアの受け手：演説を聞いているアメリカ国民や世界中の人々。

STEP 2

メディアの構造とスタイルを分析する

演説というメディアは、一体どのように構成されているのでしょうか？　言語学者の堀正弘によれば、演説には次のような「序論」と「結論」のパターンがよく見られます[4]。

[4] 堀正弘『はじめての英語文体論』大修館書店、2019年、62〜65ページ。

序論

演説の冒頭は、出席者に対する「呼びかけ」や「感謝の言葉」から始まるのが一般的です。例えば、ケネディ大統領の演説は次のような出だしから始まっています。

ジョンソン副大統領、議長、最高裁長官、アイゼンハワー大統領、ニクソン副大統領、トルーマン大統領、聖職者、そして国民の皆さん。

ここでは、演説の出だしにおいて、出席している大統領経験者や聖職者、そして全国民に対して彼が呼びかけていることが分かります。このように、演説の冒頭で聴衆に語りかけることは、「私はこれからあなたたちに向かって演説しますよ」というメッセージを相手に伝え、人々の注意を自分に向けさせる効果があると言えるでしょう。また、丁寧な言葉づかいで相手に呼びかけることにより、自分がどれほど聴衆に対して敬意を払っているのかをアピールすることもできます。その結果、人々は話し手に対して好意的な印象を持つようになるのです。

一方、出席者に対する感謝の言葉が含まれることもあります。次の例を見てみましょう。

本日お集まりの皆様におかれては、日頃から領土問題の解決に向けた環境整備、国民世論の啓発と結集のため、様々な活動に御尽力いただいており、心から感謝申し上げます[*5]。

ブリリョフさん、御紹介ありがとうございました。ウラジーミル・プーチン大統領、そして習近平国家主席、ハルトマー・バトトルガ大統領、李洛淵国務総理、お会いできて大変うれしく思います。私たちを当地に招待してくれたプーチン大統領に、まずは感謝を申し上げます[*6]。

このような感謝の言葉を述べることで、話し手は自分がいかに礼儀正しい人間であるかを強調することができます。あらかじめ相手に好印象を与えることは、演説の内

*5「平成31年北方領土返還要求全国大会」河野外務大臣挨拶。2019年2月7日。

*6 東方経済フォーラム全体会合における安倍総理大臣スピーチ。2018年9月12日。

容を好意的に受けとめてもらうために、とりわけ欠かせないステップであると言えるでしょう。

また、演説を始めるにあたり、語り手は過去の出来事を持ち出す傾向もあります。

私たちはいま、政党の勝利を祝っているのではなく、自由の祝典を執り行っています。これは、始まりと同時に終わりを象徴するものであり、変化とともに再生を意味するものです。なぜなら、私は、今からおよそ175年前に私たちの祖先が定めたものと同じ荘厳な誓いの言葉を、皆さんと全能の神の前で誓ったからです。

戦後、日本は、目覚ましい経済発展を遂げ、生活の水準も飛躍的に上昇しました。資源に恵まれないこの狭い国土で、一億二千七百万人もの国民が、これほど短期間に、ここまで高い生活水準を実現したことは、我々の誇りです[*7]。

*7 第百五十一回国会における小泉内閣総理大臣所信表明演説。2001年5月7日。

このように、過去の出来事に触れることにはどのような意味があるのでしょうか？過去とは、私たち全員が有している共通の財産であると言えます。どのような立場であれ、私たちが同じ国民として、共に同じ歴史を歩んできたことは、まぎれもない事実なのです。したがって、過去について言及することは、聴衆に自分たちが話し手と同じコミュニティに属していることを認識させ、場に一体感を生みだすことに貢献します。いわば、話し手と聴衆とのあいだに感情的なつながりを作ることができるのです。

☑結論

演説の出だしでは過去とのつながりが強調されていましたが、締めくくりの部分では未来へ向けた積極的な決意表明が語られることが少なくありません。

私たちは神の祝福と助けを求めながらも、この地球上における神の御業とは私たち自身の行いであるということをわきまえつつ、私たちが愛するこの土地を導い

ていこうではありませんか。

未来は、与えられるものではありません。私たち一人ひとりの努力で創り上げていくものであります。私たちの子や孫たちのために、今こそ新たな国創りを、共に、進めていこうではありませんか[*8]。

こうしたメッセージを最後に強調することにより、行動を起こさせるよう話し手が働きかけていることが分かります。このような結びの言葉には、聴衆に強い印象を与える狙いがあるのです。

STEP 3

文字とイメージの特徴を分析する

もちろん、聴衆は並大抵の演説では容易に心を揺さぶられることはありません。そ

*8 第百九十六回国会における安倍内閣総理大臣施政方針演説。2018年1月22日。

こで話し手は、人々の心を動かすために、さまざまな工夫を凝らすことになります。ここでは、そのうちのいくつかの技法について見ていきましょう。

☑比喩表現

今回の演説では、さまざまな比喩表現が使われています。例えば、次のパッセージを読んでみましょう。

いまこの瞬間、この場所より、私たちの敵にも味方にも、次の言葉を高らかに宣言しようではありませんか。たいまつは、アメリカの新しい世代に引き継がれたのだ、と。

ここで、ケネディが新しい時代の幕開けを「たいまつ」という言葉でたとえていることに注目してください。「たいまつ」という言葉を聞くことで、聴衆はおそらく、オリンピックの聖火ランナーの姿をイメージすることでしょう。「たいまつ」を渡された聖火ランナーは、それを決して落としてはならないという重大な責任を負っています。同じように、国家の歴史と伝統という「たいまつ」を託された新しい世代は、それを担いつつ、確実に前へと走っていかなければなりません。このように考えると、ケネディは「聖火リレー」という比喩を用いることで、聴衆に精一杯努力するよう促していることが分かります。いわば、「たいまつ」が自分たちに引き継がれたと述べることで、「自分たちは伝統のともし火を絶やさず、ゴールまで一生懸命走らなければならない」という強い責任感を人々に自覚させようとしていたのです。

また、今回の演説では、次のような「戦争」の比喩も用いられていることが分かります。

それは昨日と今日もそして明日も続くであろう、「のぞみを抱いて喜び、艱難に耐えて」長いたそがれの**戦い**の重荷を引き受けよ、という呼びかけなのであります。その闘争は、**人類の共通の敵**である圧政、貧困、疾病、そして戦争そのものに対する**戦い**なのであります。

ここでは、「圧政」や「貧困」といった概念が「敵」という言葉で置きかえられています。さらに、こうした「敵」を排除するための行動を「戦い」と呼んでいることも分かります。「たいまつ」を次の世代へ送りとどけるために、アメリカ国民はこうした「敵」との「戦い」に勝たなければなりません。ケネディはこのような「戦争」の比喩を使うことで、聴衆に多くの犠牲がともなうことを伝え、それに耐えるだけの覚悟を求めていたのです。

一方、ケネディは私たちの感覚に訴えるような比喩表現も効果的に用いています。一例として、次のような文を読んでみましょう。

私たちに好意を持つ国であろうが、悪意を持つ国であろうが、すべての国に、次のことを知らせようではありませんか。私たちは自由の存続と成功を確保するために、いかなる代価をも払い、いかなる重荷をも背負い、いかなる困難にも立ち向かい、いかなる友をも支援し、いかなる敵にも対抗するということを。

互いに、「重荷を取り除き……虐げられている者を解放しよう」という聖書に書かれたイザヤの言葉を、地球上のあらゆる人々の心に届くよう、力を合わせようではありませんか。

それは昨日と今日もそして明日も続くであろう、「のぞみを抱いて喜び、艱難に耐えて」長いたそがれの戦いの重荷を引き受けよ、という呼びかけなのであります。

ここで3度も「重荷」という言葉が登場していることに注目してください。すべての国民が参加しているこの「聖火リレー」は、決して楽なレースではありません。それはむしろ、圧政、貧困、疾病といった、さまざまな問題が立ちはだかる、困難で苦しい競争であると言えます。ケネディはこうした事実を「重荷」にたとえることで、聴衆にその過酷さを肌で体感してもらおうと工夫していたのです。

もちろん、なかには「こんなに何度も『重荷』というネガティブな言葉を言われたら、人々はうんざりしてしまうのではないか」と思う人もいるかもしれません。しかしながら、当時国民の8割以上がキリスト教を信奉していた国の人々にとって、「重荷」という言葉は、普段から聞きなれたものでした。実際、教会では牧師や神父がよく、「自分の十字架を背負う」というテーマで宗教的な説教を行っています。つまり、ケネディは「重荷」という言葉を繰り返すことで、国民の道義心を刺激し、勇敢にもこうした試練を引き受けるよう促していたと言えるかもしれません。

☑インクルーシブ・ランゲージ

ケネディがどのように「人称代名詞」を活用しているかについても考えてみましょう。人称代名詞とは、「私」「あなた」「彼」などといったように、人を指す言葉のことです。今回の演説をよく見ると、ケネディは「私たち」という言葉を実に40回以上も使っていることが分かります。

「私たち」という言葉の使用には、どのような効果があるのでしょうか？「私たち」という言葉が連呼されることで、聴衆はあたかも自分たちが話し手と一体であるかのような印象を感じることになります。あたかも、大統領と同じ目標に向かって進んでいるかのような感情を味わうことができるのです。「私たち」といった言葉を使うことにより、スピーチの場に居合わせた人々を捲きこむこうした言語表現は、「インクルーシブ・ランゲージ（Inclusive Language／包括的言語）」と呼ばれています。

対句法

この演説のなかで、とりわけ評価の高いフレーズとして有名なのは、なんといっても次のような名言でしょう。

だからこそ、アメリカ国民の皆さん、国があなたのために何をしてくれるかを考えるのではなく、あなたが国のために何ができるかを考えてください。

もちろん、これは単に「あなたはどのように国家に貢献できるか？」という問いを国民に投げかけている言葉にすぎません。一体なぜ、このフレーズはこれほどまでに有名になったのでしょうか？

実のところ、ケネディはここで「対句法」というレトリックを用いることによって、言葉に説得力を持たせていることが分かります。対句法とは、「AではなくB」というように、「ふたつのものを対比的に提示する[☆9]」方法のことを指しています。例えば、言語学者の佐藤信夫が取り上げた次の例文を見てください。

= **太郎は花子を愛していた。しかし彼女の方は彼に恋をしていたのである。**

このように、「愛」と「恋」が対立的に置かれることで、読者はその違いを明確に認識することができます。つまり、対句法は2つのものを対立させることにより、読者にそれぞれの言葉の差異を理解させる効果があるのです。

しかしながら、文学者の柳澤浩哉によれば、今回の対句法が持つ効果はそれだけではありません。実際、彼は「AではなくB」という否定文の形式においては、Aが否定されることにより、逆にBの価値が高まる効果があると指摘しています[☆10]。

☆9 佐藤信夫『レトリック認識』講談社、1992年、140ページ。

☆10 柳澤浩哉「否定によって付加される価値：ケネディー大統領演説の分析」『日本研究（14）』日本研究研究会、2000年、6ページ。

この仕組みについて理解するために、まずは否定文の文章がもたらす効果について見てみましょう。例えば、「昨日、太郎は学校に行かなかった」という例文について考えてみてください。この文は一見すると、「学校に行く」ことを否定しただけのフレーズのように思えます。しかしながら、実際のところ、この文は太郎が学校に行ったことを否定するだけでなく、「普段は学校に行っている」という事実も私たちに伝えているのではないでしょうか？　いわば、「学校に行かなかった」という否定の文は、「学校に行くこと」を読み手が当たり前なこととして想定していたことも意味していることが分かります。すなわち、**ある事実を否定することは、その事実を読者があらかじめ期待していたということも伝えている**のです[11]。

こうした点を踏まえたうえで、「AではなくB」という文の効果について考えてみましょう。例えば、「昨日、太郎は学校に行かなかったが、フランスに行った」という文はどうでしょうか？　先ほど述べたように、「学校に行く」という事実が否定されたことによって、私たちはまず、「学校に行く」ことが太郎にとって当たり前の出来事であったことを認識します。それゆえ、つづく「フランスに行った」という部分

[11] 同上、5ページ。

に対して、「当たり前ではない出来事、あるいは価値の高い出来事」といった印象を感じることになるのです。すなわち、「AではなくB」という文は、対比関係を作るだけではなく、**AよりもBの方によりいっそうの価値がある**という点を相手に認識させる効果を持っていると言えるでしょう。

実のところ、ケネディは今回の演説で、この「AではなくB」という形式を何度も使っていることが分かります。

私たちはいま、政党の勝利を祝っているのではなく、自由の祝典を執り行っています。

小屋や村落に住み、多大な窮乏の束縛から逃れようと苦闘している人々に対して、どんなに時間が必要とされようと、彼らの自助努力を助けるための最大の努力を誓います。それは、共産主義者がそうしようとしているかもしれないからではなく、また彼らの票が欲しいからでもなく、それが正しいからです。

最後に、私たちと敵対しようとする国々に対しては、誓約ではなく要求を掲げます。

このように、ケネディは対句法を繰り返すことで、聴衆を説得しようとしていることが分かります。彼は対句法の効果を十分に発揮することにより、「あなたはどのように国家に貢献できるか？」という問いの方に大きな価値を与え、聴衆に重大な責務を受け入れてもらうことに成功したのです。

STEP 4

それぞれのメディアの種類に存在する特徴を分析する

論説文と同じく、今回の演説文にもアリストテレスが指摘した「ロゴス・エトス・パトス」といった要素が大きな役割を果たしています。ここでは、これらの要素が具体的にどのように用いられているのかについて考えてみましょう。

ロゴス（論理）

ロゴスとは、論理的に相手を説得することを意味しています。今回はロゴスに訴える方法として、「状況」と「因果関係」について見てみましょう。

状況

前章でも述べたように、これは現在の状況を説明することによって、自分の行為を正当化する方法です。今起こっている事実を述べることで、ほかに取るべき道がなかったことを強調する方法と言ってもいいでしょう。例えば、次のフレーズに注目してください。

今や世界は大きく変貌しています。何故なら人類は、あらゆる形の貧困をも、そしてあらゆる形の人命をも消滅させ得る力を手に入れたからです。

ここでケネディは、世界がいかに危機的な状況に陥っているのかについて指摘しています。当時、多くの人々は依然として深刻な貧困にあえいでいました。一方、アメリカとソ連の対立が深まっており、人々は核戦争による人類滅亡という脅威にもさらされていました。このように、ケネディは世界がどれほど危うい状況に置かれているかを強調することで、国民にアメリカの理念を守るために行動するよう呼びかけていることが分かります。そして同時に、このように国民に負担を強いる自分の政策を正当化しようとしていたのです。

因果関係

これは、「お菓子ばかり食べるから虫歯になった」「寝坊したから電車に遅刻した」といったように、2つの出来事のあいだに原因と結果の関係性を見いだす方法のことを指しています。例えば、次のフレーズを読んでみましょう。

＝弱ければ敵は手を出したくなります。ゆえに、十分な軍備を整えておけば、敵を

＝**誘惑することもなく、武力を使う必要も無くなります。**

ここでケネディが、次のような因果関係を用いて軍備を整えることを正当化していることに注意してください。

「**軍事力が弱ければ敵に攻撃される**」（原因）

←（ゆえに）

「**軍備を整えるべき**」（結果）

このように、２つの要素を因果関係で結びあわせることによって、ケネディは自分の主張に強い説得力を持たせていることが分かります。こうした論理的で明快な証明を行うことで、ケネディは聴衆に軍備の増強を受け入れてもらおうとしているのだと言えるでしょう。

エトス（道徳）

エトスとは、自分がいかに信頼できる人間であるかをアピールすることで、相手の道徳観に訴えることを意味しています。例えば、次の文に注目してください。

互いに、「重荷を取り除き……虐げられている者を解放しよう」という聖書に書かれたイザヤの言葉を、地球上のあらゆる人々の心に届くよう、力を合わせようではありませんか。

それは昨日と今日もそして明日も続くであろう、「のぞみを抱いて喜び、艱難に耐えて」長いたそがれの戦いの重荷を引き受けよ、という呼びかけなのであります。

これら2つのフレーズには、どちらも聖書の言葉が引用されています。前にも述べたように、当時のアメリカ人はほとんどがキリスト教徒であり、彼らの多くは聖書の言葉を神の言葉として信じていました。したがってケネディは、聖書という権威のある書物から言葉を引用することで、自分の主張も聖書と同じように信頼できるものであることをアピールしようとしていたのです。

また、聖書の言葉をそらで言えるほど暗記しているという事実は、ケネディが聖書をよく読んでいた人間であることも伝えています。その結果、人々はケネディについて「とても教養があり、しかも敬虔なキリスト教徒」であると考えることでしょう。このように、ケネディは聖書の言葉を引用することで、自分がいかに信頼できる好ましい人間であるかを強調し、人々の「好意」を勝ち得ているのです。

パトス（感情）

パトスとは、感情を揺さぶるような言葉を述べることで、相手を説得する方法を指しています。一例として、ケネディがどのような言葉で敵対勢力を表現しているのかを見てみましょう。

過去において愚かにもトラの背に乗ることによって力を得ようとした者は、結局、そのトラの腹の中に収まってしまったことを忘れずにいたいと思います。

この希望の平和革命が敵対的な勢力の餌食となってはなりません。

最後に、私たちと敵対しようとする国々に対しては、誓約ではなく要求を掲げます。それは、科学によって解き放たれた暗黒の破壊力が、計画的あるいは偶発的に全人類を自己破壊させる前に、双方が新たに平和の追求を始めることです。

言語学者の友繁有輝は、ケネディが「トラ」「餌食」「解き放たれた」といった表現を通して、自分の敵対者たちを「猛獣」に例えていると指摘しました[12]。たしかに、私たちは「トラ」という動物に対して、残忍でどう猛なイメージを持っていると言えるかもしれません。また、「餌食」や「解き放たれた」といった言葉からは、血に飢えたオオカミが他の動物たちを食い物にしている様子や、暴れまわる荒々しい野生動

[12] 友繁有輝「アメリカ大統領の就任演説におけるメタファー：ケネディ・ニクソン・オバマの就任演説を比較して」『言語文化共同研究プロジェクト』大阪大学大学院言語文化研究科、2017年、56ページ。

物の姿を想像することでしょう。

「社会規範からの逸脱に対する攻撃は、『怒り』の本質的な特徴である[13]」と言われているように、こうした「動物的な攻撃性[14]」を連想させる言いまわしは、私たちの心に強い憎しみの感情を植えつけます。聴衆は社会の秩序を乱す野蛮な勢力に対して、それ相応の罰が必要だと考えるに違いありません。

アリストテレスは、このような怒りの感情が容易に行動へと結びつくと考えました。実のところ、私たちは怒りを感じたとき、すぐさま相手に仕返しをしてやりたいという衝動に駆られるかもしれません。つまり、怒りという感情は、人々を行動へと誘導することができるのです。その結果、聴衆は次のようなケネディの呼びかけに対して意欲的に応じようと思うことになるでしょう。

私たちは、これらの敵に対抗して、より実り多い生活を全人類に確保することのできる、南北の、東西の壮大な世界的同盟を築きあげることができるでしょうか？　皆さんは、その歴史的な努力に参加していただけるでしょうか？

---

[13] 柳澤浩哉・中村敦雄・香西秀信『レトリック探求法』朝倉書店、2004年、46ページ。

[14] 友繁有輝、前掲書、56ページ。

このように、ケネディは巧みな言葉づかいによって人々の感情を刺激し、一致して祖国の敵に立ち向かうよう、効果的に聴衆を導いているのです。

STEP 5

メディアのレイアウトを分析する

今回は演説という、本来ならば耳で聞くメディアなので、レイアウトの分析は省略します。

STEP 6

メディアのメッセージに対する受け手の反応を分析する

ケネディの演説を聞いた結果、人々はどのような反応を示すでしょうか？　まず、「たいまつ」が引き継がれたという比喩表現によって、聴衆は自分たちがアメリカを発展させていく、重大な責務を担っていることを実感することでしょう。また、アメリカがさまざまな敵に囲まれていることを知って、強い怒りを感じるかもしれません。結果的に、彼らは「あなたは国家のために何ができるのか？」というケネディの問いかけに進んで応じようとすることでしょう。このように、すぐれた演説は、人々を勇敢な行動へと駆り立てる大きなパワーを生むことができるのです。

Column 07

マスメディアと政治

「権力は腐敗しやすく、絶対的な権力は絶対的に腐敗する」(創元社編集部編『ことわざ・名言事典』創元社、1978年、186ページ)——かつて、イギリスの歴史家ジョン・アクトンはこのように述べて、政治家の不正問題の深刻さについて指摘しました。アクトンが述べているように、政府は国民からばく大な税金を集めることができるため、汚職や利益誘導といった事件が跡を絶ちません。テレビや新聞などのマスメディアは本来、こうした政府の腐敗を監視する役割を果たしていました。

しかしながら、社会学者の筒井淳也によれば、こうしたマスメディアのあり方には現在大きな問題があります。現代のマスメディアが目指しているのは高い視聴率であることが多く、その点において、政治的なトピックは難解で、高い視聴率を勝ち取ることが難しいジャンルであると言えるでしょう。その結果、マスメディアは意図的にこうした政治的な話題を避け、不倫騒動やバラエティー番組ばかりを放送していると筒井は指摘しています(浪田陽子・福間良明編『はじめてのメディア研究』世界思想社、2012年、115ページ)。もちろん、NHKという公共部門も政府を監視するメディアであると言えますが、公共部門が別の公共部門を監視するということには、自ずと限界があるのも事実です。今後のマスメディアの課題は、政治とどのように関わっていくべきかという点にあると言えるのかもしれません。

Chapter 08

ニュース記事

Newspaper Articles

押さえるべきポイント

- ヘッドライン、リード（前文）、本文という順に文が掲載されている。
- リードには「５Ｗ１Ｈ」という６つの要点が書かれている。
- 文章は「逆ピラミッド型」で構成されている。
- 記事の内容をイメージできるように写真や地図が掲載されている。
- ヘッドラインの文章は短くなるように工夫されている。
- 新聞の面ごとにニュースの分野や書き方が異なる（紙媒体の場合）。
- 読者は記事をＳＮＳでシェアすることができる（オンライン媒体の場合）。
- 記事の内容に関連した他の記事へのリンクが張られている（オンライン媒体の場合）。

「アイドルライブ中の徳島・雑居ビル火災、放火疑いも　県警捜査」
（『毎日新聞デジタル』2021年3月15日掲載）

アイドルライブ中の徳島・雑居ビル火災、放火疑いも　県警捜査

3/15(月) 12:15 配信 4　　毎日新聞

火災があった雑居ビル＝徳島市仲之町1で2021年3月15日午前9時2分、国本ようこ撮影

14日午後1時40分ごろ、徳島市仲之町1の雑居ビル（4階建て）の3階エレベーターホールから出火、床など約18平方メートルが焼け、約20分後に消し止められた。当時、ビル4階のバーでは地元アイドルグループのライブイベントが開かれており、バーを経営する50代の男性が煙を吸って病院に搬送されたが命に別条はないという。出演者や客ら約70人にけがはなかった。関係者によると現場から、灯油などを入れる金属製の携行缶が見つかり、徳島県警が放火の疑いもあるとみて出火原因を調べている。

県警徳島中央署などによると、現場は雑居ビル「アクティ・アネックス」。2階の飲食店の男性従業員が「爆発音がして煙が上がっている」と119番した。

4階のアミューズメントバー「フライ」では午後1時から地元アイドルグループ「Baby dolls」がメンバーの卒業ライブをしていた。経営者の男性が3階のエレベーターホールが燃えているのを確認、出演者や客を非常階段で避難させたという。

県警などによると、エレベーターホールに火の気はなかった。アイドルグループやバーに絡むトラブルなどは把握していないという。

119番した従業員は「ドアを蹴飛ばしたような大きな音がした。上の階でイベントが開かれていたのは知っていたので、酔っ払った人が蹴ったのかと思って店のドアを開けると、煙が充満していた」と話した。

現場は、JR徳島駅の南約900メートルの繁華街。周辺には雑居ビルや飲食店などが建ち並んでおり、一時騒然となった。【国本ようこ、松山文音】

【関連記事】
歌舞伎町ビル火災　なぜ娘が…真相は
京アニ火災　33人の死亡確認　平成以降最悪
京アニ事件　消火器メーカーの「猛省」
京アニ事件　炎、上階まで一気に　爆燃現象か
ビニールカーテン、火に注意

最終更新: 3/15(月) 12:15
毎日新聞

アイドルライブ中の徳島・雑居ビル火災、放火疑いも　県警捜査

14日午後1時40分ごろ、徳島市仲之町1の雑居ビル（4階建て）の3階エレベーターホールから出火、床など約18平方メートルが焼け、約20分後に消し止められた。当時、ビル4階のバーでは地元アイドルグループのライブイベントが開かれており、バーを経営する50代の男性が煙を吸って病院に搬送されたが命に別条はないという。出演者や客ら約70人にけがはなかった。関係者によると現場から、灯油などを入れる金属製の携行缶が見つかり、徳島県警が放火の疑いもあるとみて出火原因を調べている。

県警徳島中央署などによると、現場は雑居ビル「アクティ・アネックス」。2階の飲食店の男性従業員が「爆発音がして煙が上がっている」と119番した。

4階のアミューズメントバー「フライ」では午後1時から地元アイドルグループ「Baby dolls」がメンバーの卒業ライブをしていた。経営者の男性が3階のエレベーターホールが燃えているのを確認、出演者や客を非常階段で避難させた

という。

県警などによると、エレベーターホールに火の気はなかった。アイドルグループやバーに絡むトラブルなどは把握していないという。

私たちが日常のなかで最も頻繁に接するメディアは、ニュース記事であると言えるかもしれません。実際、私たちのまわりには、紙媒体の新聞記事や、スマホやパソコンで読めるオンライン記事などがあふれかえっています。こうしたニュース記事には、どのような特徴があるのでしょうか？　また、紙媒体の記事と電子媒体の記事とでは、どのような違いがあるのでしょうか？　この章では、毎日新聞のニュース記事を参照しつつ、こうした問いについて考えていきましょう。

STEP 1

メディアの種類、目的、受け手を押さえる

今回の作品は、スマホやパソコンといった電子媒体で読めるオンラインの記事です。「アイドルライブ中の徳島・雑居ビル火災、放火疑いも　県警捜査」とヘッドラインにも書かれてあるように、この記事は徳島県で発生した火災事件について扱っています。まずは、こうしたニュース記事の大まかな性質について確認しておきましょう。

メディアの種類：ニュース記事（電子媒体）。
メディアの目的：社会で起こった出来事について伝える。
メディアの受け手：社会で起こった出来事について知りたい人。

STEP 2

メディアの構造とスタイルを分析する

一般的なニュース記事の構造は、「逆ピラミッド型」が理想的だと言われています（図1）。逆ピラミッド型というのは、最も重要な情報が最初に述べられ、後から書かれる内容ほど価値が低くなっていくという文章の構造のことです[*1]。例えば、今回の記事に掲載されている冒頭の文章を読んでみましょう。

14日午後1時40分ごろ、徳島市仲之町1の雑居ビル（4階建て）の3階エレベーターホールから出火、床など約18平方メートルが焼け、約20分後に消し止められた。

ここで、報道において一番重要な情報である「5W1H」がきちんと書かれている

*1 堀正弘『はじめての英語文体論』大修館書店、2019年、84ページ。

図1　報道の文章構成を示した逆ピラミッド

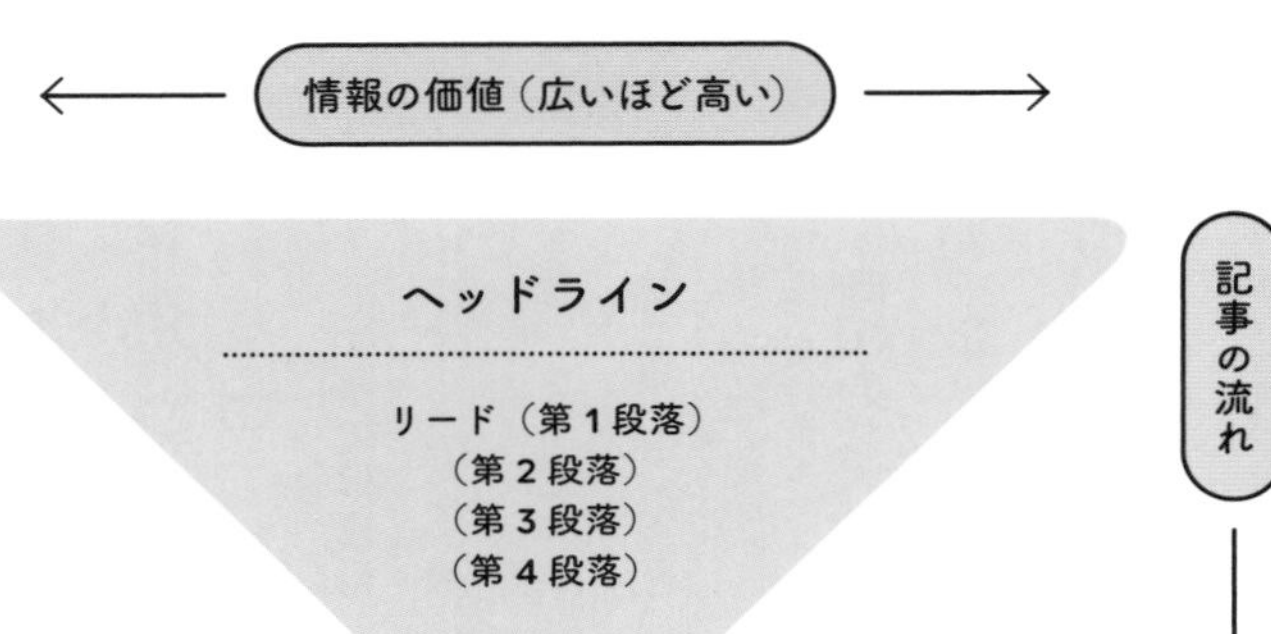

（堀正弘著『はじめての英語文体論』大修館書店、2019年、84ページの図をもとに作成）

ことに注目してください。「5W1H」とは、「いつ、どこで、誰が、何を、なぜ、どのように」という、コミュニケーションにおいて欠かせない要素のことを指しています。実際、先ほどの文章をよく見てみると、

「いつ」：14日午後1時40分ごろ（2021年3月14日）。

「どこで」：徳島市仲之町1の雑居ビルの3階で。

「何を」：エレベーターホールの床。

「どうした」：出火した。

というように、「5W1H」の要素を明確に記載していることが分かります。もちろん、この文には、「誰が」の部分や、「なぜ出火したのか」といった「なぜ」の部分が足りません。言いかえれば、それらの点はまだ解明されていないので、あえて書かなかったと言えるでしょう。

このように、ニュース記事の最初の文は、情報伝達に欠かせない「5W1H」を加えることで、記事全体を要約する役割を果たしていることが分かります。こうした文はリード(前文)と呼ばれ、ニュース記事においてよく見られる特徴の一つです。

記事の冒頭に重要事項が書かれていることは、読者の背景を十分に考えた構造と言えます。忙しい生活を送っている私たちには、一つひとつの記事をじっくりと読むゆとりがありません。読者のなかには、記事の内容をなるべく早く把握しておきたいと思う人もいることでしょう。もしくは、読んでいる途中に学校や会社に行かなければならない人もいるかもしれません。したがって、ニュース記事は最初に記事の要約を置くことで、読者がどこで投げ出しても内容を理解できるように配慮しているのです。

リードの後ろからは、事件に関する詳細な情報が順番に足されていきます。例えば、

「地元アイドルグループのライブイベント」が当時開かれていたこと、現場から「灯油などを入れる金属製の携行缶」が見つかったことなどが付け加えられていることが分かります。こうした情報は事件の全貌を伝えるという点ではより詳しい内容ですが、重要性という点からすると価値が相当低くなっていると言えるでしょう。

同じように、事件が起きた現場が「ＪＲ徳島駅の南約９００メートル」にあるという点や、「周辺には雑居ビルや飲食店などが建ち並んで」いるといった、読者にとって最も重要性の低い部分は、最後の６段落目に書かれていることが分かります。紙媒体の新聞である場合、書き手はさまざまな記事を１枚の紙面に埋め込まなければなりません。そのため、他の記事とのつりあいを考えて、記事の内容をいくらか削除する必要が生じることがあります。そのような場合、比較的価値の低い内容を最後に置いておけば、あとから記事を削ることがだいぶ楽になることでしょう。このように、ニュース記事の構造は、紙面の割り付けも考えて練られているのです。

一方、文章のスタイルはどうでしょうか？　今回の記事を読んでみると、私たちはこの文章が「淡々とした事実報告」であるという印象を受けます。実際、書き手の感情や思いといった主観的な表現はまったく見られません。また、「真っ赤な炎」「パチパチと燃える音」といった、読者の五感に訴えるような文が存在しないのも特徴的です。あくまでも事件の内容を正確に伝えようとする書き手のスタンスを文章から感じられることでしょう。こうした点は、同じ放火事件について描写した川端康成[2]の小説『雪国』などの文章と比較すると、よりいっそう明らかになります。


突然擦半鐘(すりばんしょう)が鳴り出した。

二人は振り向くなり、

「火事、火事よ!」

「火事だ。」

火の手が下の村の真中にあがっていた。

駒子はなにか二声三声叫んで島村の手をつかんだ。

黒い煙の巻きのぼるなかに炎の舌が見えかくれした。その火は横に這(は)って軒を舐(な)め廻っているようだった[3]。

[2] 小説家（1899〜1972）。『伊豆の踊子』などを書いて新感覚派の代表作家となった。その後『禽獣』『雪国』『千羽鶴』といった、東洋的人工美の世界を描き、1961年文化勲章、1968年ノーベル文学賞を受賞した。

[3] 川端康成『雪国』新潮社、2006年、204ページ。

言語学者の中村明は、このような小説の文章がニュース記事のスタイルといかに異なっているかについて指摘しています[4]。例えば、ここには「炎の舌が……軒を舐め廻っているようだった」といった擬人的な表現や、「黒い煙」といった視覚的な表現が描かれていることが分かります。こうした感覚的な文章は、事実を客観的に伝えるニュース記事にはほとんど存在しません。また、「なにか二声三声叫んで」といった不明確な情報がニュース記事に書かれることもほとんどないでしょう。そもそも、事件を伝える冒頭の文が「突然擦半鐘が鳴り出した」と書かれていたら、読者は何が起こったのかを把握することができません。このように、他のメディアと比較することで、私たちはニュース記事が持つ独特のスタイルを発見することができるのです。

STEP 3

文字とイメージの特徴を分析する

「アイドルライブ中の徳島・雑居ビル火災、放火疑いも　県警捜査」というヘッドラ

---

[4] 中村明『日本語文体論』岩波書店、2016年、41〜42ページ。

インに目を向けてみると、文体が通常の文と少し異なっていることが分かります。例えば、この見出しには、「～で」「～が」といった助詞や、「～した」「～している」などの動詞（述語句末）がほとんどありません。いわば、このヘッドラインは

アイドルライブ中の徳島・雑居ビル（で）火災（が発生した）、放火（の）疑いも（ある）
県警（が）捜査（している）

というように、さまざまな部分が省かれているのです。このような省略された文体がニュース記事におけるヘッドラインの特徴であると言えるでしょう。実際、言語学者の野口崇子によれば、ヘッドラインには次のような傾向が見られます[5]。

- 「～が」「～の」「～を」「～に」といった助詞を省略する。
- 「一方的な恨みで犯行か」「17歳を書類送検へ」というように、助詞の後ろにある動詞や動詞の文を省略する。

---

[5] 野口崇子「『見出し』の“文法”—解読への手引きと諸問題」『講座日本語教育（38）』早稲田大学日本語研究教育センター、2002年、98～122ページ。

・「逮捕される」「捜査する」といった動詞では、「〜される」「〜する」といった部分を省略し、名詞止めになる（「犯人逮捕」「県警捜査」など）。
・「ライブイベント」を「ライブ」に置きかえたり、「徳島県警察本部」を「県警」と略したりと、略語や略称が用いられる。
・半角の空白や、「・」「？」「！」といった記号を使って省略する（「徳島・雑居ビル」など）。

このように、見出しは独特な方法で文を省略しているのが特徴的です。なぜこれほどまでに見出しは省略されなければならないのでしょうか？　ニュース記事の場合、書き手は限られたスペースのなかで情報を伝えなければなりません。前にも触れたように、紙媒体であれば、あらかじめ定められた割り付けが存在します。また、電子媒体においても、ヘッドラインが長すぎると、読者は読みにくいと思ってしまうことでしょう。したがって、見出しには無駄のない文章が求められることになります。書き手はなるべく見出しの字数を少なくすることで、必要となる空間を最小限に抑え、同時に読者がすぐに内容を把握できるよう工夫しているのです。

また、文末の表現にも注目してみましょう。今回のリードは全部で4文から構成されていますが、1番目と3番目の文章は「〜に消し止められた」「〜にけがはなかった」と書かれていることから、過去の出来事として述べられていることが分かります。2番目の文章も、「〜はないという（そうだ）」というように、語尾を省略していると考えれば、これも過去について語っていると言えるでしょう。

一方、最後の4番目の文章では、「〜を調べている」とあるように、継続を表す進行形の語尾が用いられていることが分かります。つまり、最初の3文がすでに起こった出来事、最後の1文が今現在起こっている出来事を描写しているのです。こうした点を踏まえると、この文章は出来事の経過を最初から順番に伝えようとしていることが分かります。書き手は、すでに起こった出来事から現在進行中の出来事までを、時系列順に描いているのです。

また、今回のニュース記事には、現場の様子を撮影した写真も載せられています。もちろん、「新聞記事においては写真は補足情報としての意味合いが強く、写真に写っているもの（こと）と対応する語句は本文のほんの一部分である[6]」と言われてい

[6] 山田剛一ほか「新聞記事における写真と言語表現の対応の学習」『全国大会講演論文集（56）』人工知能と認知科学、1998年、249ページ。

るように、ニュース記事においてイメージは必須というわけではありません。しかしながら、こうした現場の写真があることで、読者は火災の被害に遭った雑居ビルが実際にどのようなビルだったのか、より具体的に想像しやすくなると言えるでしょう。

STEP 4

それぞれのメディアの種類に存在する特徴を分析する

推薦システム

インターネットの普及により、読者が利用するニュースメディアは大きな変化を遂げつつあります。実際、総務省が2020年に行った調査によれば、「最も利用しているテキスト系ニュースサービス」のうち、「紙の新聞」が全体の28・5%を占めたのに対して、Yahoo! ニュースやGoogle ニュースなどの「ポータルサイト」の利用率は40・3%と、ダントツの1位となっています[注]。2013年には「ポータルサイト」の利用率が20・1%だった[注]ことを考えると、どれほどインターネットのニュ

[注] 総務省情報通信政策研究所「令和元年度 情報通信メディアの利用時間と情報行動に関する調査報告書〈概要〉」https://www.soumu.go.jp/main_content/000708015.pdf 2020年9月。2021年4月28日閲覧。

ース記事を読んでいる人が多くなったかが分かります。

インターネットのニュース記事は、いつでもどこでも読めるという点で、きわめて利便性にすぐれたメディアであると言えるでしょう。しかしながら、利用者が自ら記事を選択しなければならないという欠点も無視できません。例えば、「紙の新聞」の場合、どの記事を読者に提供するかは、プロの編集者が判断を下します。したがって、読者はどの記事を読むべきか、あれこれと悩む必要はありません。一方、「ポータルサイト」の場合、読者は膨大な量の記事を自由に読むことができる分、どのニュース記事を読むべきかについて、自分で決定する必要が生じることになります。言いかえれば、適切な内容の記事を選ぶために、多大な労力や時間がかかってしまうのです。

こうした無駄を省くため、最近では利用者の嗜好を予測するシステム、いわゆる「推薦システム」がニュース記事の検索に使われていることが少なくありません。例えば、今回のニュース記事の下には、【関連記事】という項目があり、「歌舞伎町ビル火災なぜ娘が…真相は」「ビニールカーテン、火に注意」といった、「火災」に関連する記事のリンクが張られていることが分かります。このように関連した記事を載せることで、読者が読みたい記事をすぐに見ることができるように工夫しているのです。

☑シェア機能

オンラインのニュース記事がどれだけ多くの読者を獲得できるかは、どれだけのユーザーがその記事をツイッターやフェイスブックといったSNSでシェアするかにかかっています。実際、多くの若い人は、さまざまなニュースを著名なユーザーの投稿から選んでいます[★8]。言いかえれば、より多くのユーザーがシェアしたニュース記事は、より多くの人に伝わることになるのです。

したがって、ほとんどのニュースサイトは、利用者がすぐに記事をSNSでシェアできるように工夫を加えています。例えば、今回の記事では、見出しのすぐ下にツイッターやフェイスブックのロゴが置かれており、アイコンをクリックするだけで簡単にシェアできるような設計になっていることが分かります。オンラインのニュース記事は、こうしたソーシャルメディアの機能を取り入れることで、できるだけ多くの人に情報を拡散させていると言えるでしょう。

★8 津田大介「読まずにシェアするスマホ世代の特徴」AERAdot. https://dot.asahi.com/wa/2016072900096.html?page=1 2016年8月2日。2021年4月28日閲覧。

STEP 5

メディアのレイアウトを分析する

紙の新聞は、ページごとにレイアウトが決まっています。まず、「新聞の顔」とも呼ばれる表面の1ページ目（一面）には、最も重要な記事が掲載されます。記事の内容も、先ほど述べたような「見出し↓リード↓本文」という「逆ピラミッド型」の構造になっているのが普通です。

一方、社会面（三面）と呼ばれるページでは、1ページ目で取り上げられた事件や事故のニュースが、より詳しく報道されていることが少なくありません。実際、一面と社会面を比べてみると、その内容に大きな差があることが分かります。例えば、今回の放火事件について、徳島新聞が報道したニュース記事を見てみましょう。

曲途中「バン」と爆発音　繁華街ビル火災、従業員誘導でパニックなし

大音響のライブ中に突如響いた爆発音。会場内には煙が立ち込め、騒然となった。14日昼、徳島市仲之町であった雑居ビル火災。迅速な避難誘導で大事には至らなかったものの、多数の被害者が出ていた可能性もある。「怖かった」「ただただ驚いた」。現場からは不審な携行缶が見つかっており、参加者は事態を十分に把握できぬまま、わが身の無事に安堵した。

爆発音が響いたのは、アイドルグループのライブが始まって30分ほど経過した頃だった。卒業するメンバーがソロで歌っていた曲の終盤、「バン」という乾いた音が響いた。「酔っぱらいがドアを蹴り飛ばしたのかと思うほど大きな音だった」（通報者の男性）。すぐに階下から白い煙が見え始めた。徳島市の20代女子大学生は「最初はサプライズの演出かと思った。そのうち黒煙が出てきたので驚いた」と話した。

（『徳島新聞電子版』２０２１年3月15日掲載／https://www.topics.or.jp/articles/-/499722）

「大音響のライブ中に突如響いた爆発音」という書き出しは、「5W1H」に沿ったような、客観的な文章ではありません。むしろ、あたかも書き手が現場に居合わせ、出来事を目撃したように書かれています。ほかにも、「バン」という擬音語や、「すぐに階下から白い煙が見え始めた」といった視覚的なイメージなど、読者が臨場感を味わえるような、主観的な表現が度々登場していることが分かります。また、「怖かった」「ただただ驚いた」といった、誰が発言したのか分からないようなあいまいな会話文が唐突に投げ出されていることも特徴的であると言えるでしょう。書き手はいわば、事件に遭遇した人間の視点に立って、出来事を想像しつつ書いているのです。このように、三面の記事というのは、書き手の個性がよく表れることが多いと言えます。中村明が指摘するように、「記事の種類や紙面の位置に応じた、多少とも異なるいくつかの書き方が存在することはほとんど確実[*9]」なのです。

[*9] 中村明、前掲書、50ページ。

STEP 6

メディアのメッセージに対する受け手の反応を分析する

今回のニュース記事に読者はどう反応するでしょうか？ ヘッドラインには、アイドルのライブイベント中に火災が発生したことが書かれています。ライブイベントという特殊な状況で起こった事件に、興味を引かれるかもしれません。もっと知りたいと思う人は、おそらくこのヘッドラインをクリックして記事を読むことでしょう。

この記事に関心を持った読者は、他の誰かにも内容を伝えたいと思うかもしれません。その際には、ヘッドラインの下にあるツイッターやフェイスブックなどのロゴをタッチすることで、簡単に記事の内容をシェアすることができます。また、【関連記事】の欄から火災事件に関連した記事のリンクをクリックする読者もいることでしょう。

このように、インターネットのニュース記事は、読者が情報をすぐに把握し、他者と共有できるよう、さまざまな工夫が加えられているのです。

Column 08

フィルターバブル問題

インターネットには、自動的に情報を選り分けることのできる、「フィルタリング機能」というシステムがあります。今回の例で言えば、私たちが火災のニュース記事を見ていると、検索エンジンは火災に関連した他の記事を提供してくれます。これは便利な機能かもしれませんが、一方で重大な問題もあります。

例えば、「コロナワクチンは効果がない」というニュース記事が掲載されたとしましょう。私たちはこれは本当の話だろうかと考え、すぐに「コロナワクチン　陰謀」といったフレーズで検索しようとするかもしれません。すると、検索エンジンは読者が「陰謀論」だけを知りたいと判断し、同じような情報ばかりを提供するようになります。いわば、私たちは異なる意見を知ることができなくなってしまうのです。

このように、フィルタリング機能は「見たいものだけを見る」ように読者を誘導し、他の異なる意見や視点を排除してしまいます。その結果、自分の意見に固執したり、フェイクニュース（偽の情報）を受け入れたりといった負の影響を被ってしまうのです。こうした現象は「フィルターバブル」と呼ばれ、人々が正確な情報を共有することを困難なものにしています（小林哲郎ほか「ソーシャルメディアと分断化する社会的リアリティ〈特集 Twitter とソーシャルメディア〉」『人工知能学会誌, Vol. 27, No. 1』2012, pp. 51–58）。

Chapter 09

紀行文

Travel Writing

押さえるべきポイント

- 旅先の情報を伝える。歴史的な背景も解説されている場合が多い。
- 現地の文化や習慣について伝えている。
- 旅のスリルやおもしろさをユーモアを交えながら語っている。
- 感覚的な表現を用いている。
- 説明的な文章と描写的な文章を使い分けている。
- 重要な事件や経験だけをピックアップしている。

紀行文（トラベルライティング）とは、旅をテーマにしたノンフィクションのエッセイのことを指します[*1]。日本の出版業界において、紀行文は決して人気のあるジャンルとは言えないかもしれません。しかしながら、アメリカやヨーロッパの書店には、必ずと言っていいほど「トラベルライティング」のコーナーが設置されており、紀行文というジャンルは世界的に見て一定の評価を受けています。また、最近では自然の実態を観察し、書き表すことで環境問題に警鐘を鳴らす「ネイチャーライティング[*2]」としての側面もあると指摘されており、紀行文が読者に与える効果は、現在大いに注目されていると言えるでしょう。

今回は、沢木耕太郎[*3]のエッセイ『深夜特急』の一節を取り上げながら、紀行文の魅力について考えていきます。作品の舞台はインドの都市ニューデリーです。書き手は、安宿に泊まりながら無気力に毎日を過ごしていましたが、意を決してパキスタンへと旅立とうとします。

[*1] 舛谷鋭「トラベルライティングを考える」『立教大学観光学部紀要（21）』立教大学観光学部、2019年、12ページ。

[*2] 人間中心的な文明観を批判しつつ、自然を主題とする小説、詩、ノンフィクション、エッセイなど。

[*3] ノンフィクション作家（1947〜）。ルポライターとしてデビューし、すぐれた感性とユニークな文体で読者の注目を集める。『深夜特急』でJTB紀行文学賞を受賞。ほかに『テロルの決算』『一瞬の夏』など。

例文

その日、眼を覚ますと、表の通りでは早朝の喧噪（けんそう）が始まっていた。インド人の朝は早い。それはこのバザールも例外ではなかった。七時前というのに、人々が往きかい、舗装のしてない路面からは土埃（つちぼこり）が舞い上がる。そこを朝陽が強烈に射抜いて部屋に差し込んでくる。光の中で埃がキラキラと輝き、光の真っすぐな道筋が鮮やかに浮き出ている。その様が、寝ながら顔を少し右に向けるだけで見通すことができた。

（中略）

宿を出たのは、しかしその日もだいぶ遅くなってからだった。朝に決心したのだからすぐにでも出発すればよかったのだが、ロード・パミッションをめぐる事件のおかげで、夕方、それもあたふたと宿をとび出していくはめになってしまった。事件、というのはいささか大袈裟（おおげさ）すぎるかもしれない。宿の親父の過剰な商売熱心さに翻弄（ほんろう）された、といった方が実態に近いように思える。いや、なにより私がうかつすぎたのだ。はっきり確かめもせず、早呑(はやの)み込みをしてしまった。

ロード・パミッションとは、インドとパキスタンとの外交関係が悪化しているため、両国の国境を陸路で越えようとする者が必ず持っていかなければならない許可証のことである。私はまだその書類を取っていなかった。しかも、悪いことに、その日は土曜日で役所が休みときている。

「ロード・パミッションは国境でも取れるかい」

机の前に坐り黙って表通りを眺めている宿の親父に訊(たず)ねてみた。だが、親父はロード・パミッションが理解できないらしく、不思議そうな顔をしている。

「つまりさ、インドからパキスタンへ行く時、ビザ以外に必要な書類よ」

大きな身振りを交えて説明すると、親父はやっとわかったらしく、国境でなど取れるわけがない、ときっぱり断言した。

「書類は役所でしかくれない。今日は土曜日だ。月曜日に申請して、火曜日におりる。お前はあと三日このホテルに泊まらなくてはならない」

ひとたび出発しようと決心した身にその三日は長すぎたように思えたが、通行許可証がないことにはどうしようもない。私ははやる心をどうにかなだめすかし、その日もいつもと変わらぬ一日を送っていた。

夕方になって、ロード・パミッションはどこに行けば取れるのか知らないことに気がつき、ちょうどベッドにいたピエールに訊ねた。すると、彼が怪訝そうな表情を浮かべた。

「ロード・パミッション？　ああ、あれならかなり前からいらなくなったんだよ」

「本当に？」

傍で聞いていた別のひとりも必要ないと言う。彼は一カ月前にパキスタンから入国したのだから間違いないと言うのだ。これはしまった、しくじった。宿の親父に一杯喰わされた。こちらがそそっかしくてドジなのだから、誰を責めるわけにもいかないが、腹の虫が収まらない。親父をつかまえ、なじった。

「もういらないっていうじゃないか」

すると、親父は大きな眼をさらに大きく見開いて言った。

「何が？」

「ロード・パミッションさ」

「パミッション？　いったいそれは何だい」

「…………！」

返す言葉もなく、しばらく呆然と親父の顔を眺めたあとで、私は慌てふためいて荷物をまとめ、宿をとび出した。

沢木耕太郎『深夜特急1――香港・マカオ――』新潮文庫刊より

STEP 1

メディアの種類、目的、受け手を押さえる

今回の作品は、作者がインドで体験したエキゾチックな情景や現地の人々との交流を描いているという点で、「旅の物語」であると言えます。したがって、まずは次のように作品をカテゴライズすることができるでしょう。

メディアの種類：紀行文（トラベルライティング）。
メディアの目的：旅先の情報を伝え、同時に読者を楽しませる。
メディアの受け手：旅に興味がある人やインドの文化に興味がある人。

STEP 2

メディアの構造とスタイルを分析する

前にも述べたように、紀行文というのは、作者が実際に体験した出来事に基づいているノンフィクションのエッセイです。しかしながら、読者はこの作品から、あたかも小説を読んでいるかのような印象を受けることでしょう。それは、この作品が**ニュージャーナリズム**のスタイルを踏襲しているからだと言えるかもしれません。ニュージャーナリズムとは、カメラで現場を同時進行的に記録してゆくかのように、細かい点まで描きつつ、場面から場面へと移動していく表現手法のことを指します[*4]。例えば、作家のトム・ウルフ[*5]は、ニュージャーナリズムの特徴について以下の４つの点を挙げています。

1　場面から場面へ移動しながら描写を積みかさねてゆくこと。

[*4] 武田徹「『ノンフィクション』は社会科学の方法たりえるか:『ニュージャーナリズム』期前後の沢木耕太郎の作品分析を通じて」『恵泉女学園大学紀要』恵泉女学園大学、2010年、５ページ。

[*5] アメリカのノンフィクション作家（1930〜2018）。新聞記者として出発し、ジャーナリズムに小説的要素を取り込んだ「ニュージャーナリズム」の旗手として活躍した。著書に『虚栄の篝火』など。

2　会話をそのまま記録すること。
3　三人称の視点。
4　日常の習慣、家具の特徴、衣類などに対する態度、表情、眼つき、ポーズなど、場面にはいってくる象徴的な事実を記録すること[☆6]。

　こうした特徴は、私たちが普段読んでいるほとんどの小説に当てはまるものと言えるでしょう。今回の作品も、三人称の視点でこそありませんが、ニュージャーナリズムの特徴が色濃く表れていると言えるかもしれません。実際、書き手はインドの騒しい朝の風景を細部にいたるまで描写したり、宿屋の親父と交わした会話をそのまま載せたりしています。このような表現手法によって、私たちはあたかも小説を読んでいるかのように、書き手に感情移入しつつ、この作品を楽しく味わうことができるのです。

　また、『深夜特急』では**説明的な文章**と**描写的な文章**とが交互に描かれていることにも注目できるでしょう。説明的な文章とは、ある対象を知的に観察し、よく分かる

☆6 トム・ウルフ「ニュー・ジャーナリズム論」常盤新平訳、『海』1974年12月号所収、中央公論社、277ページ。

ように相手に伝える文章のことを指します。読者に知識を提供し、物事の意味を固定化するという点で、説明的な文章は紀行文というジャンルに欠かせません。

例えば、「ロード・パミッションとは、インドとパキスタンとの外交関係が悪化しているため、両国の国境を陸路で越えようとする者が必ず持っていかなければならない許可証のことである」という文について考えてみましょう。この文は、ロード・パミッションとは何かについて、読者が理解できるように解説しているという点で、典型的な説明的な文章であると言えます。実のところ、もしもこうした説明がなければ、読者は書き手が直面している事態をのみ込むことができず、物語についていけなくなってしまうかもしれません。このように、読者が知らない異国の知識を伝えるという意味で、説明的な文章は紀行文においてとりわけ必要なものなのです。

しかしながら、説明的な文章というのは、一方でとても味気ない文章であると言えます。実のところ、もしも物語が説明的な文章だけで書かれてしまったら、あたかも堅苦しい国語辞典のように、味わいもおもしろみもない作品となってしまうことでしょう。そこで登場するのが、描写的な文章なのです。

描写的な文章は、大きく2つのタイプに分けることができます[*7]。

1つ目のタイプは、出来事をありのままに描写することで、私たち読者が何らかの印象を感じとれるように仕向けている文章です。このタイプの場合、作者はさまざまな出来事をきわめて客観的に語っていきます。例えば、「大きな身振りを交えて説明すると、親父はやっとわかったらしく、国境でなど取れるわけがない、ときっぱり断言した」という文に注目してみましょう。この文では、書き手の身ぶりや安宿の親父の口調などが具体的に描かれていることが分かります。このように詳細に出来事を書くことで、私たちは書き手が必死になって話している様子や、安宿の親父がとても自信に満ちている様子などをイメージすることができるにちがいありません。

2つ目は、出来事に対する書き手の印象をそのまま伝えるタイプの文章です。例えば、「これはしまった、しくじった。宿の親父に一杯喰わされた」という文に注目してください。ここでは、安宿の親父がウソをついていたことに対する、語り手の反応や感情が書かれています。ある出来事に対する書き手の態度をありのままに描くことにより、読者は語り手と同じ感情を味わいながら物語を読み進めていくことができる

*7 棚橋尚子「『説明』と『描写』に関する考察」『国語科教育(36)』全国大学国語教育学会、1989年、67〜74ページ。

でしょう。

このように、今回の紀行文においては、説明的な文章だけではなく、描写的な文章も取り入れられていることが分かります。こうしたスタイルの組み合わせによって、私たちは異国の土地をただ単に知るだけではなく、書き手に自らを重ねあわせ、作品の世界を生き生きと体感することができるのです。

STEP 3

文字とイメージの特徴を分析する

今回の作品には写真が添えられていません。したがって、ここでは作者が用いている言葉の特徴について考えてみましょう。まず指摘できるのが、書き手が用いている**感覚的な表現**です。感覚的な表現とは、視覚や聴覚といった五感から伝わるさまざまなイメージのことを指しています。例えば、作者がどのようにインドのバザールを描写しているのかを見てみましょう。「舗装のしてない路面からは土埃が舞い上がる」「朝陽が強烈に射抜いて部屋に差し込んでくる」「光の中で埃がキラキラと輝き、光の真っすぐな道筋が鮮やかに浮き出ている」といったフレーズは、私たちにその場の光景をイメージさせる、視覚的な表現であると言えます。このように、読者の感覚に訴えるような表現が使われていることで、私たちは場面の様子を鮮明に想像することができるのです。

また、作者はさまざまな**レトリック**を用いて、自分の思いや情景を分かりやすく伝えていることが分かります。例えば、「宿の親父の過剰な商売熱心さに翻弄された」というフレーズは、明らかに**アイロニー**の表現であると言えるかもしれません。アイロニーとは、自分の考えを強調するために、誇張した表現やまったく反対の表現を使うことによって、隠されたもう一つの意味を伝えるレトリックのことです。もちろん、宿の親父がした行為は、お金を客からだましとったという犯罪にほかなりません。しかしながら、作者はここであえて「過剰な商売熱心さ」という言葉に置きかえることにより、親父には決して悪気がなかったことを伝えようとしていることが分かります。いわば、このような描写を通して、親父の行為をユーモラスに描こうとしたのです。

STEP 4

それぞれのメディアの種類に存在する特徴を分析する

エンターテイメント性

紀行文には、旅の楽しさを伝えることで、読者の心に旅に行きたいという気持ちを呼びおこすという目的があります。そのために、紀行文には、機知に富んだおもしろいエピソードが挿入されていることが少なくありません。例えば、今回の作品では、書き手と宿の親父のやりとりが次のようにコミカルに描かれています。


「もういらないっていうじゃないか」

すると、親父は大きな眼をさらに大きく見開いて言った。

「何が？」

「ロード・パミッションさ」

「パミッション？　いったいそれは何だい」

「…………！」

返す言葉もなく、しばらく呆然と親父の顔を眺めたあとで、私は慌てふためいて荷物をまとめ、宿をとび出した。

宿の親父は早朝、ロード・パミッションは役所でしかもらえないとあれほどきっぱりと断言していたにもかかわらず、実際にはロード・パミッションのことをまったく理解していなかったのです。作者は、ウソをつくことをこれっぽっちも悪いと自覚していない親父の態度に呆れかえり、言葉を失ってしまいます。一方、この場面を見ている読者は、こうしたコメディーのような展開に、思わず笑ってしまうことでしょう。このように、作者はおもしろいエピソードを挿入することで、旅をすることの楽しさを読者にアピールしているのです。

☑文化の紹介

作者はこの作品を通して、さまざまなインドの文化を伝えていることが分かります。例えば、「目を覚ますと、表の通りでは早朝の喧噪が始まっていた」という描写からは、日本の朝とは違って、インドの朝がいかに活気に満ちあふれているのかを読みとることができるでしょう。

また、宿の親父のハッタリを通して、インドの国民性にも触れることができるかもしれません。もちろん、これはあくまでも作者個人が経験した、一つのエピソードにすぎないという点は注意しておくべきでしょう。インド人が全員、この親父のように平気でウソをつく人間であるとは限りません。ただし、インドにかぎらず、世界には旅行者をだまそうとする種類の人間がたくさんいることは事実です。したがって、読者はこのエピソードから、インドに行く旅行者はつねにだまされるリスクと向かい合っている点を理解できるでしょう。

STEP 5

メディアのレイアウトを分析する

一般的に、紀行文は出来事を起こった順番（時系列）で描くことがほとんどです。例えば、今回抜粋した文章も、早朝のざわめきから始まり、その日の夕方で場面が終わっていることから、時間の経過に沿って描いていると言えるかもしれません。

しかしながら、作品をよく見てみると、時間の順序が微妙にずれている箇所もあることが分かります。例えば、次の文に注目してください。

宿を出たのは、しかしその日もだいぶ遅くなってからだった。朝に決心したのだからすぐにでも出発すればよかったのだが、ロード・パミッションをめぐる事件のおかげで、夕方、それもあたふたと宿をとび出していくはめになってしまった。

この文を読んでいる時点では、まだ宿の親父とのやりとりは物語に登場していません。つまり、書き手はこれから起こる出来事を先に述べてしまっているのです。このように、まだ発生していない出来事をあらかじめ伝える書き方を「フラッシュ・フォワード」と言います[8]。

なぜ作者は、ここでフラッシュ・フォワードの手法を用いたのでしょうか？　フラッシュ・フォワードには、小説における伏線のような役割があります。これから何が起きるのかを先にほのめかすことで、読者の興味を引きつけ、続きを読みたいという意欲を起こさせることができるのです。実際、今回のケースでは、ある事件が発生したと先に暗示することにより、私たちはいったいどのような事件が起こったのか、興味をそそられることでしょう。このように、あえて語る順番を変えることで、語り手はストーリーの展開をおもしろくしているのです。

また、作者がどの程度の長さで出来事を語っているのかにも注目してみましょう。例えば、次の文章を読んでみてください。

[8] 逆に、ストーリーの途中ですでに起こった過去の出来事を差しこむことは、「フラッシュ・バック」と呼ばれている。

ひとたび出発しようと決心した身にその三日は長すぎたように思えたが、通行許可証がないことにはどうしようもない。私ははやる心をどうにかなだめすかし、その日もいつもと変わらぬ一日を送っていた。

ここでは、早朝から夕方までの出来事が「その日もいつもと変わらぬ一日を送っていた」というように、一言でまとめられていることが分かります。このように、ストーリーを要約して語る手法は**要約法**と呼ばれています。時間の経過を要約することは、物語にメリハリをつけるうえで欠かせません。実際、もしも事件に関係のない出来事を細かく描写してしまったら、物語がだらけてしまい、読者はつまらなく感じてしまうことでしょう。しかしながら、要約法によって語りのスピードを速めることで、私たちはテンポよく事件の展開を読みすすめることができるのです。

一方、宿の親父との会話のシーンでは、作者がセリフや動作をていねいに描いていることが分かります。このように、場面をゆっくりとしたスピードで語ることは**情景法**と呼ばれています。情景法によってテンポをゆるめることで、読者はあたかもその場に居合わせているかのような臨場感を感じることが可能となります。その結果、私たちはよりいっそう登場人物たちの心情を読みとることができるのです。

STEP 6

メディアのメッセージに対する受け手の反応を分析する

読者は、こうしたスリルに満ちた紀行文を読むことで、どのような感情を抱くでしょうか？　キラキラ光る土ぼこりや、強烈な太陽の光といった感覚的なイメージによって、私たちはインドの異国情緒あふれた雰囲気を体感することでしょう。また、ロード・パミッションをめぐって繰り広げられるこっけいなやりとりも、読者を大いに楽しませるに違いありません。何より、私たちは語り手と同じようにインドを旅し、インドの人々と交流しているような気持ちになることができます。そして、いつの日かインドを自分の足で旅してみたいと思うにちがいありません。紀行文は、読者を旅へと誘うという点で、とりわけ説得力のある文章であると言えるのです。

Column 09

日本人とトラベルライティング

「旅の歴史は人類の歴史とともにあった」と文学者の祐野隆三が述べているように(「紀行文芸についての一試論」『山梨英和短期大学紀要(23)』山梨英和大学、1989年、59ページ)、人類は旅をすることで生活の糧となる食料や知識を獲得してきました。とりわけ日本においては、旅を題材とした作品がたくさん残されています。例えば、奈良時代に書かれた『万葉集』には、旅人が旅先で見た風景や、そこで感じた心情などが和歌という形で表現されています。平安時代には、歌人の紀貫之が有名な『土佐日記』を書きました。これは四国から京都までの旅をユーモラスに描いた作品であり、今日まで続く娯楽性に富んだ紀行文のさきがけと言えるでしょう。

現代に入っても、魅力的な紀行文が数多く生まれています。1970年代には、写真家の藤原新也が『印度(インド)放浪』のなかで、インドの暮らしを情緒豊かに綴り、多くの若者に影響を与えました。80年代に入ると、作家の蔵前仁一が『ゴーゴー・インド』のなかでバックパッカーの生活を軽快なタッチで描きだし、ロングセラーとなりました。21世紀においても、小説家の村上春樹(1949〜)が『ラオスにいったい何があるというんですか? 紀行文集』を発表するなど、さまざまな紀行文が生まれています。私たちはみんな、心のどこかで旅へのあこがれを持っているのかもしれません。

Chapter 10

ブログ記事

Blogs

押さえるべきポイント

- 書き手の思い、もしくは特定の対象に対する書き手の欲求や反応が書かれることが多い。
- 不特定多数の読者をターゲットにしている。
- 文章は中断されることなく、流れるように書かれる。
- 対話的な文体が多い。
- 感情に訴える言葉が使用される。
- 文法や言葉づかいはあまり正確でないことが多い。
- ネット用語や若者言葉が使われるケースもある。

例文

〈タイトル〉保育園落ちた日本死ね!!!

1 何なんだよ日本。
2 一億総活躍社会じゃねーのかよ。
3 昨日見事に保育園落ちたわ。
4 どうすんだよ私活躍出来ねーじゃねーか。
5 子供を産んで子育てして社会に出て働いて税金納めてやるって言ってるのに日本は
6 何が不満なんだ?
7 何が少子化だよクソ。
8 子供産んだはいいけど希望通りに保育園に預けるのほぼ無理だからwって言ってて
9 子供産むやつなんかいねーよ。
10 不倫してもいいし賄賂受け取るのもどうでもいいから保育園増やせよ。
11 オリンピックで何百億円無駄に使ってんだよ。

ブログ記事例文

12 エンブレムとかどうでもいいから保育園作れよ。
13 有名なデザイナーに払う金あるなら保育園作れよ。
14 どうすんだよ会社やめなくちゃならねーだろ。
15 ふざけんな日本。
16 保育園増やせないなら児童手当20万にしろよ。
17 保育園も増やせないし児童手当も数千円しか払えないけど少子化なんとかしたいん
18 だよねーってそんなムシのいい話あるかよボケ。
19 国が子供産ませないでどうすんだよ。
20 金があれば子供産むってやつがゴマンといるんだから取り敢えず金出すか子供にか
21 かる費用全てを無償にしろよ。
22 不倫したり賄賂受け取ったりウチワ作ってるやつ見繕って国会議員を半分位クビに
23 すりゃ財源作れるだろ。
24 まじいい加減にしろ日本。

はてな匿名ダイアリー（https://anond.hatelabo.jp/20160215171759　行番号は著者追加）より

ブログとは、「自分の考えや社会的な出来事に対する意見、物事に対する論評…（中略）…などを公開するためのWebサイト[1]」のことを指しています。ブログを利用する人は「ブロガー」と呼ばれ、ブログで発信される情報は「ブログ記事」と呼ばれています。ブログは、インターネットがあればすぐに立ちあげることができるので、多くの人がこのツールを活用してさまざまな情報を発信してきました。例えば、投稿サイト「note」の月間利用者数は、2020年の時点ですでに6000万人を突破しています。ブログ記事は従来のマスメディアに代わる新しい情報発信手段として、近年最も注目されているメディアの一つであると言えるでしょう。

実のところ、ブログ記事は社会全体を大きく動かすことさえあります。例えば、2016年に匿名で発信された「保育園落ちた日本死ね!!!」というブログ記事について考えてみましょう。待機児童問題[2]に対する怒りをぶちまけたこのブログ記事は、議会で話題にのぼったり、路上でのデモ活動に発展したりと、大きな社会運動になりました。今回は、このユニークな記事を取りあげながら、ブログのスタイルや言葉づかいがどのように人々の心を動かすのか、そのメカニズムについて考えてみましょう。

[1] 総務省「ブログの仕組み」『国民のための情報セキュリティサイト』https://www.soumu.go.jp/main_sosiki/joho_tsusin/security/basic/service/05.html 2021年5月7日閲覧。

[2] 認可保育所に入所申請をしても、希望する保育所に入所できない子供がいるという社会問題。入所できない理由は、定員超過、施設の場所や託児できる時間帯が希望とあわないことなどが挙げられる。

STEP 1

メディアの種類、目的、受け手を押さえる

情報学者の川浦康至らは、ブログ記事の種類を次の４つのタイプに分けることができると述べています[★3]（図１）。また、工学者の松村真宏らは、それぞれのタイプごとに次のような異なる言語表現が見られると指摘しています[★4]。

☑備忘録型ブログ

これは、現実に起こった出来事を自分に向けて書くタイプです。自分が忘れないように、ブログという形でメモに残そうとしていると言ってもいいかもしれません。あくまでも事実確認のためだけに書かれているので、内容も「〜に行った」「〜をした」といったように、客観的な描写が目立ちます。

★3 Kawaura, Y., Kawakami, Y., and Yamashita, K. *"Keeping a diary in cyberspace."* Japanese Psychological Research (Vol. 40), 1998, pp. 234–245.

★4 松村真宏・三浦麻子「ブログにおける書き手の意図とモダリティ表現」『人工知能学会全国大会論文集 JSAI05』人工知能学会、2005年、1〜3ページ。

図1

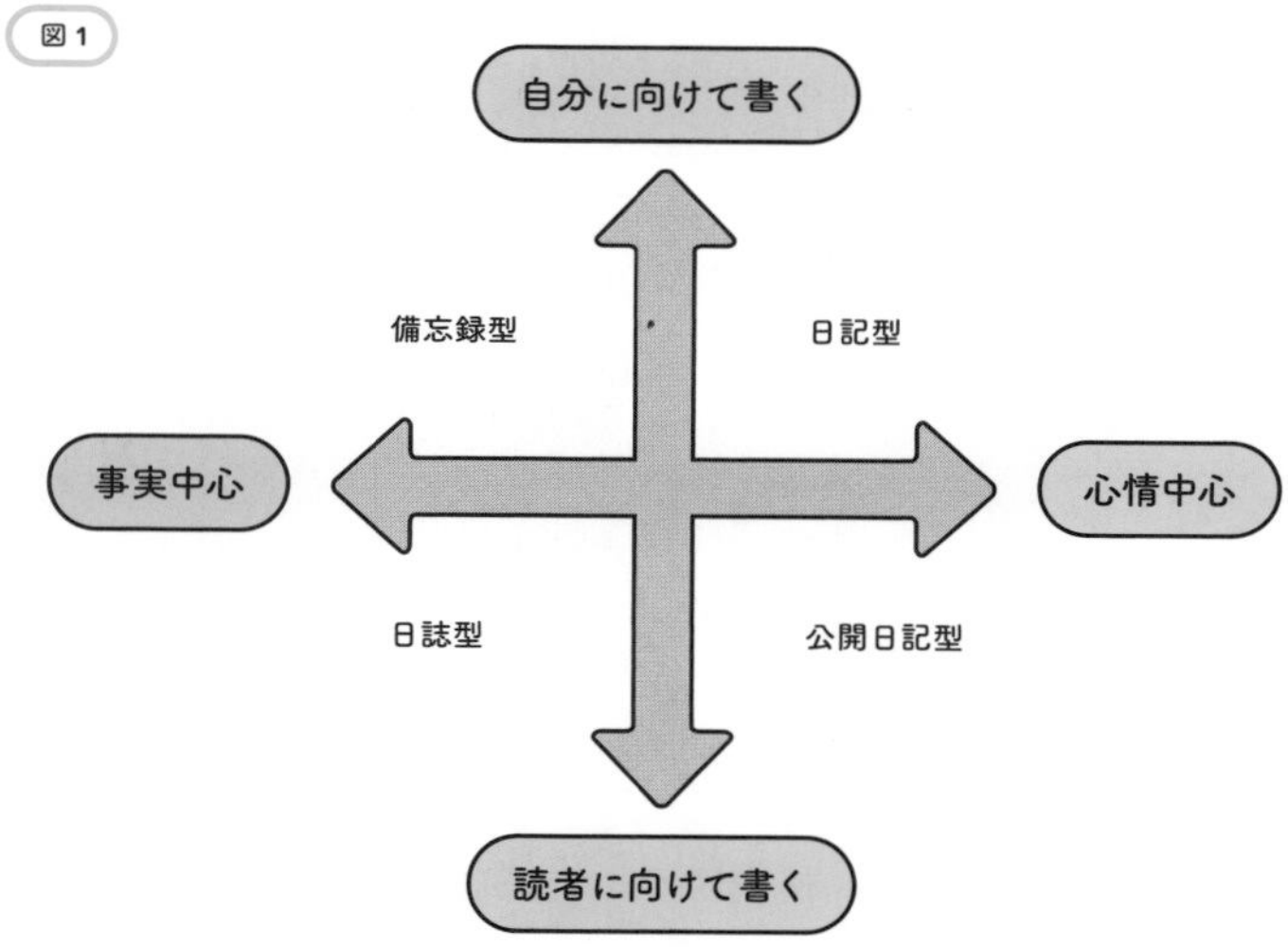

川浦らの文献を元に著者作成。

日誌型ブログ

これも、現実に起こった出来事を述べるという点では「備忘録型ブログ」と同じですが、誰かが読むことを想定して書かれているという特徴があります。不特定多数の人々を意識しているため、言葉づかいも「〜です」や「〜ます」といった敬体で書かれることが少なくありません。

日記型ブログ

日記型ブログの場合、書き手は現実に起こった出来事よりも、自分の思いや感情を自分自身に向けてつづっていきます。ただし、読者を想定せずに書いているので、「〜だったのだ」や「〜というわけだ」などといった、自己完結的で説明的な文章が目立ちます。

☑ 公開日記型ブログ

これは、誰かが読むことを想定しながら自分の思いや感情を語っていくタイプです。ブログのなかではこれが主流かもしれません。今回のブログ記事も、自分が抱いている不満や怒りをぶつけているという点では、このタイプに属する記事であると言えるでしょう。したがって、今回の文章を分類してみると、次のようになります。

メディアの種類：ブログ（公開日記型）。
メディアの目的：語り手の不満や怒りを伝える。
メディアの受け手：不特定多数の読者、とくに待機児童問題に関心がある人々。

STEP 2

メディアの構造とスタイルを分析する

まず読者の注意を引くのは、「保育園落ちた日本死ね!!!」というショッキングなタイトルです。おそらく、ほとんどの読者はこのタイトルに驚き、困惑するかもしれません。そもそも、「保育園落ちた」というのはどういう意味なのでしょうか? 保育園の質が「落ちた」のでしょうか、それとも保育園に幼児を入れるための選考に「落ちた」のでしょうか? いずれにせよ、保育園のいったい何が「落ちた」のか、読者はこのタイトルから判断することができません。どうやら書き手は、言葉を正確に述べることさえもどかしく感じているようです。言いかえれば、それだけ書き手が怒り心頭に発していると言えるかもしれません。

また、「日本死ね!!!」という言葉もたいへん衝撃的です。私たちは普通、公的な場で「死ね」という言葉をめったに使うことはありません。たとえ使うことがあるとしても、多くの人々が読むことができるブログのような空間ではほとんどないでしょう。このように、社会的にとても不適切な言葉であるにもかかわらず、作者はあえて「死ね！！！」という突き刺すようなフレーズをタイトルに使っているのです。

さらに、「保育園落ちた」と「日本死ね！！！」という2つのフレーズが一緒につなげられていることも私たちの印象にのこります。なぜ、「保育園落ちた」ことによって「日本」が死ななければならないのでしょうか？　こうした突飛な理論に、多くの読者は戸惑い、混乱してしまうでしょう。

本文に目を向けてみると、きわめて感情的な言葉が並べられていることが分かります。例えば、書き出しにはいきなり「何なんだよ日本」という、不満やいら立ちを示す文が登場していることに注目してください。こうしたイライラした感情は、「～じゃねーのかよ」「～じゃねーか」「～ならねーだろ」といった独特な語尾からも感じられるかもしれません。また、選ばれている言葉はどれも攻撃的です。例えば、「何が少子化だよクソ」「そんなムシのいい話あるかよボケ」などといったように、相手をけなすような言葉づかいが何回も使われていることが分かります。

文章の構成も、論理的な一貫性がほとんどありません。タイトルから4行目までは、保育園に落ちたことに対する恨みが述べられていますが、5行目からは唐突に少子化問題へと話題が移っています。しかも、「子供産んだはいいけど希望通りに保育園に預けるのほぼ無理だからwって言ってて子供産むやつなんかいねーよ」と書かれているように、「保育園の数が足りないことが少子化の原因になっている」という主張を展開しているのです。もちろん、待機児童問題が少子化に何らかの影響を与えていることはたしかですが、だからといって「子供産むやつなんかいねー」とは決して言いきれないのではないでしょうか。

10行目からは、「保育園増やせよ」という主張が何度も突発的に繰り返されています。「オリンピックで何百億円無駄に使ってんだよ」と述べていることから、読者は書き手がオリンピックに費やされるお金を保育園の建設に回すよう訴えているのだと推測することでしょう。ところが、14行目には「どうすんだよ会社やめなくちゃならねーだろ」と、またもや作者の怒りが突然吹きだしていることが分かります。しかも、今度はオリンピックのむだ使いを減らすのではなく、「国会議員を半分位クビ」にすることで財源を作れば良いという、これまたとんでもない主張を展開しているのです。このように、文章の構造に目を向けてみると、議論の展開に脈絡がなく、ほとんどまとまりがないことが分かるかもしれません。

リズムの面から読んでみると、すべての文に読点（、）がないことに気づきます。例えば、「保育園も増やせないし児童手当も数千円しか払えないけど少子化なんとかしたいんだよねーってそんなムシのいい話あるかよボケ」といったとても長い文であっても、どこにも休止が置かれていないのです。いわば、一つひとつの文をよく考えて書いたわけではなく、怒りにまかせて一気に書いたような印象を読者は受けるかもしれません。さらに、「保育園増やせよ」「保育園作れよ」「無償にしろよ」などのように、「〜よ」の音が何度も繰り返されていることも特徴の一つであると言えるでしょう。

STEP 3

文字とイメージの特徴を分析する

このように、このブログ記事は見たところ、きわめて攻撃的な内容であり、決して読みやすい文章とは言えません。それではなぜ、こうした記事が多くの読者の心をつかんだのでしょうか？　ここからは、この文章に隠されたさまざまな技法について注目してみましょう。

インパクトのあるタイトル

「死ね」は不適切な言葉であるからこそ、逆に読者に対して計り知れない衝撃を与えます。もちろん、「死ね」という言葉を心のなかでつぶやいたことは、誰にでもあるかもしれません。しかしながら、それをあえて「ブログ」という、世間の目が触れる場所に載せるということは、よほどの覚悟がなければできないことです。「死ね」という言葉をあえてタイトルに置くことで、私たちはこの記事に興味をひかれるとともに、なぜ作者がこのような暴力的な言葉をあえて使わなければならなかったのか、その謎について知りたいと思うようになるのです。

さらに、「保育園落ちた」という言葉が、「日本死ね!!!」に結びつけられていることによって、読者の興味はよりいっそう強まるかもしれません。「保育園落ちた」という事実がなぜ「日本死ね!!!」という過激な発言を生んでいるのか、私たち読者はその答えを知りたいと感じることでしょう。このように、今回のタイトルは読者に強いインパクトを与えると同時に、読者の注意を奪うための「フック(釣り針)」となっているのです。

感情的な文体

この記事には一見、一貫性のある論理が展開されていないように思えます。保育園に落ちたことに対する怒りを吐きだしたかと思えば、オリンピック廃止論を唱えたりと、筋のとおった流れで構成されていないのです。それでは、なぜ作者はこのようなメチャクチャに感じられる文章を書いたのでしょうか?

私たちはときに、怒りで我を忘れてしまうことがあります。そのような場合、私たちはどのような言葉づかいで話しているでしょうか? おそらく、この作者と同じように、感情に駆られてつい攻撃的な言葉を並べたててしまうことでしょう。もしかしたら、思わず「クソ」や「ボケ」といった、口汚い言葉を言ってしまうかもしれません。

そう考えればこの文体は、そのまま作者の怒りの表現となっていると言えます。実際、文学者の中谷ひとみは、この文章について次のように述べています。

下品でぞんざいではあるが、ありのままの思いを自身の言葉で表現した、率直この上ない言葉づかいは、それが本音であるゆえに力があり、人を動かすのである…（中略）…冷静に、論理的に語ろうとするものの、怒りがほとばしり出たのだ。書き手が意識的に挿入したというよりは、感情が吐露された、自然体のままに言語化されたと考える[*4]。

彼女が指摘しているように、作者が打ち明ける強い思いは、それがありのままの真実であるという点において、読む人の胸を強く打ちます。書き手の攻撃的な文体は、怒りの感情をストレートに読者に伝える役割を果たしているのです。

*4 中谷ひとみ「怒りの表象（narrative）、憤怒の練習曲（etude）：ブログ「保育園落ちた日本死ね !!!」と文学」『岡山大学文学部紀要（66）』岡山大学文学部、2016年、85 ページ。

☑ 固定観念の転倒

4行目には「どうすんだよ私活躍出来ねーじゃねーか」というように、「私」という一人称が用いられています。読者は「私」という言葉から、作者が女性であると考えるかもしれません。しかしながら、この記事には「クソ」「ふざけんな」「ボケ」といった、乱暴な言葉づかいが数多く載せられています。こうした言葉づかいは、一般的な『女性らしい』セリフとは、大きくかけ離れているのではないでしょうか。例えば、政治家の平沢勝栄はこの文体について、「本当に女性が書いた文章なんですかね?」と発言し、大きな批判を浴びました[5]。

こうしたことから分かるのは、私たちは無意識のうちに「女性らしい言葉づかい」や「男性らしい言葉づかい」といったカテゴリーを作りあげてしまっているという事実です。いわば、私たちは「女性は穏やかで、やさしい言葉を使うべきだ」という固定観念にとらわれていると言えるのではないでしょうか。しかしながら、そうした私たちの偏見は、作者の率直な言葉づかいによってくつがえることになります。彼女は社会が要求する「女性らしい言葉づかい」をあえて使わないことで、強烈な自己主張

[5] 中野渉「平沢勝栄議員、番組でヤジ謝罪。でも『本当に女性が書いた文書ですか』」HUFFPOST、2016年3月10日。2021年5月7日閲覧。

を行っているのです。その結果、私たちはこれが作者の心の叫びであることを痛感し、よりいっそう記事の内容に引きつけられることになると言えるでしょう。

連続したリズム

前にも述べたように、この文章には読点が一つもありません。読者は途中で休止を置くことができないので、緊張感がずっと続いていくことになります。いわば、作者は私たちに心の余裕を与えないよう、言葉を一気にたたみかけているのです。さらに、「〜しろよ」「〜だよ」「〜よ」のように、語尾に韻が踏まれていることにも注目できます。同じフレーズや命令文を繰り返し使うことによって、リズミカルなラップのテンポが生まれているのです。このように、一つひとつの文が同じ音で締めくくられることで、記事の内容はいつまでも私たちの心に残ることになります。

STEP 4

それぞれのメディアの種類に存在する特徴を分析する

今回の文章では、「ネットスラング」が使われているのがとても特徴的です。ネットスラングとは、電子掲示板やSNSなどで用いられる、くだけた表現のことを指します。例えば、私たちはよく「ググる」「コピペ」「リア充」などといった言葉を会話のなかで使っているかもしれません。これらは元々ネット上のやりとりから始まった言葉であり、ネットスラングの代表的なものであると言えるでしょう。

今回の文章でも、8行目に「子供産んだはいいけど希望通りに保育園に預けるのほぼ無理だからwって言ってて子供産むやつなんかいねーよ」と、ネットスラングである「w」という言葉が使われていることが分かります。作者はどうして「w」を使ったのでしょうか?

一般的にネットスラングは、普通の言葉では伝わりにくい、微妙なニュアンスを相手に伝えるために使われます。例えば、言語学者の岩崎真梨子らの研究によれば、「w」とは「動詞、助動詞、終助詞のあとについて、自嘲(じちょう)や嘲り(あざけり)、皮肉などの笑いを示す[★6]」言葉です。また、動画配信サービスである「ニコニコ動画」のコメントを分析した調査でも、「w」は嘲笑的な笑いに使用される傾向があるとの結果が出ています[★7]。つまり、「w」というネットスラングは、他者に対する軽蔑(けいべつ)した態度を示すために用いられていると言えるのです。こう考えれば、作者があえて「w」を使ったことにも納得がいきます。作者は「w」というネットスラングを用いることで、政治家の言葉づかいに含まれるあざけりの意味合いを強調し、彼らがいかに国民を見下しているのかを強調しようとしていたのです。

STEP 5 メディアのレイアウトを分析する

この記事は、「何なんだよ日本」「ふざけんな日本」など、全体的に短文が多いこと

[★7] 青柳志織・川合康央「ニコニコ動画のコメントにおける笑いを表現するネットスラングの分析」『人工知能学会全国大会論文集 JSAI2019（0）, 2E4OS901-2E4OS901』 人工知能学会、2019年、1〜4ページ。

[★6] 岩崎真梨子ほか「若者が着目するインターネット上の表現：ネットスラングと方言」『八戸工業大学紀要（36）』八戸工業大学、2017年、56ページ。

も特徴的です。言いかえれば、作者は何度も文章を改行することで、文が短くなるように工夫しているのです。このように短文が重ねられることで、文章にどのような効果が生まれているのでしょうか？

改行がほとんどない文章の場合、私たちはあまり注意して文章を読むことができません。実際、あまりにも長ったらしいと、集中力が持たず、読むのに疲れてしまうのではないでしょうか。一方、1行ごとに改行されている場合、私たちは一つひとつの文をじっくりと味わうことができます。いわば、「ふざけんな日本」といった怒りの感情や、「保育園増やせよ」といったメッセージが、読者の心に深く刻まれることになるのです。この点については言語学者の岸本千秋も、「書き手の感情を勢いよく述べるためには、長々とことばを連ねるよりも短い表現の方が効果がある[8]」と指摘しています。あたかも広告のキャッチフレーズのように、短い文は、読み手に強い印象を与えることができるのです。

また、怒りの表現から始まったこの記事は、最後までペースを落とすことはありません。普通の文章では、末尾の部分でストーリーを締めくくるような結論が述べられ

[8] 岸本千秋「ウェブログの計量的文体研究：文とウェブ記号の関係を中心に」『阪大日本語研究（29）』大阪大学大学院文学研究科日本語学講座、2017年、95ページ。

ることが一般的です。今回の記事で考えるなら、「保育園を増やさなければ日本の未来はない」「怒りをぶちまけてすっきりした」などといったフレーズで最後を結ぶのが無難でしょう。しかしながら、この記事は最後まで、「まじいい加減にしろ日本」という怒りの言葉が続いています。このように文章をあえて閉じないことで、この記事における「怒りは開かれており、憤怒が続くことを視覚・構造的にも予感させている[*9]」効果を生んでいるのです。

STEP 6

メディアのメッセージに対する受け手の反応を分析する

こうした作者の率直な声は、結果的に多くの読者の心を大きく揺さぶることになりました。彼女の怒りの咆哮（ほうこう）は、同じように苦しんでいる多くの女性の共感を勝ち得ることになったのです。実際、ツイッターでは、「#保育園落ちたの私だ」というハッシュタグがすぐに拡散され、保育制度の充実を求める署名が2万7000筆以上も集

[*9] 中谷ひとみ、前掲書、85ページ。

まりました。また、「保育園落ちた日本死ね」という記事のタイトルは、２０１６年のユーキャン新語・流行語大賞のトップテンにも選ばれています。このように、彼女のユニークな文体は、多くの人々の心をつかみ、行動へと駆りたてる強烈な起爆剤となったのです。

Column 10

ネット文化の功罪

インターネットの普及は、私たちの社会に大きな変化をもたらしました。その一つが、「消費者形成型メディア」の誕生です。私たちはそれまで、自分の主張を発信したいと思ったとき、必ずテレビやラジオといったマスメディアに頼らなければなりませんでした。言いかえれば、ディレクターが首をタテに振らなければ、自由に発信することができなかったのです。

ところが、インターネットの普及に伴い、今では誰でも自分の作品を発信できるようになりました。実際、動画投稿サイトのYouTubeには、毎分500時間以上のビデオがアップロードされていると言われています。私たちはマスメディアの規制から自由になったのです。

一方、社会心理学者の橋元良明は、こうしたネット文化における危険性について指摘しています（伊藤守編著『よくわかるメディア・スタディーズ』ミネルヴァ書房、2009年、71ページ）。ネットの検索システムは、アクセス数の多さによって動画が目につきやすくなるため、目立つ動画が良質であるとはかぎりません。また、インターネット上で発信される情報がすべて正しいわけでもありません。今まで、テレビやラジオから発信される情報の価値や信ぴょう性は、専門家集団であるマスメディアが保証してきました。しかしながら、インターネットのコンテンツにはマスメディアが関与しないため、信頼性に疑問が生じることになります。このように、ネット文化は人々に自由を与える画期的なメディアであると同時に、さまざまな問題も抱えているのです。

Chapter 11

企画書

Business Proposal

押さえるべきポイント

- 企画の内容を相手に共感して、実行に移してもらうことを目的としている。
- どのような問題が存在しているのかを「現状分析」で発見する。
- 課題を解決するための「ねらい」「ターゲット」「コンセプト」が存在する。
- 重要な情報を短い文章で強調する。
- ビジュアルを活用することでクライアントの注意を引きつける。
- 定量データと定性データを使い分ける。
- プランの流れを分かりやすく伝えるために内容を図式化する。

企画書とは、自分の持っているアイデア（企画）を相手に伝えるために、分かりやすくまとめた文書のことです[1]。

現在、ビジネス業界では厳しい生存競争が繰り広げられています。消費者のニーズに応えられない会社は、容赦なく淘汰されてしまうと言ってもいいでしょう。こうした過酷な環境のなかで、企業は「新しい需要の開発」をつねに望んでいます。今まで考えもつかなかった斬新なアイデアが、かつてないほどに必要とされているのです。

こうした状況において、企画書はとりわけ重要な役割を担います。優秀なビジネスパーソンは、自分が考えた独創的なアイデアを企画書という形で企業やクライアントにアピールすることができるのです。ただし、企画書というのは、ただ分かりやすければそれで良いというものではありません。相手が企画の内容に共感し、納得することで、はじめて企画書は意味のあるものとなります。そのためには、企画書にさまざまな創意工夫を加える必要があります。この章では、ビジネスの現場でよく使われるこうした企画書の性質や特徴について考えてみましょう。

[1] 似たようなものとしては「提案書」や「計画書」などがある。

方メイト」の市場導入に関するご提案

2021年9月
（株）猿楽企画

・基本方針

１．課題
・「漢方メイト」は市場の需要を満たす商品であるが、消費者は漢方に対してネガティブなイメージを持っている。

２．ねらい
・「おいしくて手軽に食べられる」を強調することで、「漢方」に対する新しい価値観を創出する。

３．ターゲット
メインターゲット：20代～50代の労働者。
・忙しく、炊事をする時間がない。
・外食が多く、健康を気にしがち。
・普段からコンビニを利用している。
サブターゲット：10代の若者。
・新しい商品を好む傾向にある。

４．コンセプト
「漢方で健康になろう！ ヘルシーでおいしいスナックが新登場！」

・具体的な展開

１．実施方法
①モニター募集
・商品のモニター募集を実施する。男性雑誌や女性雑誌を通して募集を行う。
・モニター期間：2ヶ月。募集人数：2000名。商品を提供後、アンケートで反応を調査。
②デモ販売
・コンビニでデモ販売を実施し、商品のおいしさを味わってもらう。
・対象：全国3000店。
・店頭ポスター配布：10万枚。

２．広告戦略
①フリーペーパーにPR広告を掲載。
②テレビスポットとして、初年度に2000GRP。
③インターネットに20000PV。
④発売当日に、笠間新聞に全面広告。

１．販売目標の達成。
２．市場の開拓。
３．新商品による企業の認知度UP。

STEP 1

メディアの種類、目的、受け手を押さえる

今回の例（図1）は、笠間製薬の新商品「漢方メイト」をどのように市場へ導入す

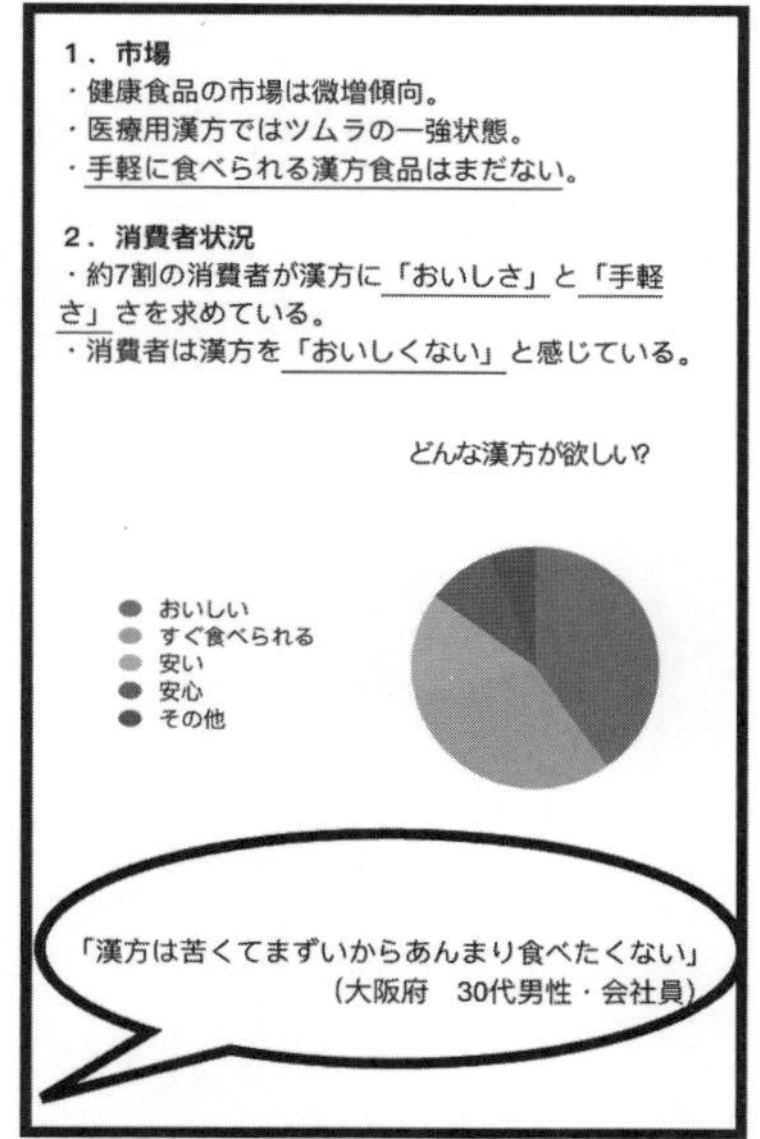
笠間製薬商品開発部様

新商品「漢

・現状分析

1．市場
・健康食品の市場は微増傾向。
・医療用漢方ではツムラの一強状態。
・手軽に食べられる漢方食品はまだない。

2．消費者状況
・約7割の消費者が漢方に「おいしさ」と「手軽さ」さを求めている。
・消費者は漢方を「おいしくない」と感じている。

図1

るかについて考えた企画書です。まずはメディアの種類、目的、受け手を押さえましょう。

メディアの種類：企画書。

メディアの目的：企画書の内容に共感して、企画を実行してもらう。

メディアの受け手：笠間製薬の上層部。

STEP 2

メディアの構造とスタイルを分析する

続いて、企画書の構造について考えてみましょう。一般的に、企画書は次の４つのポイントで構成されています。

1 現状分析

アイデアを売り込むためには、そのアイデアがなぜ相手にとって不可欠なのかを伝えなければなりません。そのためには、現在の状況を分析し、どのような問題が存在しているのかを「発見」する必要があります[*2]。

例えば、人口や景気などといった社会情勢はどのように変化しているでしょうか？ 会社の商品やサービスに関連した市場はどのような状態にあるのでしょうか？ ライバル会社の動きに特徴は見られるでしょうか？ 会社に染み込んでいる性質や、従来の販売方法に何か欠点はないでしょうか？ こうした点を分析することで、市場や企業が抱えている問題点を探りだし、相手の興味を引きだすことができるのです。

今回の企画書でも、まず最初に漢方を使った健康食品をとりまく状況について説明されていることが分かります。手軽に食べられる漢方が市場に出回っていないことや、多くの消費者が漢方に「おいしさ」や「手軽さ」を求めていることを明確に示すことで、状況を打開する新しい「アイデア」が必要となっていることを相手に納得させることができるのです。

[*2] 提案先からすでに課題が出されている場合は、この部分は省略し、次の「基本方針」から入ることができる。

☑ 2 基本方針

「基本方針」とは、見つかった課題に対して、どのような方向で解決していくのかを明らかにする部分であり、いわばアイデアの骨組みと言ってもいいでしょう。ここで重要となるのは、企画の「ねらい」「ターゲット」「コンセプト」の3点です。

「ねらい」とは、課題を解決するための目標のことを指します。例えば、今回の企画書を見てみましょう。企画書では笠間製薬の課題として、「消費者が漢方に対してネガティブなイメージを持っている」ことが挙げられています。この課題を解決するためには、漢方に対してポジティブなイメージを作らなければなりません。そのため、漢方に対して「おいしくて手軽に食べられる」という印象を消費者に感じてもらうことが「ねらい」として述べられているのです。

「ターゲット」とは、商品を売る対象者のことです。もしもターゲットがあいまいだと、会社は具体的な戦略を立てることができません。したがって、どのようなタイプの人間に対して商品を売ろうとしているのか、その点を明確にすることはとても重要であると言えます。例えば、性別や年齢に注目するだけでなく、ライフスタイルや収入なども考えることで、ターゲットを正確にとらえなければならないのです。

「コンセプト」とは、簡単に言えば「こだわり」のようなものです。いわば、今回の企画にはどのような価値があるのか、それを短く言いあらわしたフレーズと言えるでしょう。コンセプトが魅力的でなければ、相手は企画の内容に興味を持ってくれません。また、コンセプトがひと言で伝えられないのであれば、それは読み手にとって分かりづらい企画であることを意味しています。そのため、「コンセプト」には読む人の好奇心を刺激し、強く印象に残るようなキャッチフレーズが必要となります。

例えば、今回の企画書では「健康」や「ヘルシー」という言葉を用いることで、この商品の具体的なイメージが一目で分かるようになっています。効果的なコンセプトとしてはほかにも、「オンライン〇〇」といった流行語や、「〇〇男子」「〇〇活」といったキャッチフレーズを使うこともできるでしょう。

3 解決策

企画の方向性が定まったら、今度は具体的にどのような手段で企画を実現できるのか、その解決策を提示します。例えば、課題を解決するためのスケジュールや費用などがはっきりとした数字で表されていると、読み手はこの企画がただの妄想ではないことを理解することができるでしょう。また、どんなにすぐれた企画であっても、お金を払うのはあくまでも相手の方です。もしも企画にかかる経費が不明瞭であれば、そうしたリスクの伴うプロジェクトは受け入れられないことでしょう。したがって、スケジュールやコストをあらかじめ示しておくことで、この企画が現実的なものであることをアピールする必要があるのです。

☑ 4 効果

たとえどんなに魅力的な企画であっても、企業にとってメリットがなければ企画は通りません。言いかえれば、どのような効果が期待できるのかが分からなければ、企画は実行に移されないのです。そこで、企画書の最後には、売り上げの予測などを明記することにより、相手に企画のメリットを伝えることが不可欠であると言えます。

もちろん、どれくらいの効果が生まれるのかは、企画を実際に実行してみないと誰にも分かりません。そのため、必要であれば似たような事例を挙げて説明したり、心理的な効果についても言及すると良いでしょう。例えば、今回の企画は「漢方メイト」という商品の開発ですが、同じような商品としては「カロリーメイト」や「1本満足バー」といったものが考えられるかもしれません。こうした商品がどれくらいの売り上げを達成しているのか、また企業のイメージアップにどれほど貢献しているのかなどについて指摘すると、より説得力のある文章になることでしょう。

STEP 3

文字とイメージの特徴を分析する

法律文やマニュアルとは異なり、企画書は、相手が必ずしも読まなければならないというものではありません。もし読み手が気に入らなければ、すぐにゴミ箱に投げ入れられてしまうこともよくあるのです。とりわけ、現代の経営者は非常に多忙で、文書を細かく読むヒマがほとんどありません。それゆえ、企画書を作成する際には、一目見ただけで内容がすぐ分かるような見出しや、相手の関心を引きつけるようなデザインが必要になってきます。ここでは、そうした工夫について見ていきましょう。

☑短文の使用

今回の企画書の書き方に注目してみると、文章がすべて箇条書きで書かれていることが分かります。このように一つひとつのポイントが区切られていることで、相手は重要な情報をすぐに把握することができるでしょう。しかも、一つの文がほぼ一息で読めるくらいのちょうどよい長さになっていることに注目してください。このように文を短く区切ることで、相手にメッセージをはっきりと伝えることができるのです。

また、あいまいな表現がまったく見られないことにも注意しましょう。何を言いたいのかがはっきりしないような文章だと、相手に自信がないような印象を与えてしまうかもしれません。反対に、「求めている」「傾向にある」「創出する」などの断定的な言葉づかいを用いることで、クライアントは書き手に対する信頼感を強めることができます。さらに、文を短くするという工夫には、読み手によって文の解釈に差が出てしまうことを防ぐというメリットもあるのです。

☑ビジュアル

企画書は文章とビジュアルの配分で説得力が大きく左右されます。文字ばかりの企画書だと、読み手は強いインパクトを感じられず、ありきたりな内容であると判断されてしまうかもしれません。したがって、ビジュアルを適度に入れることは、視覚的な情報を与えつつ、内容にメリハリをつけるという点で、きわめて有効であると言えます。もちろん、あまりにもたくさんのビジュアルを載せてしまうと、言葉で説明するスペースがなくなってしまったり、ビジュアルだけで企画の価値が判断されてしまったりするかもしれません。したがって、ビジュアルには必ず言葉も添える必要があります。

例えば、今回の企画書では円グラフを用いることにより、消費者がどのような漢方食品を欲しているのかが一目で分かるようになっています。また、マンガのような吹き出しを使うことで、読み手は「漢方は苦くてまずいからあんまり食べたくない」という消費者の声を、よりいっそうリアルに感じることができるでしょう。ほかにも、コンセプトの具体的なイメージを読み手が想像できるよう、薬草のイメージを載せていることにも注目できるかもしれません。

STEP 4

それぞれのメディアの種類に存在する特徴を分析する

定量データと定性データ

説得力のある企画書を作成するためには、「定量データ」が不可欠です。定量データとは、商品の売り上げや消費者の数などを数値で表したデータのことを指します。一般的な定量データとしては、アンケートが挙げられるかもしれません。「はい・いいえ」や「1〜5」といったスケールにマルをつけてもらい、それらを集計することで結果を数値化することができます。こうした情報はパーセンテージや平均値など、客観的な数字で事実を示すことができるので、相手を論理的に納得させるには不可欠な要素であると言えるでしょう。今回の企画書でも、「どんな漢方が欲しい？」というアンケートの結果を数値に基づいてグラフ化していることが分かります。

一方、定性データとは、個人的な感想や反応など、数値では表せないデータのことです。こうしたデータは個人の主観に基づいているため、そこから定量データのような一貫したパターンをつかむことはできません。しかしながら、消費者のリアルな声を伝える定性データは、会社にとってはとりわけ貴重な情報源となる場合があります。例えば、マーケター[*3]の井徳正吾は、定性データの価値について次のように述べています。

それがたったひとりだったとしても、その人の発言がもつ効果が絶大なこともよくあります。そこには真実があるからです。たったひとりであったとしても、その人にとっては真実のことだから説得力をもつのです。

数字データに見飽きた感のある企業にとっては、数字でないデータのほうが新鮮で、共感しやすいことも多いのです。あるひとりの生活者の発言を企画書の最初

[*3] マーケティング理論や調査に専門的な知識を持つマーケティング戦略立案者のこと。

のページに大きく書き出せば、提案先の心をぐっとわしづかみにできる可能性があります[4]。

彼が指摘しているように、定性データは消費者の生の声を読み手に伝えるという点で、とても有効であると言えるでしょう。実際、読み手は定性データを通して、アンケートなどでは分からない消費者の「価値観」や「購買意識」を知ることができます。いわば、消費者のニーズをより的確に把握することができるのです。今回の例でも、30代の男性会社員のコメントを載せることで、消費者の思いが読み手にダイレクトに伝わるよう工夫していることが分かります。

STEP 5

メディアのレイアウトを分析する

ここでは、企画書のレイアウトについて見てみましょう。一般的に、企画書はすべ

[4] 井徳正吾『「企画書」の基本＆書き方がイチから身につく本』すばる舎、2009年、134ページ。

て横書きで構成されています。どの大きさの紙を使うかは人によって異なりますが、Ａ４サイズが一般的です。

注目したいのは、今回の企画書の作成者が、紙を縦ではなく横にして使っていることです。なぜ、わざわざ紙を横にしているのでしょうか？　まず、横のサイズを長くすることで、横書きの文をたくさん書きこめるという利点があります。いわば、充実した内容を１枚の紙のなかに盛り込むことができるのです。

また、紙面を三等分することで、企画書をバランスのとれた形に仕上げることが可能となっています。実際、今回の例では、「現状分析」「基本方針」「具体的な展開」という３つの要素に内容を分けることで、シンプルかつ美しいレイアウトになっていることが分かります。このようにはっきりと区切ることで、相手は企画の構成をすぐに理解することができるのです。

企画書を通して思考の流れや作業のプロセスを明確に伝えるためには、内容を「図式化」することも重要です。図式化とは、さまざまな要素を線や矢印で結びあわせることで、要素どうしの関係性を分かりやすく表現することを指しています。例えば、今回の企画書においては、「具体的な展開」と「効果」が矢印によって結びつけられていることが分かります。このように図式化することで、これら2つの要素が「原因と結果」の関係にあることを一目で理解することができるのです。図式化には、ほかにも次のようなパターンがあります（図2）。

STEP 6

メディアのメッセージに対する受け手の反応を分析する

受け手であるクライアント（企業）は、企画書をどのように読むのでしょうか？

まず、相手は企画書が自分の条件を満たしているかをチェックします。例えば、その企画が規定のスケジュールを大幅に超えてしまうものであれば、たとえどんなにすぐれた企画書であったとしても採用されることはありません。クライアントが確認する条件としては、ほかにもターゲットの設定や予算といった要素が挙げられます。

次に、クライアント側は企画書のねらいが会社の現状にマッチしているかどうかを

図2 図式化のパターン

全体の構成を表すのによい

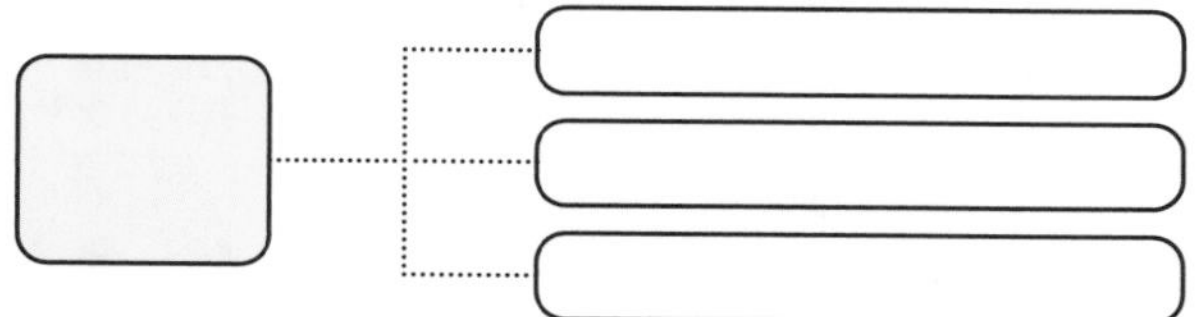

要素分析を表すのによい

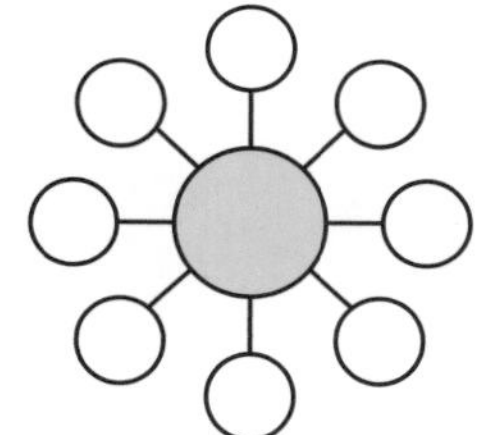

相互の関係を表すのによい

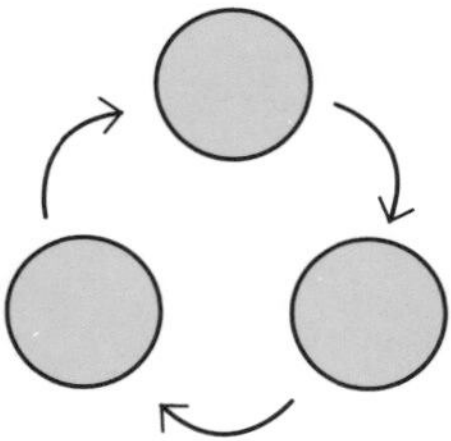

レイヤーの組み合わせを表すのによい

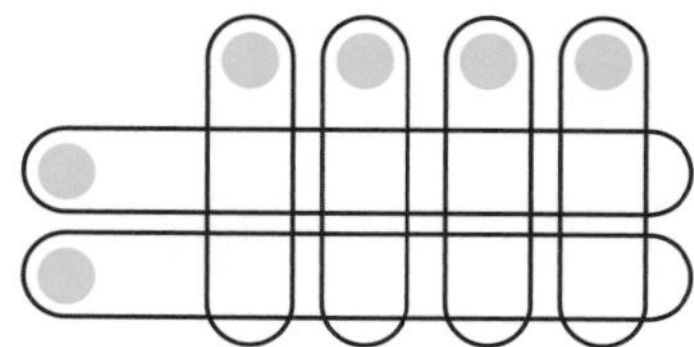

地層を表すのによい

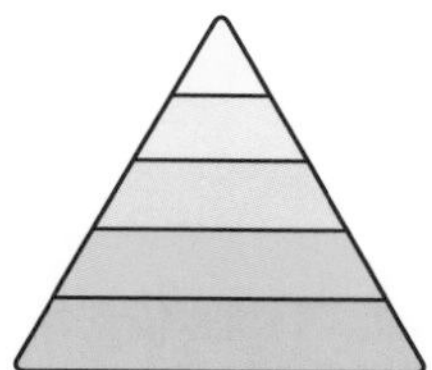

要素の組み合わせを表すのによい

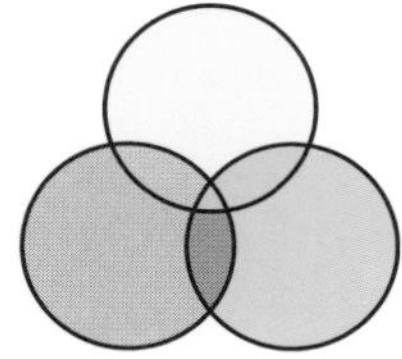

（井徳正吾『「企画書」の基本＆書き方がイチから身につく本』すばる舎、2009年、143ページ）

検討します。例えば、今回の例では、クライアントである製薬会社に食品市場への進出を促していますが、もしもクライアント側が医療用漢方に力を注ぎたいと思っている場合、今回の企画書は的外れであるとみなされてしまうかもしれません。いわばそれは、お腹が痛いと訴える患者に、頭痛薬を紹介するようなものだからです。

最後にカギとなるのは、企画の「独自性」です。アイデアがありきたりなものであれば、相手を納得させることは決してできません。今まで誰も考えつかなかったユニークな提案をすることで、読み手は初めて心を動かされることになるのです。そして、そのアイデアが綿密なデータによって裏付けられていることが確かめられたとき、やっと企画書は通ることになります。このように、企画書が採用されるためには、さまざまな課題をクリアしなければなりません。だからこそ、今まで見てきたように、作成者は「コンセプト」「ビジュアル」「データ」「レイアウト」といった、あらゆる要素に工夫を加える必要があるのです。

Column 11

人を動かすアイデアとは？

たった１枚の企画書によって、大ヒット商品がこの世に誕生することがあります。社会を一変させるほどの企画書とは、いったいどのようなものなのでしょうか？　ここでは２つの実例をもとに、すぐれた企画の秘密について考えてみましょう。

アンケートの分析：今では大人気を誇るカルビーの菓子「じゃがビー（Jagabee）」が生まれた背景には、綿密な調査がありました。スナック菓子をあまり食べない20代の未婚女性に焦点を当てて調査したところ、スナック菓子選択の一番の理由が「一人でちょうどよい量」であることが分かったのです（戸田覚『新・あのヒット商品のナマ企画書が見たい！』ダイヤモンド社、2013年、6～11ページ）。カルビーは、この結果をベースに当時スナック菓子としては異例の40グラムという少ない量で「じゃがビー」を売り出し、大ヒットを記録しました。ターゲットに対する的確な分析が、「じゃがビー」を生み出したと言えるでしょう。

画期的な戦略：トヨタは、小型車「オーリス」と「機動戦士ガンダム」のキャラクター「シャア・アズナブル」をコラボさせた「シャア専用オーリス」を2013年に発売しました。その企画書には、ガンダムファンにアイデア会議に参加してもらい、ユーザーの声を開発に生かすことが戦略として盛り込まれていました（宣伝会議『販促会議』編集部『販促会議 SPECIALEDITION 実際に提案された秘蔵の企画書』宣伝会議、2016年、4～7ページ）。こうした具体的な取り組みを載せることで、社内全体の注目を集めることができたのです。このようにすぐれた企画書とは、現状分析や解決策といった要素がきわめて洗練されたものだと言えるでしょう。

Chapter 12

評論文

Opinion Pieces

押さえるべきポイント

・筆者の主張を論理的に述べることで、読者の同意や共感を得る。
・論説文などよりも主観的な要素が強い。
・一般的な常識に対して疑問を投げかける。
・三角ロジックを使って読者を説得させる。
・対比や譲歩などのレトリックを使って説得力を高める。
・読者は作品を批判的に読むことが求められる。

例文

「鹿おどし」が動いてゐるのを見ると、その愛嬌のなかに、なんとなく人生のけだるさのやうなものを感じることがある。可愛らしい竹のシーソーの一端に水受けが付いてゐて、それに筧の水がすこしずつ溜まる。静かに緊張が高まりながら、やがて水受けがいっぱいになると、シーソーはぐらりと傾いて水をこぼす。緊張が一気にとけて水受けが跳ねあがるとき、竹が石をたたいて、こおんと、くぐもった優しい音をたてるのである。

見てゐると、単純な、ゆるやかなリズムが、無限にいつまでもくりかへされる。緊張が高まり、それが一気にほどけ、しかし何ごとも起こらない徒労がまた一から始められる。ただ、曇った音響が時を刻んで、庭の静寂と時間の長さをいやがうへにもひきたててゐるだけである。水の流れなのか、時の流れなのか、「鹿おどし」はわれわれに流れるものを感じさせる。それをせきとめ、刻むことによって、この仕掛けはかへって流れてやまないものの存在を強調してゐるといへる。

私はこの「鹿おどし」を、ニューヨークの大きな銀行の待合室で見たことがある。日本の古い文化がいろいろと紹介されるなかで、あの素朴な竹の響きが西洋人の心を魅きつけたのかもしれない。だが、ニューヨークの銀行ではひとびとはあまりに忙しすぎて、ひとつの音と次の音との長い間隔を聞くゆとりはなささうであった。それよりも窓の外に噴き上げる華やかな噴水の方が、ここでは水の藝術としてあきらかにひとびとの気持をくつろがせてゐた。

流れる水と、噴きあげる水。

さういへばヨーロッパでもアメリカでも、町の広場にはいたるところにみごとな噴水があった。ちょっと名のある庭園に行けば、噴水はさまざまな趣向を凝らして風景の中心になってゐる。有名なローマ郊外のエステ家の別荘など、何百といふ噴水の群が庭をぎっしりと埋めつくしてゐた。樹木も草花もここではそへものにすぎず、壮大な水の造型が轟きながら林立してゐるのに私は息をのんだ。それは揺れ動くバロック彫刻さながらであり、ほとばしるといふよりは、音をたてて空間に静止してゐるやうに見えた。

時間的な水と、空間的な水。

さういふことをふと考へさせるほど、日本の伝統のなかに噴水といふものは少ない。せせらぎを作り、滝をかけ、池を掘って水を見ることはあれほど好んだ日本人が、噴水の美だけは近代にいたるまで忘れてゐた。伝統は恐ろしいもので現代の都会でも、日本の噴水はやはり西洋のものほど美しくない。そのせいか東京でも大阪でも、町の広場はどことなく間が抜けて、表情に乏しいのである。

西洋の空気は乾いてゐて、ひとびとが噴きあげる水を求めたといふこともあるだらう。ローマ以来の水道の技術が、噴水を発達させるのに有利であったといふことも考へられる。だが、人工的な滝を作った日本人が、噴水を作らなかった理由は、さういふ外面的な事情ばかりではなかったやうに思はれる。日本人にとって水は自然に流れる姿が美しいのであり、圧縮したりねぢまげたり、粘土のやうに造型する対象ではなかったのであらう。

いふまでもなく、水にはそれじたいとして定まったかたちはない。さうして、かたちがないといふことについて、おそらく日本人は西洋人とちがった独特の好みを持ってゐたのである。「行雲流水」といふ仏教的な言葉があるが、さういふ思想はむしろ思想以前の感性によって裏づけられてゐた。それは外界にたいする受動的な態度といふよりは、積極的に、かたちなきものを恐れない心の現はれではなかっただらうか。

見えない水と、眼に見える水。

もし、流れを感じることだけが大切なのだとしたら、われわれは水を実感するのにもはや水を見る必要さへないといへる。ただ断続する音の響きを聞いて、その間隙に流れるものを間接に心で味はへばよい。さう考へればあの「鹿おどし」は、日本人が水を鑑賞する行為の極致を表はす仕掛けだと言へるかもしれない。

山崎正和「水の東西」『山崎正和著作集5』（中央公論社、１９８１年）より評論文とは、「論理によって読者の説得を目的とする文章[*1]」のことを指しています。自分の意見を論理的に展開するという点では、論説文とあまり大きな違いはありません。しかしながら、論説文が客観的な視点から道理にかなった見解を出すのに対し、評論文の方は「論者個人の独自性が、かなり色濃くあらわれ[*2]」た、きわめて主観的かつユニークな意見が述べられているのが特徴的です。つまり、評論文とは常識に逆らった、新しい価値観を提示する作品であると言えるのです。この章では、こうした評論文のメカニズムについて考えていきましょう。

STEP 1

メディアの種類、目的、受け手を押さえる

今回取り扱う作品は、山崎正和[*3]の『水の東西』です。この作品は国語の教科書でよく掲載されているので、知っている方もおられるかもしれません。作品のなかで、筆者は「鹿おどし」と「噴水」を比べながら、「目に見えない水の流れ」を好ましい

[*1] 寺田守「評論文・論説文の学習指導の方法」全国大学国語教育学会編『新たな時代を拓く　中学校・高等学校国語科教育研究』学芸図書、2010年、177ページ。

[*2] 小室善弘『教材の特質に応じる　現代文の指導』東京書籍、1983年、121ページ。

[*3] 劇作家、評論家（1934～2020）。広い視野にたった評論で知られ、『劇的なる日本人』で芸術選奨新人賞、『鴎外　闘う家長』で読売文学賞を受賞。著作はほかに『柔らかい個人主義の誕生』『文明の構図』など。

と感じる日本人独特の感性について指摘しています。それではまず、今回の作品の種類、目的、受け手について押さえておきましょう。

メディアの種類：**評論文。**

メディアの目的：**筆者の意見を提示することで、読者の価値観に問いを投げかける。**

メディアの受け手：**すべての人々。**

STEP 2

メディアの構造とスタイルを分析する

まずは、評論文の構造について考えてみましょう。冒頭で述べたように、評論文は非常にロジカルな文章であると言えます。しかしながら、そのロジックは具体的にどのような流れに沿って展開されているのでしょうか？

この点に関して、教育学者の篠崎祐介は、評論文を「**アブダクション**（仮説形成）」

によって「**ディスクルス**」を志向する文章であると指摘しました[4]。「アブダクション」とは、分からない事柄を理解するために、仮説を立てることで結論を導いていく方法のことです。「アブダクション」は、次の3つのステップで成り立っています。

1 「C」という驚くべき事実が観察された。
←
2 しかし、もし「A」が真実なら、「C」は当然のこととして起こりうるはずだ。
←
3 したがって、「A」は真実である。

例えば、「朝起きたら庭に一匹のブタがいた」という現象について考えてみましょう。これは一般的にはあり得ないことなので、「驚くべき事実C」に当てはまると言えます。さて、私たちはこの事実の理由を探るべく、何らかの仮説を立てるかもしれません。例えば、「近くの養豚場から逃げ出した」という仮説が挙げられるでしょう。もしも

[4] 篠崎祐介「教材としての『評論文』を定義する：―『アブダクション』によって『ディスクルス』を志向する文章―」『教育学研究ジャーナル（15）』中国四国教育学会、2014年、34ページ。

この仮定が真実なら、「庭にブタがいる」という事実は、当然起こりうることだと言えます。したがって、「近くの養豚場から逃げ出した」という仮説は真実であるという結論にたどり着くことができるのです。この例えを先ほどの図式に当てはめると、次のように書くことができます。

1 「朝起きたら庭に一匹のブタがいた」という驚くべき事実が観察された。

↓

2 しかし、もし「近くの養豚場から逃げ出した」という仮説が真実なら、「庭にブタがいる」という事実は当然のこととして起こりうるはずだ。

↓

3 したがって、「近くの養豚場から逃げ出した」という仮説は真実である。

ただし、「アブダクション」によって見出した仮説には、客観的な証拠が含まれていないという点に注意してください。実のところ、考えられる仮説はほかにもたくさんあるかもしれません。「ブタを載せたトラックが横転した」といった仮説や、「山にいた野生のブタがやって来た」といった仮説も当然あり得ることでしょう。したがって、アブダクションで導き出した結論は、実験や観察によって検証されなければ本当に正しいものとは言えません。米盛裕二[*5]も指摘しているとおり、アブダクションとは、「もっとも可謬性（かびゅう）[*6]が高く論証力の弱い種類の推論[*7]」なのです。

しかしながら、アブダクションは限られた情報から新しい真理を発見するために、きわめて有用なプロセスであることは間違いありません。実のところ、著名な科学的な発見のなかには、アブダクションによって生まれたケースがたくさんあります。例えば、アイザック・ニュートン[*8]はリンゴの木から落ちるリンゴを見て、「万有引力の法則」をひらめいたと言われています。「目に見えないチカラがすべてのモノを引き寄せている」という仮説は、当時としては突拍子もないものだったことでしょう。したがって、もしも彼がこのひらめきを思いつかなければ、「万有引力の法則」の発見はもっと遅れたかもしれません。このように、アブダクションは新たな理論を発掘する方法として、とりわけ重要なものであると言えるのです。

---

*5 哲学者（1932〜2008）。チャールズ・サンダース・パースの記号論を日本に紹介したことで知られる。

*6 ある知識が間違っている可能性のこと。

*7 米盛裕二『アブダクション―仮説と発見の論理』勁草書房、2007年、9ページ。

それでは、「水の東西」において、作者はどのようにアブダクションを用いているのでしょうか？　篠崎によれば、作者は「欧米と比べて日本には噴水がとても少ない」という「驚くべき事実」を次のように指摘しています[9]。

日本の伝統のなかに噴水といふものは少ない。せせらぎを作り、滝をかけ、池を掘って水を見ることはあれほど好んだ日本人が、噴水の美だけは近代にいたるまで忘れてゐた。

この部分は、作者が発見した驚くべき事実について述べている箇所であり、アブダクションにおける最初の段階に相当します。この奇妙な事実に対して、作者は次のようなユニークな仮説を立てています。

日本人にとって水は自然に流れる姿が美しいのであり、圧縮したりねぢまげたり、粘土のやうに造型する対象ではなかったのであらう…（中略）…もし、流れを感

[8] イギリスの数学者、物理学者、天文学者（1642〜1727）。ニュートン力学の創始者で、万有引力の法則を確立。また「ニュートン環」を発見、光の粒子説を唱えた。数学では、微積分法を発見。彼の研究はその著『プリンキピア』に集大成されている。

[9] 篠崎祐介、前掲書、36ページ。

じることだけが大切なのだとしたら、われわれは水を実感するのにもはや水を見る必要さへないといへる。ただ断続する音の響きを聞いて、その間隙に流れるものを間接に心で味はへばよい。

作者はここで、日本人が噴水を作らなかった理由として、「日本人にとって水は自然に流れる姿が美しいのであり」「流れを感じることだけが大切なのだ」と述べています。つまり、作者の仮説とは、

「目に見える水の美しさを重視する西洋人と違って、日本人は水の流れを感じることだけを大切にする。」

というようにまとめることができるでしょう。右の引用文が仮説であると言えるのは、「～であろう」や「もし～としたら」というように、作者が決して断言しているのではなく、あくまでも一つの可能性として述べていることからも分かります。たし

かに、仮に作者の仮説が正しいのであれば、日本人は「水を実感するのにもはや水を見る必要さへ」ありません。言いかえれば、作者はアブダクションというプロセスによって、自分の主張を論理的に導いているのです。こうしたアブダクションの流れを整理すると、次のようになります。

1 「日本には噴水が少ない」という驚くべき事実が観察された。
←
2 しかしもし「日本人は流れを感じることだけが大切」という仮説が真実なら、「日本には噴水が少ない」という事実は当然のこととして起こりうるはずだ。
←
3 したがって、「日本人は流れを感じることだけが大切」という仮説は真実である。

一方で篠崎は、評論文が「ディスクルス」を読者に要求することもあると指摘しました。ディスクルスとは、「自明視されていたことに対して疑問を投げかけ」ることで、新しいコミュニケーションを構築していく行為のことを指しています*10。世間において当たり前とされている「前提」そのものを疑うことで、議論を深めていく姿勢と言ってもいいでしょう。

例えば、私たちのほとんどは、「日本人は西洋人に比べて自己主張をしない、おとなしい民族である」という価値観を持っているかもしれません。しかしながら、筆者はこうした価値観に対して、次のように疑問を投げかけています。

いふまでもなく、水にはそれじたいとして定まったかたちはない。さうして、かたちがないといふことについて、おそらく日本人は西洋人とちがった独特の好みを持ってゐたのである…（中略）…それは外界にたいする受動的な態度といふよりは、積極的に、かたちなきものを恐れない心の現はれではなかっただらうか。

この一節が「なかっただらうか」という疑問の形で述べられているように、作者は日本人の性質について、もう一度考えてみるよう読者を促していることが分かります。

*10 同上、35ページ。

「そもそも『西洋＝積極／日本＝受動』という文化論の前提は適切なのか、むしろ日本は自然に対して積極的な態度をとっていたのではないか[*11]」といった、私たちの常識を揺るがす議論がここで展開されているのです。

このように、篠崎によれば、評論文とは「一般に当たり前だと思われていることに対して、常識で判断できないように思われる事実を挙げ、問題を投げかけることによって、公共的な議論を求めるための文章[*12]」にほかなりません。もちろん、このような評論文の主張は、アブダクションというきわめて弱い推理によって成り立っているため、何ら客観的な証拠がありません。しかしながら、評論文はユニークな仮説を読者に提示することで、それまで当然と思われていた「世間の一般常識」をぐらつかせる効果があります。その結果、読者は新しい視点を取り入れ、社会に対する批判的な「まなざし」を獲得することができるのです。

[*11] 篠崎祐介「論理的な文章を解釈するための教材分析の提案：筆者の思考過程と目的に着目して」『広島大学大学院教育学研究科紀要. 第一部、学習開発関連領域（63）』広島大学大学院教育学研究科、2014 年、100 ページ。

[*12] 篠崎祐介「教材としての『評論文』を定義する：―『アブダクション』によって『ディスクルス』を志向する文章―」『教育学研究ジャーナル（15）』中国四国教育学会、2014 年、34 ページ。

STEP 3

文字とイメージの特徴を分析する

ここまで見てきたように、評論文で描かれる作者の主張はきわめて独特なものであり、すぐには受け入れがたいように感じる読者もいるかもしれません。それでは、作者はどのようなテクニックを使うことで、自らの仮説を相手に納得させようとしているのでしょうか？

まず、作者は「**対比**」というレトリックを通して「鹿おどし」と「噴水」の違いを強調していることが分かります。対比とは、ふたつの物事を比べ合わせることで、両者の違いや共通点が明確になる効果のことです。言語学者の佐藤信夫が述べているように、対比とは「ことばの意味がいちばん見えやすいかたちであらわれる[13]」方法にほかなりません。例えば、作者は「鹿おどし」と「噴水」の違いについて、次のように対比しています。

[13] 佐藤信夫『レトリック認識』講談社、1992年、141ページ。

＝流れる水と、噴きあげる水。

＝時間的な水と、空間的な水。

＝見えない水と、眼に見える水。

これらの箇所は本文のなかでも目立って短く、しかも段落が分けられているので、読者の注目は自然とそこへ向かうことになります。したがって、読み終わった後でも、こうした水の対比が私たちの心に強く刻みつけられることになるのです。

ただし、これらの違いがあくまでも作者個人の印象に基づいていることは忘れないようにしましょう。例えば、作者は「噴水」を「空間的な水」と見なす根拠として、「それは揺れ動くバロック彫刻さながらであり、ほとばしるといふよりは、音をたてて空間に静止してゐるやうに見えた」と述べています。「〜やうに見えた」という文末表現は、これが客観的な事実というより、個人的な主観にすぎないことを表しています。

つまり、作者の導き出した対比にも、何ら論理的な根拠が存在しないと言えるのです。

一方、今回の作品では「**譲歩**」というレトリックも使われていることが分かります。譲歩とは、反対意見や例外を取り入れつつ、それに対する反論を文章に盛り込むことにより、説得力を高める手法のことを指します。譲歩を活用することは、自論の正当性を強化するためには欠かせません。実際、歴史学者の石塚正英らは譲歩について次のように述べています。

> **賛成意見と反対意見を吟味した上で自分の主張を展開することが、「論理的」と見なされるために重要だということを覚えておいてもらいたい。あるいは、単に賛成か反対のどちらかしか言わなければ、「感想文」と見なされる確率が高いということになる**[14]。

彼らが指摘しているとおり、反対意見を取り入れることは、論理的な文章を書くためにとりわけ有効であると言えます。例えば、次の部分を読んでみましょう。

[14] 石塚正英・黒木朋興『日本語表現力』朝倉書店、2016年、11ページ。

西洋の空気は乾いてゐて、ひとびとが噴きあげる水を求めたといふこともあるだらう。ローマ以来の水道の技術が、噴水を発達させるのに有利であったといふことも考えられる。だが、人工的な滝を作った日本人が、噴水を作らなかった理由は、さういふ外面的な事情ばかりではなかったやうに思はれる。日本人にとって水は自然に流れる姿が美しいのであり、圧縮したりねぢまげたり、粘土のやうに造型する対象ではなかったのであらう。

ここでは、西洋人が「噴水」という「噴き上げる水」を作った背景として、「西洋の空気は乾いていた」や「西洋の技術は噴水を作るのに有利だった」といった理由が挙げられていることが分かります。言いかえれば、日本人が「噴水」を作らなかった理由として、「日本の空気は乾いていない（＝噴水を作る必要がない）」や「日本の技術は噴水を作るのに適していなかった」といった要因も考えられることを作者は指摘しているのです。こうした指摘は、「日本人は流れを感じることだけが大切」という作者の本来の主張とは異なっていることに注意しましょう。つまり、作者はこうした他の可能性もあり得ることを認めることで、持論への反対意見に譲歩しているのです。

しかしながら、作者はすぐに「人工的な滝を作った日本人が、噴水を作らなかった理由は、さういふ外面的な事情ばかりではなかった」と述べることで、自分が考えだした反対意見に対し、はっきりと反論していることが分かります。篠崎も指摘しているように、もしも日本人が「人工的な滝」を作ったのであれば、「日本の空気は乾いていない」「日本の技術は噴水を作るのに適していなかった」といった仮説は成り立ちません[15]。実のところ、空気が乾いていないのであれば、人工的な滝をわざわざ作る必要はありませんし、日本の技術が未熟だったのであれば、人工的な滝を作ることはできなかったはずです。そうであれば、日本人が噴水を作らなかったのは、やはり作者の主張する「日本人は流れを感じることだけが大切」という理由があったからではないでしょうか。このように、反対意見に対する譲歩と反論を行うことで、読者は書き手の主張に説得力があると感じ、その意見に納得することができるのです。

[15] 篠崎祐介「論理的な文章を解釈するための教材分析の提案：筆者の思考過程と目的に着目して」『広島大学大学院教育学研究科紀要．第一部、学習開発関連領域（63）』広島大学大学院教育学研究科、2014年、100ページ。

STEP 4

それぞれのメディアの種類に存在する特徴を分析する

三角ロジック

評論文のような論理的な文章では、必ずと言っていいほど「三角ロジック」が用いられています。三角ロジックとは、自分の主張を論証するために欠かせない思考プロセスのことで、「主張」「データ」「理由付け」の3つの要素で構成されています（図2）。

例えば、Aさんが「B君はオンラインゲームを止めて休むべきだ」という主張を私たちに納得させたいとしましょう。この主張を受け入れてもらうための方法として、Aさんは「B君はすでに10時間もゲームをプレイしている」というデータを提示することができます。これは客観的な事実であり、誰も否定することができません。したがって、私たちはAさんの主張をすぐに正しいと認めることができるでしょう。

しかしながら、たとえ「10時間もゲームをプレイしている」というデータを持ち出

図2

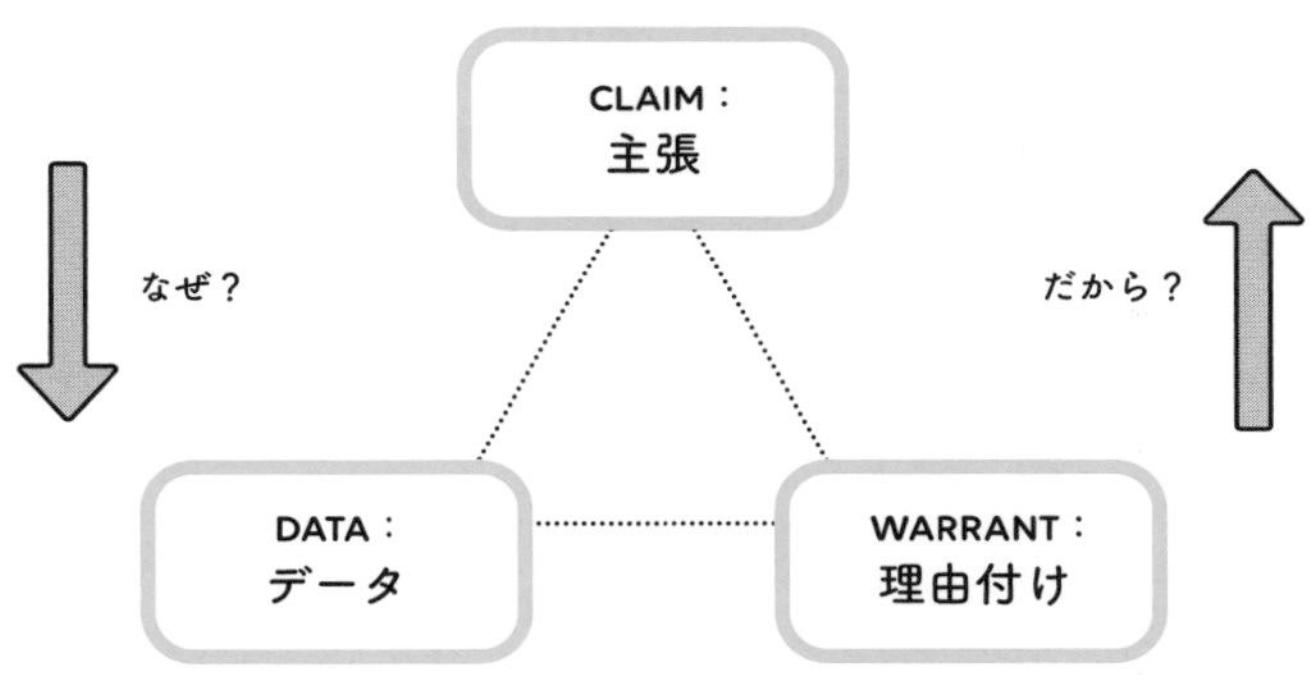

しても、B君にはなぜ自分がゲームを止めなければいけないのか、納得がいかないかもしれません。「ぼくは毎日10時間ゲームをプレイしているのに、なぜ今さらゲームを止めなければいけないの？」と反論されてしまうこともあり得るでしょう。

ここでB君を説得するためには、「データ」と「主張」を結び合わせる「理由付け」が必要となります。例えば、次のような理由付けが考えられるでしょう。

・理由付け1　10時間もゲームをプ

レイすると身体の免疫力が低下する。

・理由付け2　10時間もゲームをプレイすると視力が落ちる。

・理由付け3　10時間もゲームをプレイすると勉強する時間がなくなる。

このように、「データ」と「主張」との間に「理由付け」を加えることで、私たちは相手を論理的に納得させることができます。こうしたプロセスこそ、三角ロジックと呼ばれる手法にほかなりません。

今回の作品でも、三角ロジックが効果的に用いられていることが分かります。例えば、次の文章を見てみましょう。

水の流れなのか、時の流れなのか、「鹿おどし」はわれわれに流れるものを感じさせる。それをせきとめ、刻むことによって、この仕掛けはかへって流れてやまないものの存在を強調してゐるといへる。

ここでは、「鹿おどしは流れるものを感じさせる」という自らの「主張」を読者に納得させるために、次のような三角ロジックが使われていることが分かります。

・データ：鹿おどしは水をせき止め、刻む。

＋

・理由付け：せき止め、刻むことは流れを強調する。

←（だから）

・主張：鹿おどしは流れるものを感じさせる。

「鹿おどしは水をせき止め、刻む」というのは、誰もが観察できる客観的な「データ」にほかなりません。一方、何かをせき止めたり刻んだりすることは、私たちに時間の流れを意識させるきっかけとなり得ます。例えば、メトロノーム[16]について考えてみてください。振子の針が周期的に止まったり動いたりすることで、私たちは音楽のテンポを感じることができるのではないでしょうか。したがって、「せき止め、刻むこ

[16] 音楽の速度をはかる器械。楽器を演奏もしくは練習する際にテンポを合わせるために使う。

とは流れを強調する」という理由付けは妥当なものであると言えるでしょう。このように「データ」と「理由付け」を結びつけることで、読者は「鹿おどしは流れるものを感じさせる」という作者の主張を論理的に受け入れることができるのです。

STEP 5

メディアのレイアウトを分析する

今回の作品にはイメージが載せられていないので、レイアウトについては特にコメントできることはありません。しかしながら、三省堂が発行した国語の教科書に掲載されているバージョンでは、読者の理解を深めるためにさまざまな工夫が加えられていることが分かります。例えば、教科書を見てみると、鹿おどしやエステ家の噴水などの写真が載せられています。これらのビジュアルを盛り込むことで、こうしたものを一度も見たことがない読者にも作者の考えがイメージしやすいように配慮しているのです。

また、本文で登場する「筧（かけひ）」や「エステ家」といった単語の横に「＊」（アステリスク）が付けられており、必ず本文の下に補足情報が載せられています。このように、一つひとつの用語に適切な注釈を加えることで、高校生でも文章をよどみなく理解できるように工夫していると言えるでしょう。

STEP 6

メディアのメッセージに対する受け手の反応を分析する

「水の東西」を読んだ読者はどのような思いを抱くでしょうか？　読者のなかには、作者の意見に全面的に同意する人もいるかもしれません。そういう人にとっては、「日本人は流れを感じることだけが大切だから、目に見える噴水を作らなかった」という作者の思考プロセスは合理的に思えることでしょう。

一方、ある人々は作者の評論を批判的に読むかもしれません。たしかに、作者が「鹿おどし」と「噴水」を「時間的な水」と「空間的な水」に分類した根拠は、結局のところすべて彼の感性だけに基づいています。つまり、作者は客観的な根拠を何も提示していないのです。そもそも、「日本人は流れを感じることだけが大切だ」という彼の指摘は、ただの仮説にすぎません。言いかえれば、もしもこの仮説が成り立たない場合、作者の理論はただの「フィクション」にすぎないということになります。

しかしながら、私たちはこの評論を読むことで、それまでばく然と抱いていた「日本人=受動的」という認識を大きく揺さぶられることになるでしょう。日本人は決して受け身の性格ではなく、実は積極的に「形なき水」を受け入れているのではないかという作者の論点を理解することで、私たちは自分たちの固定観念をもう一度検討してみるように促されるのです。これこそ、社会に新しい問いを投げかける評論文の目的であると言えるでしょう。

Column 12

これから求められる国語の読みとは？

2022年度より日本の高校では「論理国語」「文学国語」といった選択科目が導入されることになり、すでに多くの有識者は授業時間の制約や受験への配慮などから、論理国語を採用する高校が増加することを指摘しています（朝日新聞「〈社説〉高校の国語　文学と論理　境を越えて」https://www.asahi.com/articles/DA3S14569239.html 2020年7月31日 2021年5月8日閲覧）。それでは、論理国語において求められる読解力とはどのようなものなのでしょうか？　国語学者の幸田国広は、論理国語の授業について次のように述べています。

文章内容の理解だけでなく、「この文章の論理はここがおかしい」といった、論理の飛躍や誤謬に気付き、情報の妥当性や信頼性を疑いながら論証性を身に付けていく、クリティカルリーディングを指導することになります。こうしたねらいに適合した教材が必要になるということです。（幸田国広ほか「読んで納得！　新課程Q&A」『国語教室（113）』大修館書店、2020年、8ページ）

彼が指摘しているように、これからの国語においては、作品の言葉を鵜呑みにするのではなく、積極的に疑問を投げかけていくプロセスが不可欠となります。例えば、今回扱った『水の東西』においても、生徒は筆者の論理がどの程度妥当と言えるのか、的確に批評していかなければなりません。こうした批判的なまなざしを培うことは、さまざまなフェイクニュースがあふれる情報化社会を生き抜くために、きわめて重要なものとなります。今回の国語改革は、こうした時代の変化に応じた結果であると言えるでしょう。

Chapter 13

マニュアル

Instruction Manuals

押さえるべきポイント

・操作や作業の手順について誰にでも分かるように教えている。
・重要な点が色や文字の太さで強調されている。
・難解な専門用語を使わず、やさしい言葉で説明している。
・覚える必要のある項目は最小限に抑えている。
・ビジュアルによって文章の意味を補強している。
・矢印や番号によって読む順番を指示している。
・余分な情報を盛り込んでいない。

野菜のり巻きの作り方
イラスト：ノグチノブコ https://noguchinobuko.com/
レシピ：榎本彩花

マニュアルとは、読者に何らかの方法を教えるための手順書のことを指しています。正しく使えば、いつ、誰がやっても同じ結果を得られるという点で、マニュアルは今日とりわけ有用なメディアの一つとなっています。

しかしながら、私たちはマニュアルという存在について、必ずしも良い印象を持っていないかもしれません。実のところ、従来のマニュアルは、小さな文字がびっしりと書き込まれた、とても使いづらいものばかりでした。しかしながら、近年では色やフォントに工夫を施したり、絵や図を多く取り入れたりした、とても分かりやすいマニュアルがたくさん作られています。今回は、イラストレーターのノグチノブコさんが製作した「野菜のり巻きの作り方」を参考にしながら、マニュアルのメカニズムについて見ていきましょう。

STEP 1

メディアの種類、目的、受け手を押さえる

今回のメディアは、「野菜のり巻き」という料理の作り方について解説したマニュアルであり、次のように分類することができます。

メディアの種類：マニュアル。
メディアの目的：「野菜のり巻き」の作り方を教える。
メディアの受け手：「野菜のり巻き」を作ってみたいと考えている人。

STEP 2

メディアの構造とスタイルを分析する

この作品を見たときに一番印象に残るのは、おそらくカラフルな色のとり合わせでしょう。この作品には、赤、緑、黄色、紫など、さまざまな美しい色で彩りが添えられています。また、かわいいイラストにも注目できるかもしれません。例えば、右上にはきゅうり、にんじん、アボカドなどといった野菜のイメージが描かれていたり、中央下には「MADE IN JAPAN 100」の店長であるあやかさんのポートレートがチャーミングに描かれています。視覚的なイメージとしては、ほかにも矢印やマンガの吹き出しのような囲みがあることも指摘できるでしょう。

一方、作品の文章に目を向けてみると、すべての文字が手書きであることに気づくかもしれません。しかも、これらの文字の大きさや色にも工夫が加えられていることが分かります。例えば、タイトルである「野菜のり巻き」は、他の文字と比べてひとまわり大きくなっていますし、(元のイラストでは)緑やオレンジなど多彩な色が使われています。一方、右上にある「きゅうり」や「にんじん」といった言葉は、タイトルに比べてとても小さく書かれていることが分かります。

STEP 3

文字とイメージの特徴を分析する

まずは左上にあるタイトルに注目してみましょう。よく見ると、全体の背景は白で統一されているのに対し、ここだけが黄色い円で区切られています。このように背景の色を変えることで、私たちの視線は自然とタイトルに引きつけられることになります。いわば、2つの色を対比させることによって「野菜のり巻きの作り方」というタイトルを強調しているのです。

また、「野菜のり巻き」という文字が一番大きな文字で書かれていることにも注目してください。このように、タイトルにアレンジを加えることで、読者はこれが何を作るためのマニュアルなのかが一目で理解できるに違いありません。しかも、「野菜のり巻き」という文字には、緑、黄緑、オレンジ、そして赤といった、とてもカラフルなデザインが施されていることが分かります。私たちは緑や黄緑といった色から、無意識のうちに色々な野菜を連想することでしょう。

それでは、読者はオレンジや赤といった色からどのような印象を受けるでしょうか？　もちろん、これらの色は今回の料理に使われるにんじんやねり梅の色を表していると言えます。しかしながら、こうした暖色[*1]の効果はそれだけではありません。暖色系の色は、私たちの空腹中枢を刺激し、食欲を促進させる効果があると言われて

[*1] 視覚から暖かい印象を与える色のこと。赤、黄色、オレンジ色などが挙げられる。

います[*2]。実際、あたたかいオレンジ色の灯(あか)りの下の料理は、どれもおいしそうに見えるのではないでしょうか。つまり、作者はここでオレンジや赤といった明るい色を使うことにより、読者に「この料理を食べてみたい！」という気持ちになってもらおうと工夫しているのです。

さらに、タイトルに添えられている「食べたらみんな好きになる！」というキャッチフレーズもとりわけ印象的であると言えるでしょう。「みんな」という言葉には、「誰もが全員好き嫌いせずこの料理をおいしいと感じるはずだ」という意味が込められています。例えば、多くの親は子どもが野菜を食べないことに困っているかもしれません。そうした親にとって、「食べたらみんな好きになる！」というフレーズは、子どもの野菜嫌いを克服できるという意味で、とりわけ魅力的に見えることでしょう。また、「好き」という言葉には、ハート形のマークが重ねられており、この料理へのポジティブなイメージをよりいっそう引き立てていることにも注目できます。

次に、右上にある材料の紹介欄を読んでみましょう。この部分には、「材料（2本分）」と下ごしらえ」というヘッドラインや、「きゅうり」「にんじん」「アボカド」などと

[*2] トスサラマガジン「食欲を増進・減退させる色とは？　色の効果で食欲をコントロールしよう！」味の素株式会社 https://tosssala.ajinomoto.co.jp/2016/03/post.html 2016年3月13日。2021年5月8日閲覧。

いった材料の名前が書かれていることが分かります。これらの名前一つひとつに、下線が引かれていることに注意してください。このようにアンダーラインで名前が強調されていることによって、読者はすべての材料を見落とすことなく、正しく料理を作ることができるのです。実際、材料というのは、おいしい料理を作るうえできわめて重要な要素です。今回のケースであれば、もしもみそを入れすぎてしまったり、アボカドを入れ忘れてしまったりしたら、決しておいしい野菜のり巻きは作れないことでしょう。したがって、作者はあえて一つひとつの材料にアンダーラインを引くことで、読者が材料を一つも見逃さないようにしているのです。

また、今回のマニュアルでは、材料のイラストだけでなく、下ごしらえした後のイメージも具体的に描いていることが分かります。なぜ、わざわざ下ごしらえした後の様子も描く必要があるのでしょうか？　実のところ、「千切りにする」や「食べやすい大きさにする」といった言葉は、とてもあいまいな指示であり、読者はもしかしたら言葉だけでは指示通りに野菜を切ることができないかもしれません。しかしながら、イラストが添えられていることで、私たちはすぐに「千切りにする」ことや「食べやすい大きさにする」ことが具体的にどのような感じなのかをイメージすることができます。このように、マニュアルに描かれているイラストは、文章の内容を想像しやすくするうえで重要な役割を果たしているのです。

最後に、マニュアルの下半分に描かれた作り方の手順を見てみましょう。ここでは、野菜のり巻きの作り方が5つの順番で説明されていることが分かります。読者は「①」「②」「③」といった番号や、矢印が用いられていることに注目するかもしれません。こうした視覚的なサインが使われていることにより、私たちはどの順番でマニュアルを読んでいけばいいのかを容易に理解することが可能となります。また、一つひとつの手順にイラストが添えられていることも効果的です。イラストを付け加えることで、読者は自分がマニュアルどおりに料理を作っているかを毎回絵で確認することができます。いわば、イラストによって読者の不安を解消することができるのです。

この作品のなかでとりわけ印象的なイラストは、なんといっても「あやかさん」のポートレートでしょう。上にある説明書きを見ると、「あやかさん」は「MADE－N JAPAN 100」というお店の店長であることが分かります。素材や料理に詳しいプロがこのレシピを紹介しているという事実は、このマニュアルに説得力を与えるにちがいありません。いわば、「MADE IN JAPAN 100」というネーミングがこの料理のおいしさを保証しているのです。

加えて、彼女の表情、ポーズ、服装についても考えてみましょう。彼女はとてもうれしそうな笑顔で左手を大きく振っていることが分かります。読者はこうした彼女の喜んでいる様子を、この料理の雰囲気に結びつけるかもしれません。つまり、「この料理を作ることは楽しい」「この料理を食べると元気になる」といったプラスのイメージを連想することができるのです。同じように、彼女の真っ赤な服装からは、明るさやエネルギッシュな感情を読みとることができるでしょう。服の色も見事に彼女の元気な様子とマッチしているのです。

また、読者が注意する必要があるポイントには、必ず吹き出しが用いられていることにも注目してください。このように丸い線で文字を囲むことにより、吹き出しは特定の文章を他の文章から際立たせることができます。さらに、読者は吹き出しの形から、作者があたかも自分に語りかけているようなイメージを感じるかもしれません。

その結果、私たちはこのマニュアルに対して親しみを覚えることができます。あたかも作者が私たちの隣で作り方を教えているような、とりわけフレンドリーな印象を受けるのです。

STEP 4

それぞれのメディアの種類に存在する特徴を分析する

言葉のトーン

マニュアルというのは一般的に、作業や操作の手順を正確に伝えるために作成されます。したがって、使用される言葉はできる限り客観的かつ論理的なものでなければなりません。しかしながら、今回のマニュアルでは読者の感情を刺激するような言葉もところどころで使われていることが分かります。例えば、「あやかさん」の吹き出しに注目してみましょう。「野菜で内側からキレイになろう」というセリフには、「キレイ」というポジティブな表現が用いられています。こうした感情を揺さぶる言葉によって、「美しくなりたい」「健康になりたい」という読者の欲望を刺激し、この料理を作りたいという意欲を起こさせることができるのです。

また、ポジティブな雰囲気を強調するために、作者が感嘆符や符号を用いていることにも注意してください。例えば、「食べたらみんな好きになる!」というように、「!」が付け加えられていることで、感情の高まりが表現されていることに気づくかもしれません。また、「お皿に盛りつけたら完成～♪」という文には音符が付け加えられています。楽しい気分を表す「♪」が添えられていることで、いわばマニュアル全体を高揚したトーンで満たしていることが分かります。このように、読者にマニュアルを楽しく読んでもらえるよう、作者はさまざまな工夫を加えているのです。

簡潔な文体

マニュアルの文体に注目してみると、シンプルで率直な文ばかりが使われていることが分かります。実際、読者への指示はどれも「ぬる」「のせていく」「まく」などの具体的な動詞で終わっています。こうした解釈の余地を残さないストレートな文は、マニュアルというメディアには欠かせません。実のところ、どっちともとれるようなあいまいな文で手順を書いてしまったら、読者は指示通りに正しく料理を作ることができなくなってしまいます。このように無駄を省いた文は、マニュアルならではの文体であると言えるでしょう。

☑手書きの効果

文章やイラストがすべて手書きであることも特徴的です。もちろん、1文字1文字がすべて作者の手によって書かれているという事実は、このマニュアルが手作りであるということを強調しています。しかし同時に、すべてを手書きで描くことで、この料理そのものが家庭でも簡単に作れるということも暗示していると言えるでしょう。言いかえれば、手書きのタッチによって、ぬくもりやあたたかみといったポジティブなイメージを料理に与えているのです。

STEP 5

メディアのレイアウトを分析する

このマニュアルにはさまざまな文章やイラストが使われていますが、ゴチャゴチャした印象を読者にまったく与えません。というのも、作者は色や線を巧みに配置することで、マニュアルがまとまりのある3つの空間に分割されるようレイアウトを調整しているからなのです。例えば、左上だけを黄色で染め上げることで、タイトルを他の部分から際立たせていることが分かります。さらに、材料の欄と実際の手順とのあいだに赤い点線を設けることで、それぞれのパートを明確に分けているのです。

また、一つひとつの手順を読者がはっきりと区別できるようにするため、とても大きい矢印が使われていることにも注目できるでしょう。しかも、この矢印は緑と黄色を重ねた色で描かれており、人目を引くようなデザインになっていることが分かります。このように、マニュアルというメディアにおいては、読者が混乱しないよう、内容ごとに区切られたレイアウトが特徴的であると言えます。

STEP 6

メディアのメッセージに対する受け手の反応を分析する

読者は、このマニュアルを読んでどのような感情を抱くでしょうか？　まず、この料理を作ることはとても楽しいと感じるかもしれません。実際、黄色や赤といった明るい色や、「あやかさん」の元気な笑顔からは、料理を作ることの喜びを連想することができます。

また、私たちはこの料理がとても簡単に作れそうな印象を受けるかもしれません。マニュアルが手書きであることは、これが一般的な家庭でも作れるような料理であることを強調していますし、料理を作るステップもたった5つしかありません。読者はこのレシピを読むことで、あっという間に野菜のり巻きを作れるようなイメージを抱くことでしょう。

最後に、読者はマニュアルからこの料理を作ることのメリットを知ることができます。前にも述べたように、このマニュアルは野菜嫌いな人でもこの料理を食べることができることをアピールしています。こうした点は、子どもの野菜嫌いを解決したいと考えている親にとっては、とても魅力的に感じることでしょう。また、自分の容姿や健康に気をつけている人は、「内側からキレイになろう」というセリフに心を動かされるにちがいありません。読者はこれらのメリットを知り、さっそく野菜のり巻きを作ってみようという気持ちになることができるのです。

Column 13

マニュアルから分かる家電製品のクオリティー

電子レンジや給湯器などといった家電製品には、必ずマニュアルが添えられています。本来、こうしたマニュアルは、購入した家電製品を消費者が正しく使うために書かれたものです。しかしながら、マニュアルのなかにはとても分かりにくく、読む気力を失わせるものが少なくありません。なぜ、こうした不便なマニュアルが世に出回るのでしょうか？　工学者の小松原明哲はその原因として、家電製品そのものが「使いにくい」場合が考えられると述べています（小松原明哲「使いやすい作業手順書の設計 家電製品を例にして」『人間工学（36）』日本人間工学会、2000年、158～159ページ）。例えば、食パンを焼くトースターのマニュアルに書かれている、「発火のおそれがあるので、使用中は離れないでください」という注意書きについて考えてみてください。もちろん、利用者の安全を第一に考えるべきなのは当然ですが、朝の忙しい時間帯にトースターをずっと監視することはどれほど現実的でしょうか？

また、「ボタンを押し間違えないように注意してください」という指示についても考えてみましょう。こうしたフレーズは、そもそもこの家電製品が「注意しなければ使えないもの」であることを物語っているのではないでしょうか？　うっかり押し間違えてしまうようなボタンを同じ場所に並べているという、設計そのものに欠陥があると言えます。このように、マニュアルに記載されている指示内容を調べることで、私たちはその商品の価値さえも評価することができるのです。

Chapter 14

説明文

Informative Texts

押さえるべきポイント

・読者に正確な知識を伝える。
・大まかな内容から具体的な内容へ、もしくは一般的な内容からより高度な内容へとズームインしていく。
・感情的な文はほとんど見られず、客観的な視点から書かれている。
・内容のまとまりごとに小見出しが付け加えられる。
・専門用語とそれに関する解説が添えられている。

例文

ネコ〔猫〕cat,domestic cat

（中略）

広義には哺乳綱食肉目ネコ科に属する動物の総称で、狭義には家畜化されたイエネコ *Felis catus* をさす。普通、欧米では前者の、日本では後者の意味で用いられることが多い。

ネコ科の動物は肉食性で、食肉目のなかで、獲物をとらえるのにもっとも高度に特殊化している。南・北アメリカ、ユーラシア、アフリカに分布し、約三五種が知られている。分類学的にネコ科は大きく三群に分けられる。⑴イリオモテヤマネコ、ヨーロッパヤマネコなど一般に小形の種が多く含まれるネコ族、⑵ライオン、トラ、ヒョウといった自分より大形の獲物を倒すことができる大形ネコ類のヒョウ族、⑶チーター1種が属するチーター族、である。たいていのネコ類はつめを鞘の中に引っ込めることができ、歩行時にはつめを出さないが、チーターはつめを引っ込めることができない。

ネコ科の動物は以上のような特徴をもつ。以下、本項においては、日本で一般にネコとよばれるイエネコについて論述する。

（中略）

［形態］体長約七五センチ、尾はその三分の一。肩高三〇センチ、体重三～五キロ。他のネコ科の動物同様、飛びかかって獲物をとらえるに適したしなやかな体と、鋭い歯と鉤（かぎ）づめが特徴となる。後肢は前肢に比べ非常に長く、ばねの役目をして跳躍を容易にしている。指は前肢に五本、後肢に四本あるが、前肢の第一指は高く位置し着地しない。人間はかかとをつけて歩く蹠行（しょこう）性であるが、ネコは指を地面につけて歩く指行性である。運動時には左の前肢と右の後肢をいっしょに踏み出す。歩行時はつめが鞘の中に引っ込められているが、獲物をとらえるときは、つめを鞘から引き出すとともに、指の間隔も広げられて幅が広くなり強力な武器に変化する。着地する指の裏側には毛の生えていない柔らかな肉球があり、クッションの働きをする。この肉球のおかげで音もたてずに獲物に忍び寄る。木に登るのは巧みであるが、木から降りるのは下手で、木の高いところに登ったまま降りられなくなったネコをときにみかける。歯は獲物を突き刺したり、肉をかみ切るのに適応している。子は歯の生えていない状態で生まれるが、生後四～五週間で乳歯

が上顎(じょうがく)に一四本、下顎に一二本、合計二六本生えそろい、七か月齢になると三〇本の永久歯で置き換わる。歯式は$\frac{3\cdot1\cdot3\cdot1}{3\cdot1\cdot2\cdot1}$。目はよく発達し、丸い顔の前面についているため立体視が可能となっている。これは獲物までの距離を正確に測るのに役だつ。目の色はブルー（青）、グリーン（緑）、ゴールド（金色）、ヘーゼル（淡褐色）などさまざまの色合いがみられるが、品種により色の基準が決められている。被毛が白く目の青い個体は、聴力障害を伴う場合が多い。網膜の背部にタペータムtapetumとよばれる光の反射板状の構造を備え、夜間の弱い光を増幅する働きをもつ。夜、目が光ってみえるのはこの反射板のためである。瞳孔(どうこう)は大きく形を変え、暗い場所では円形に開くが、明るい場所では縦のスリット状に狭まる。生まれたばかりの子ネコは目が閉じているが、生後八〜一二日で開く。しかし、物がよく見えるようになるにはさらに二〜三日を要する。すばらしい視力をもつが、色の識別は困難である。口の周囲、目の上などに生えている長いひげ（触毛）は、感覚器官として重要で、毛根部に知覚神経が密に分布している。自分の体がやっと通り抜けられるような狭い通路も、ひげをアンテナがわりにして障害物を探知する。肉食性のため消化管は短く、小腸は体長の約3倍ほどの長さである。消化器系で特徴的な器官は舌である。舌の表面と、辺縁は舌乳頭とよばれる棘(とげ)状の突起で覆われ、やすりのようにざらざらしている。舌乳頭はその形により、糸状、茸状、葉状、有郭、円錐（糸状の変形）の五種に分けられるが、とくに糸状乳頭は先が鉤状に鋭くとがり、のどの奥に向いて並んでいる。これら舌乳頭の役目は、骨についている肉の細片をなめ取ったり、毛づくろいの際に櫛の働きをすることである。

（後略）

「ネコ」小学館『日本大百科全書（ニッポニカ）』より

説明文とは、正確な知識を読者に伝えるために書かれた文章のことを指しています。読者は対象となる出来事や情報についてまったく知らないので、作者はできるだけ分かりやすく文章で説明しなければなりません。したがって、一見何の変哲もない文章のように思えても、そこにはさまざまな工夫が加えられているのです。今回は、『日本大百科全書（ニッポニカ）』にある「ネコ」の項目を参考にしながら、説明文の性質について考えてみましょう。

STEP 1

メディアの種類、目的、受け手を押さえる

この文章は「ネコ」という生物に関する説明文です。作者はこの文のなかでさまざまな興味深い情報を伝えることによって、ネコに関する新しい知識を読者に教えようとしていることが分かります。したがって、今回の文章は次のように分類することができるでしょう。

メディアの種類：説明文。
メディアの目的：ネコに関する知識を伝える。
メディアの受け手：ネコという存在について興味がある人々。

STEP 2

メディアの構造とスタイルを分析する

この説明文の冒頭は、「家畜化されたイエネコ *Felis catus* をさす」と書かれているように、ネコについての大まかな定義から始まっています。しかも、ネコという言葉が何を指すのかについて、きわめてシンプルに読者に伝えているのです。実際、ここではあやふやな言葉づかいがまったく見られません。読者はこうした率直な文章によって、ネコの定義を明確に理解することができると言えるでしょう。

このように、冒頭でネコの概要について述べたあと、作者はネコの種類を「ネコ族」「ヒョウ族」「チーター族」というように、細かく分けて説明していることが分かります。こうした、「トピックの概要→詳細」というパターンで語っていくのが説明文の特徴にほかなりません。実際、「形態」のパートにおいても、作者は最初に「体長約七五センチ、尾はその三分の一。肩高三〇センチ、体重三～五キロ」と述べて、身体に関するあらましから説明しています。そして、これらおおよその輪郭を描いた後、歯、つめ、目、舌などといった、より小さな部分について詳細に語っていることが分かります。今回の文章ではいわば、モノとしてはひとつながりの物体、一つの存在であるネコが、さまざまなパーツに分けられて説明されているのです。

　このように、特定の対象について段階的に説明していくスタイルには、どのような効果があるのでしょうか？　読者はネコに関する知識を順を追って読んでいくことにより、一般的な知識からより複雑で専門的な知識へと一歩ずつ、ゆっくりと足を踏み入れていくことが可能となります。とりわけ、ネコについてあまりよく知らない人にとって、このように秩序だった説明の仕方は、大変分かりやすく感じることでしょう。

　また、文章全体を通して感情的な文体が一切見られないことも説明文の際立った特徴であると言えます。実のところ、今回の文章には「ネコはとてもかわいい動物である」「私はネコが大好きだ」「私もネコを飼いたい」といった、ネコに対する作者の個人的な気持ちがまったく描かれていません。このような点から、作者は自分の主観的な思いに基づいて書いているのではなく、きわめて客観的にネコを観察していることが分かるのです。

STEP 3

文字とイメージの特徴を分析する

文字に目を向けてみると、元の記事ではタイトルや見出しを目立たせるために、文字のフォントが調整されていることが分かります。例えば、「ネコ」というタイトルの文字が太字で書かれています。このようにタイトルを目立たせることで、読者はびっしりと書かれた文字のなかでも、すぐにネコの項目を見つけることができることでしょう。

さらに、内容のまとまりごとに**小見出し**が付け加えられていることにも注目できるかもしれません。小見出しとは、文章をテーマごとに分けるために使われる、小さなヘッドラインのことです。例えば、作者はネコの身体について説明する際に、「〔形態〕」という小見出しを最初に置いていることが分かります。角括弧（〔 〕）で強調された小見出しを使うことにより、読者に文章の方向性についてすぐに把握してもらえるよう工夫しているのです。

一方、文体の特徴に目を向けてみると、見覚えのないアルファベットがいくつか並んでいることが分かります。一例として、「イエネコ」という文字のとなりには、「*Felis catus*」という、ラテン語で書かれたイエネコの学名が併記されていることに注目してみましょう。あまり見かけないネコの学名までもが記述されていることで、読者はこの記事に対する信頼を強め、内容の真偽を疑うことなく読むことが可能となります。いわば、この説明文が専門家の手によって書かれたと信じることができるのです。

また、さまざまな**専門用語**が文章の中にちりばめられていることも指摘できるかもしれません。専門用語とは、特定の分野においてのみ使われる言葉のことを指しています。例えば、「蹠行性」「指行性」「タペータム」といった言葉は、日常生活において使われることがまったくない、生物学的な専門用語であることが分かります。なぜ作者は、あえてこうした専門用語を文中で使っているのでしょうか？

前にも述べたように、説明文の目的は、読者に新しい知識を伝えることにあります。言いかえれば、文章を通してさまざまな事柄を学んでもらいたいという意図が込められているのです。したがって、作者はここで専門用語を導入することにより、読者にレベルの高い知識を吸収してもらおうと考えていることが分かります。実際、「蹠行性」といった難解な用語が登場する際には、必ずふりがなを入れたり、「かかとをつけて歩く」といった定義を付け加えたりすることで、なるべく分かりやすく読者が理解できるようにと工夫していることに注目してください。このように、作者は専門用語を積極的に用いることで、ネコに関する深い知識を読者に伝えているのです。

最後に、イメージについて考えてみましょう。今回の説明文には、歯の並び方が数字で簡単に示されています。このような図が挿入されていることにより、私たちはネコの歯がどのように並んでいるのかについて、視覚的な情報を得ることができるでしょう。また、『日本大百科全書』の誌面には、さまざまな種類のネコの写真も載せられています。本物のネコの写真が添えられていることで、私たちはネコとはどのような見た目をした動物なのか、具体的にイメージすることができるでしょう。もちろん、かわいらしいネコの写真を載せることで、読者が心理的にいやされるという効果も考えられますが、おそらく作者が意図した結果というよりは、偶然そのようになったと言えそうです。

STEP 4 それぞれのメディアのタイプに存在する特徴を分析する

科学的な記述

今回の作品には、さまざまなデータが載せられていることが分かります。例えば、「体長約七五センチ、尾はその三分の一。肩高三〇センチ、体重三～五キロ」「生後四～五週間で乳歯が上顎に一四本、下顎に一二本、合計二六本生えそろい、七か月齢になると三〇本の永久歯で置き換わる」「生まれたばかりの子ネコは目が閉じているが、生後八～一二日で開く。しかし、物がよく見えるようになるにはさらに二〜三日を要する」といったように、数字に関する情報がとても多いのです。このように、さまざまなデータが詳細に記入されていることで、読者はこの記事の内容がとても正確であると感じます。あいまいな言葉づかいを使わず、科学的なタッチで文章を書くことにより、内容に対する信頼性をよりいっそう強めることができるのです。

独話体（モノローグ）形式の語り

独話体、もしくはモノローグとは、「筆者が長い独り言のようにして、対話ではない形で書く文章のこと[1]」を指しています。「私は〜」や「僕が〜」といったように、特定の個人が語り手として登場する場合は「一人称独話体」、そうした主語が文中で示されない場合は「無人称独話体」と呼ばれています。今回の説明文を見てみると、主語はまったく登場していないので、無人称的な文章であることが分かります。

なぜ作者はあえて、このような形式で文章を書いたのでしょうか？　私たちはこの文章を読むとき、これが特定の個人によって書かれたという印象を受けることはあり

[1] 山本貴光『文体の科学』新潮社、2014年、95ページ。

ません。というのも、主語が省かれていることで、作者の存在が見えなくなっているからです。作者の存在が消えることで、私たちはあたかも、この文章が誰にでも当てはまる、客観的かつ普遍的な文章だと考えるようになります。いわば、実際の作者が存在しないように装うことで、読者が真実だと感じられるような文章を作りあげているのです。

列挙法

列挙法とは、ものごとを詳細に説明するために、言葉を次々と並べていく手法のことです。例えば、作者はネコの目に関して、「ブルー（青）、グリーン（緑）、ゴールド（金色）、ヘーゼル（淡褐色）」というように、色の種類を一つひとつていねいに数えあげていることが分かります。また、舌の種類についても、「糸状、茸状、葉状、有郭、円錐の五種に分けられる」と述べて、一つずつ細かくリストアップしています。このように、さまざまなタイプを念入りに語っていくことで、私たちは作者がネコについて、とても豊富な知識を持っているという印象を受けることでしょう。列挙法は、作者に対する読者の信用度を高める役割を果たしているのです。

対比

作者はネコの特徴を分かりやすくするために、ネコをさまざまな動物と比べていることが分かります。例えば、「たいていのネコ類はつめを鞘の中に引っ込めることができ、歩行時にはつめを出さないが、チーターはつめを引っ込めることができない」という文では、ネコをチーターと比較しています。また、「人間はかかとをつけて歩く蹠行性であるが、ネコは指を地面につけて歩く指行性である」というフレーズでは、人間と対比することで、ネコの独特な歩き方を強調していることが分かります。このように他の動物と比べることで、読者はネコの特徴についてはっきりと理解することができるのです。

比喩

比喩とは、ある物事を別の分かりやすいものでたとえることを指しています。一般的に、比喩は文学作品においてよく使われる傾向にありますが、決して文学だけに許された特権ではありません。むしろ、説明文といった、論理的な文章のなかにも比喩はたくさん使われているのです。例えば、作者はネコの特徴を身近なものに置きかえることで、読者に分かりやすく説明しています。「**ばね**の役目をして跳躍を容易にしている」「着地する指の裏側には毛の生えていない柔らかな肉球があり、**クッション**の働きをする」「ひげを**アンテナ**がわりにして障害物を探知する」といったように、作者は私たちがすでに知っているものを使って、ネコの特徴をイメージしやすいように工夫しているのです。

STEP 5

メディアのレイアウトを分析する

今回取り上げたネコの説明文は、実のところ全体のほんの一部にすぎません。これ以外にも、「生態」「品種」「飼育方法」「健康管理」「民俗・伝承」というように、ネコに関する項目がずらりと続いていきます。そう考えると、文章がほとんど改行されていないことに読者は疑問を抱くかもしれません。実際、なかには延々と続く文章にうんざりしてしまう読者もいることでしょう。なぜこれほどまでに改行が省略されているのでしょうか？

冒頭でも述べたように、この説明文は『日本大百科全書（ニッポニカ）』という事典に記された、数多くある項目の一つです。この事典は全部で26巻、しかも1冊のページ数が８００ページ以上という、とてつもなくぼう大な分量の本であると言えます。このような背景を踏まえると、改行ができるだけ省かれていることにも納得がいくでしょう。実のところ、もしも見やすいように一つひとつの段落を改行してしまったら、事典のページ数はもっと多くなってしまうかもしれません。こうした点について、作家の山本貴光は次のように指摘しています。

私たちは、紙の本か電子書籍かそれ以外の装置かといった違いを問わず、つねに必ず或る物質を通じて文章を読んでいる。ということは、当然のことながら、

そうした書物や装置は、必ずなんらかのすがたかたちをしている。本の大きさ、デザイン、使われている紙、ページ上の文字の配置、使われている書体やその大きさなどなど、私たちがなんらかの文章を手に持ち目を通す場合、物質が不可欠だ。じつは、文体を考えるうえでは、こうした物質的な側面も重要な役割を演じているのではないかと思う[★2]。

山本が述べているように、書物のレイアウトは、本のサイズやページ数といった物理的な側面と密接に関連しています。今回の説明文が読みづらい背景には、こうした現実的な問題が関わっていたのです。

STEP 6

メディアのメッセージに対する受け手の反応を分析する

ここまで、私たちは説明文に秘められたさまざまな特徴をひもといてきました。そ

★2 山本貴光、前掲書、19 ページ。

れでは、こうした説明文を読むことで、読者はどのような反応を示すでしょうか？

まず、ネコに関する豊富な知識、科学的なデータなどから、私たちは作者の言葉をそのまま受け入れることでしょう。書かれている知識はすべて正確であると考え、何の疑問も抱くことなくネコについて学んでいくことができるのです。

また、現実のネコに出会ったとき、読者はすぐにこの文章から、これがネコという動物であることを知り、ネコと関わるために必要な知識を思い出すことができることでしょう。例えば、強力な武器であるネコのつめに気を配り、むやみに触らないようにするかもしれません。このように、読者はこの説明文からネコに関する知識を吸収し、同時に自分が学んだことを現実の世界で活用することができるのです。

Column 14

説明文に主観は存在しない？

一般的に説明文は、作者の感情や偏見に左右されない中立的な文章であると言われています。ところが、山本貴光によれば、説明文が客観的な事実のように思えるのは、それがあたかも個人が書いたのではないかのような、透明な文体のフリをしているからにすぎません。例えば、「木に登るのは巧みであるが、木から降りるのは下手」という説明は、本当に客観的な文章でしょうか？　もしかしたら、ネコが木から降りる様子を作者があまり見かけていないだけかもしれません。そうであれば、これが偏見と見なされる可能性も考えられます。

また、こうした説明文がすべて、人間の立場から述べられていることも忘れてはなりません。例えば、作者はネコに関して、「すばらしい視力をもつ」と記しています。しかしながら、これはあくまでも、私たち人間と比べた場合の話にすぎません。5キロ先からでも獲物を発見できるワシやタカにしてみれば、このような説明は納得がいかないものでしょう。さらに、匂いに敏感なイヌにとっては、ネコが放つ独特の匂いについて作者がまったく触れていないことに不満を感じるかもしれません。つまり、この文章はどこまでも「人間」という種族の視点から書かれた説明文であると言えるでしょう。山本が指摘しているように、人間が書いた文章というのは、「人間の身体に具わった能力によって知覚できること、しかももっぱら視覚に基づいた、どこまでも人間臭い記述」（山本貴光、前掲書、171ページ）なのです。

Chapter 15

法律文

Legal Texts

押さえるべきポイント

・国民に守るべきルールを正確に伝える。
・「目的→手段」という明確なステップを踏んでいる。
・読み手によって意味が変わってしまうことを防ぐため、重要な言葉は必ず定義づけされている。
・文に切れ目を入れないことで、読み手に解釈の余地を与えていない。
・守るべきルールは一般的に「要件」と「効果」から成り立っている。
・文章の組み立て方に独特な決まりがある。
・一つの法律は他のさまざまな法律と関連している。

「法律」と聞くと、私たちはどのようなイメージを思いうかべるでしょうか？ もしかしたら、「法律の文章はとても複雑で読みにくい」と感じているかもしれません。たしかに、法律の文は、一般的な文とはまったく異なるスタイルで書かれており、読み解くのがとりわけ難しい文体であると言えます。

しかしながら、法律は私たちの日常生活と密接な関わりを持っています。もしも法律文を正しく読みとれなかったら、私たちは自分の権利を守れなくなってしまうかもしれません。また、知らないうちに罰せられてしまう可能性もあるでしょう。このように考えると、法律文の仕組みを理解することは、私たちにとってきわめて重要なトピックであることが分かります。今回は、「いじめ防止対策推進法」を例としながら、法律文の構造や特徴について学んでいきましょう。

STEP 1

メディアの種類、目的、受け手を押さえる

法律文は、国会が制定したルールの内容を、国民に正確に伝えるために書かれています。例えば、今回の「いじめ防止対策推進法」という法律は、次のように整理できるでしょう。

メディアの種類：法律文。

メディアの目的：「いじめ」に関する規定を正確に伝える。

メディアの受け手：すべての国民、とくに子ども、保護者、教職員など。

STEP 2

メディアの構造とスタイルを分析する

それではまず、法律文の構造に注目してみましょう。法律の文章は大きく４つのパートに分けることができます。

最初は「目的」と言われるパートです。一般的に、法律の第一条には「この法律がどのような手段によって、どのようなゴールを目指しているのか」という点が掲げられていることが少なくありません。一例として、「悪臭防止法」の第一条を読んでみましょう。

第一条　この法律は、工場その他の事業場における事業活動に伴つて発生する悪臭について必要な規制を行い、その他悪臭防止対策を推進することにより、生活環境を保全し、国民の健康の保護に資することを目的とする。

図1

対象	工場その他の事業場における事業活動		
目的	生活環境を保全する	＋	国民の健康の保護に資する
手段	悪臭について必要な規制を行う	＋	悪臭防止対策を推進する

ここでは、目的と手段がはっきりと述べられていることが分かります。この法律の目的は、「生活環境を保全」すること、そして「国民の健康の保護に資する」ことの2つです。一方、この目的を達成する手段として、「悪臭について必要な規制を行う」ことと、「悪臭防止策を推進すること」の2点が挙げられていることが分かります（図1）。

こうしたパターンは、他の法律にも当てはまります。文がたとえどれほど長くても、そこには必ず目的と手段が書かれているのです。ただし、長い文章になると、目的や手段のほかに、法律が作られた「背景」も述べられていることがあります。例えば、今回の法律文における第一条を見てみましょう。

第一条　この法律は、いじめが、いじめを受けた児童等の教育を受ける権利を著しく侵害し、その心身の健全な成長及び人格の形成に重大な影響を与えるのみならず、その生命又は身体に重大な危険を生じさせるおそれがあるものであることに鑑み、児童等の尊厳を保持するため、いじめの防止等（いじめの防止、いじめの早期発見及びいじめへの対処をいう。以下同じ。）のための対策に関し、基本理念を定め、国及び地方公共団体等の責務を明らかにし、並びにいじめの防止等のための対策に関する基本的な方針の策定について定めるとともに、いじめの防止等のための対策の基本となる事項を定めることにより、いじめの防止等のための対策を総合的かつ効果的に推進することを目的とする。

ここで、「鑑み（かんが）」という言葉が入っていることに注目してください。「鑑み」という言葉が登場した場合、その前の文言は「この法律が作られた背景」について語られていることが少なくありません。今回のケースであれば、いじめが、いじめを受けた児童等の教育を受ける権利を著しく侵害し、その心身の健全な成長及び人格の形成に重大な影響を与えるのみならず、その生命又は身体に重大な危険を生じさせるおそれがあるものであること

という部分が、この法律が作られた背景を示していると言えます。
それでは、残りの文章を読んでみましょう。

児童等の尊厳を保持するため、いじめの防止等（いじめの防止、いじめの早期発見及びいじめへの対処をいう。以下同じ。）のための対策に関し、基本理念を定め、国及び地方公共団体等の責務を明らかにし、並びにいじめの防止等のための対策に関する基本的な方針の策定について定めるとともに、いじめの防止等のための対策の基本となる事項を定めることにより、いじめの防止等のための対策を総合的かつ効果的に推進することを目的とする。

この文章のどれが目的で、どれが手段に当てはまるかは、特定の言葉づかいに注目すると良いでしょう。例えば、「〜するため」という言葉は、一般的に目的を述べるために使われます。また、「〜を目的とする」というフレーズは、明らかに目的を述べている部分だと判断することができるでしょう。したがって、今回の法律文は、次の目的のために作成されたことが分かります。

目的1　児童等の尊厳を保持する。
目的2　いじめの防止等のための対策を総合的かつ効果的に推進する。

文章に書かれた目的が分かれば、残りはすべて手段ということになります。多くの場合、手段は「〜を行う」「〜を定める」「〜する」などの動詞の形で述べられています。したがって、そうした動詞が登場している箇所に注目することで、どれが手段かを見分けることができるのです。今回の例に当てはめると、次の文が手段の部分に該当すると言えます。

図2　法律が作られる過程

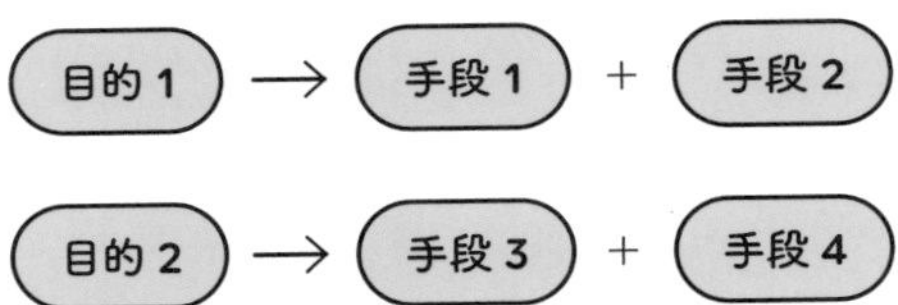

手段1　いじめの防止等のための対策に関し、基本理念を定める。

手段2　国及び地方公共団体等の責務を明らかにする。

手段3　いじめの防止等のための対策に関する基本的な方針の策定について定める。

手段4　いじめの防止等のための対策の基本となる事項を定める。

最後にこれらを図式化してみると、図2のようになります。

このように見てみると、法律ほど文と文が密接に関連しているものはないと言えるかもしれません。それぞれのフレーズはすべて他のフレーズと相互に関わっており、どれ一つとして無駄な部分は存在しないのです。

法律文における2つ目のパートは「定義」です。これは、「いじめ」や「学校」など、文中に登場するさまざまなキーワードがどういう意味なのか、その具体的な内容について定めている部分にあたります。もしも「いじめ」や「学校」といった言葉の意味が明確になっていないと、どのようなケースが「いじめ」に該当するのかが分からなくなってしまうかもしれません。したがって、あらかじめこうした言葉を明らかにしておくことで、この法律は誰に、どのような条件の下で適用されるのか、人々が理解できるようにしているのです。

例えば、「いじめ」に関する定義を見てみましょう。

この法律において「いじめ」とは、児童等に対して、当該児童等が在籍する学校に在籍している等当該児童等と一定の人的関係にある他の児童等が行う心理的又は物理的な影響を与える行為（インターネットを通じて行われるものを含む。）であって、当該行為の対象となった児童等が心身の苦痛を感じているものをいう。

こうした長い文を理解するためには、意味の切れ目を表す読点（、）に沿って分析していくと良いでしょう。読点ごとに文を区切ってみると、次のように分けることができます。

この法律において「いじめ」とは、

児童等に対して、

当該児童等が在籍する学校に在籍している等当該児童等と一定の人的関係にある他の児童等が行う心理的又は物理的な影響を与える行為（インターネットを通じて行われるものを含む。）であって、

当該行為の対象となった児童等が心身の苦痛を感じているものをいう。

まず、「いじめ」とは、「児童等に対して」加えられる行為を指していることが分かります。つまり、学校の先生に対して加えられる行為は、「いじめ防止対策推進法」における「いじめ」に該当しないのです。もちろん、あくまで「いじめ防止対策推進法」は適用されないというだけであり、他の法律に抵触する可能性は当然考えられるでしょう。

次に、「いじめ」とは「当該児童等が在籍する学校に在籍している等当該児童等と一定の人的関係にある他の児童等」が、「心理的又は物理的な影響を与える行為」であると規定されています。つまり「いじめ」とは、児童が別の児童に対して行う行為と定義されていることが分かります。したがって、学校の先生が児童に対して行う「心理的又は物理的な影響を与える行為」は、今回の法律が適用されないということになるのです*1。

最後に、「いじめ」は「当該行為の対象となった児童等が心身の苦痛を感じている」場合のことを指します。たとえ「これはいじめではない」と客観的に思えたとしても、被害を受けている子ども自身が苦痛を感じていれば、それはこの法律における「いじめ」に当てはまることになるのです。

このように分析してみると、この法律は「いじめ」を次のように定めていることが分かります。

*1 教師が生徒に暴力を働いた場合、刑法第204条の傷害罪が適用される可能性がある。

1　行為をした者（A）も行為の対象となった者（B）も児童生徒であること
2　AとBの間に一定の人的関係が存在すること
3　AがBに対して心理的又は物理的な影響を与える行為をしたこと
4　当該行為の対象となったBが心身の苦痛を感じていること[*2]

つまり、ある行為がこれら4つの条件をすべて満たしたときに、私たちはその行為を「いじめ」として見なすことができ、「いじめ防止対策推進法」を適用することができるのです。

このように定義をきっちりと把握しておくことは、現実に起こるさまざまな事例にこの法律を当てはめることができるかどうかを判断するうえで役立ちます。例えば、次のようなケースは「いじめ」と見なされるべきでしょうか？

Bさんが算数の問題を一生懸命に考えていたところ、隣の席の算数が得意なAさんは、解き方と答えを教えてあげた。Bさんは、あと一息で正解にたどり着くところで

[*2] 文部科学省「別添　いじめの認知について～先生方一人一人がもう一度確認してください。～」https://www.mext.go.jp/a_menu/shotou/seitoshidou/__icsFiles/afieldfile/2018/07/23/1400170_001.pdf 2021年5月8日閲覧。

あり、答えを聴いた途端に泣き出してしまった。このことでAさんは困惑してしまった[*3]。

これは一見すると、Aさんが善意で行ったことであり、「いじめ」とは見なされないように感じられるかもしれません。しかしながら、これが「いじめ」であるか否かを考えるためには、今回の法律が述べている「いじめ」の定義に沿って判断する必要があります。そこで、この行為が前に述べた4つの条件に当てはまるかを一つひとつ見ていきましょう。

1　行為をした者（A）も行為の対象となった者（B）も児童生徒であること
↓Aさんも B さんも算数の問題を解いているので、児童であると考えられます。

2　AとBの間に一定の人的関係が存在すること
↓Aさんは B さんの隣の席にいるので、彼らはクラスメートとして一定の人的関係が成立していると考えられます。

---

*3 文部科学省「いじめの認知について」 https://www.mext.go.jp/b_menu/shingi/chousa/shotou/124/shiryo/__icsFiles/afieldfile/2016/10/26/1378716_001.pdf 2021年5月8日閲覧。

3　AがBに対して心理的又は物理的な影響を与える行為をしたこと
↓AさんがBさんに算数の答えを教えたという行為は、Bさんに影響を与える行為であると考えられます。

4　当該行為の対象となったBが心身の苦痛を感じていること
↓Bさんは泣き出していることから、苦痛を感じていると考えることができます。

このように一つずつ分析してみると、今回のケースは4つの条件をすべて満たしており、「いじめ防止対策推進法」が定義した「いじめ」に当てはまると考えることができます。このように、法律文では明確な定義を設けることにより、この法律がどのような場合に適用されるのかをはっきりと定めているのです。

3つ目のパートは、「ルール」です。もしも先に触れたような「定義」に当てはまる事件が発生した場合、どのように対処すべきか、もしくはどのような罰則が設けられているのかなどといった、さまざまな規則が法律には記載されています。この部分に関しては、ステップ4で詳しく見ていくことにしましょう。

４つ目のパートは、「附則」です。附則には一般的に、次のような内容が述べられています。

1　この法律がいつから効力を持つかということ（施行期日）
2　この法律が定められることで必要となるほかの法律の改正
3　この法律が定められることによって必要となる経過措置[★4]

例えば、今回の「いじめ防止対策推進法」がいつから有効になるのかが分からなければ、私たちはこの法律を実際に適用できるかどうかを判断することはできません。したがって、附則のパートには、この法律がどの時点から効果を有するのかが分かるように、次のような内容が規定されています。

＝第一条　この法律は、公布の日から起算して三月を経過した日から施行する。

[★4] 吉田利宏『元法制局キャリアが教える 法律を読む技術・学ぶ技術 改訂第３版』ダイヤモンド社、2016年、44ページ。

「公布」とは、国民に法律の内容を伝える行為のことを指しています。基本的には、休日を除いて毎日発行される「官報」に法律が掲載されることで「公布」が行われています。一方、「施行」とは、作られた法律が効力を持つことを意味しています。今回のケースでは、「公布の日から起算して三月を経過した日から施行する」ことが附則で定められていることによって、私たちはこの法律がいつから有効になるのかを理解することができるのです。

STEP 3

文字とイメージの特徴を分析する

ここでは、法律文の特徴について考えてみましょう。まず読み手が衝撃を受けるのは、文の異常な長さです。実際、第一条を見てみると、実に310個もの文字がたった一文で書かれていることが分かります。このように文が長いと、法律を読んで理解するのに大きな負担がかかってしまうかもしれません。そもそも、この文章は一体何を伝えているのか、その主旨がうまくつかめないことさえあるでしょう。それでは、なぜ法律の作成者はあえて、このように長ったらしい文章を書いたのでしょうか?

句点(。)によって文を一つひとつ区切るということは、2つの文のあいだに「空白」を置くことであると言ってもいいかもしれません。いわば、連続した意味のつながりを断ち切ってしまうのです。このように、いったん文と文のあいだにそうした空白ができてしまうと、そこをどう埋めるかでさまざまな解釈が生まれることになります。例えば、次のような文章を読んでみましょう。

私はレストランでパスタを食べた。私は泣いた。

この文章は、句点によって2つの文に区切られていることが分かります。その結果、「レストランでパスタを食べた」ことが「泣いた」ことにつながっているのかどうか、読み手は自分の頭で解釈しなければなりません。つまり、2つの文に因果的な関係があるのか、それとも両者は互いに何ら関係のないもの同士なのか、といった点について、読み手が判断する必要が生じるのです。こうした句点がもたらす問題について、山本貴光は次のように述べています。

もし複数の文が区切れずに続けば、形のうえでは連続した一体のものであり、それを目にする人間の知覚においても同様である。しかし、句点が挟まった途端、そこに深淵が生じる。そして一旦深淵が口を開けると、そこを「どう渡るか」という問題が現れてくる。つまり、その互いに区別されながら並べられている二つの文は、なにか関係あるのかないのか。関係があるとしたら、それはどのような関係なのか、といったことである。だからそこに書き手の創意や読み手の解釈の余地も生じる[*5]。

山本が指摘しているように、句点を入れて文を区切ることは、そこに意味の「あいまいさ」が生まれてしまうことにつながります。もちろん、芸術的な文章であれば、こうした「あいまいさ」が生じることはまったく問題ないことでしょう。しかしなが

*5 山本貴光『文体の科学』新潮社、2014年、120ページ。

ら、法律文は誰もがまったく同じ意味をそこから汲みとれるように書かれている必要があります。さもないと、人々が法律を自分勝手に解釈してしまい、社会が混乱してしまうかもしれません。こうした背景から、法律文では、なるべく句点を避け、文のつながりを保たせているのが特徴的です。作者は文をあえて分けないことで、文の意味を正確に伝えようとしているのです。

ここまで、私たちは法律文の異常な長さについて見てきました。文の長さについて考えると、法律文はとても難解な文章のように感じられるかもしれません。しかしながら、工学者の大原誠らが行った調査によれば、法律文における言葉のバリエーションは、新聞記事の約25％にすぎません。つまり、「法律などの文章に現れる用語には、意味や使用方法が定まっているもの」や、「ある種の決まった言い回しが表層パターンとして存在し、文体や文の構造にもある一定の決まりがある[*6]」ということなのです。

つまり、もしも私たちがこうした構造のパターンを習得することができれば、法律文は容易に理解することができるということになります。ここからは、そうした法律

[*6] 大原誠ほか「表層パターンに基づく法律文の構文解析」『電子情報通信学会総合大会講演論文集 2003年_情報・システム（1）』電子情報通信学会、2003年、54ページ。

文の読解に欠かせない「決まり」についていくつか見ていきましょう。

要件と効果

法律文における原則の一つとして、文が「要件」と「効果」という構成になっていることが挙げられます。要件とは、法律を適用するために必要な条件のことであり、効果とは、要件を満たしたときに発生する出来事のことです。例えば、刑法第四十二条を読んでみましょう。

第四十二条　罪を犯した者が捜査機関に発覚する前に自首したときは、その刑を減軽することができる。

ここでは、要件と効果が次のように明確に書かれていることが分かります。

対象→罪を犯した者。

要件↓捜査機関に発覚する前に自首する。
効果↓刑を減軽することができる。

このように、法律文は要件と効果で構成されている場合が少なくありません。したがって、法律文の意味を解くためには、文のなかにどのような要件と効果があるかを見つけることが重要となります。

ただし、一つの文に複数の要件が存在しているときは、意味を取り違えないように注意しましょう。例えば、次の刑法第百八条を読んでみてください。

第百八条　放火して、現に人が住居に使用し又は現に人がいる建造物、汽車、電車、艦船又は鉱坑を焼損した者は、死刑又は無期若しくは五年以上の懲役に処する。

この法律文では、要件として「現に人が住居に使用している場合」と「現に人がいる場合」の2つが挙げられ、それらの要件が「又は」という言葉でくくられていることが分かります。つまり、どちらか一つの要件を満たしたときに効果が発動し、犯人が罰せられることになるのです。まとめると次のようになります。

対象↓放火犯。
要件1↓現に人が住居に使用している建造物、汽車、電車、艦船又は鉱坑を焼損した。
ＯＲ
要件2↓現に人がいる建造物、汽車、電車、艦船又は鉱坑を焼損した。
効果↓死刑又は無期若しくは五年以上の懲役。

一方、次のような文章はどうでしょうか。

第百九条　放火して、現に人が住居に使用せず、かつ、現に人がいない建造物、艦船又は鉱坑を焼損した者は、二年以上の有期懲役に処する。

この法律文では、要件として「現に人が住居に使用していない場合」と「現に人がいない場合」という2つが挙げられており、それらの要件が「かつ」という言葉でつながっていることが分かります。つまり、どちらの要件も満たしているときに、処罰の効果が発生するのです。これもまとめると次のように書くことができます。

対象↓放火犯。
要件1↓現に人が住居に使用していない建造物、艦船又は鉱坑。
　AND
要件2↓現に人がいない建造物、艦船又は鉱坑。
効果↓二年以上の有期懲役。

このように、要件が「又は」で結ばれているのか、それとも「かつ」で結ばれているのかで文の意味は大きく異なります。しかも、法律文のなかには2つ以上の要件があるのに、「又は」や「かつ」といった目印が使われていないケースも少なくありません。例えば、今回の法律文の第二十五条を見てみましょう。

第二十五条　校長及び教員は、当該学校に在籍する児童等がいじめを行っている場合であって教育上必要があると認めるときは、学校教育法第十一条の規定に基づき、適切に、当該児童等に対して懲戒を加えるものとする。

ここでは、要件1の「当該学校に在籍する児童等がいじめを行っている場合」と、要件2「教育上必要があると認めるとき」が、「であって」という言葉でつながれていることが分かります。「であって」というのは「ＡＮＤ」を意味する言葉なので、これら2つの要件を満たしたときに、初めて「懲戒を加える」ことができると言えるでしょう。

対象↓校長及び教員。

要件1↓当該学校に在籍する児童等がいじめを行っている場合。

AND
要件2↓教育上必要があると認めるとき。
効果↓児童等に対して懲戒を加える。

このように、複数の要件が登場しているときは、それらがどのような関係で結ばれているのか、特に注意する必要があるのです。

結合詞の使い分け

法律文には、文と文をつなぐ結合詞の使い方に関して独特な決まりがあります。例えば、今回の法律文における第二十四条を読んでみてください。

第二十四条　学校の設置者は、前条第二項の規定による報告を受けたときは、必要に応じ、その設置する学校に対し必要な支援を行い、若しくは必要な措置を講ずることを指示し、又は当該報告に係る事案について自ら必要な調査を行うもの

＝とする。

まず、この文を要件と効果に分けてみましょう。

対象→学校の設置者。
要件→前条第二項の規定による報告を受けたとき。
効果→その設置する学校に対し必要な支援を行い、若しくは必要な措置を講ずること
を指示し、又は当該報告に係る事案について自ら必要な調査を行う。

このように分類すると、対象と要件ははっきりと理解できるのに対し、効果の部分は複雑で、読み解くのに苦労するかもしれません。この箇所を理解するためには、「又は」や「若しくは」といった、結合詞のルールについて把握しておく必要があります。「又は」と「若しくは」にはどのような違いがあるのでしょうか？　一般的に、「又は」と「若しくは」は、両方とも「二つ以上の事柄のうち、どちらを選んでもよい」とい

図3

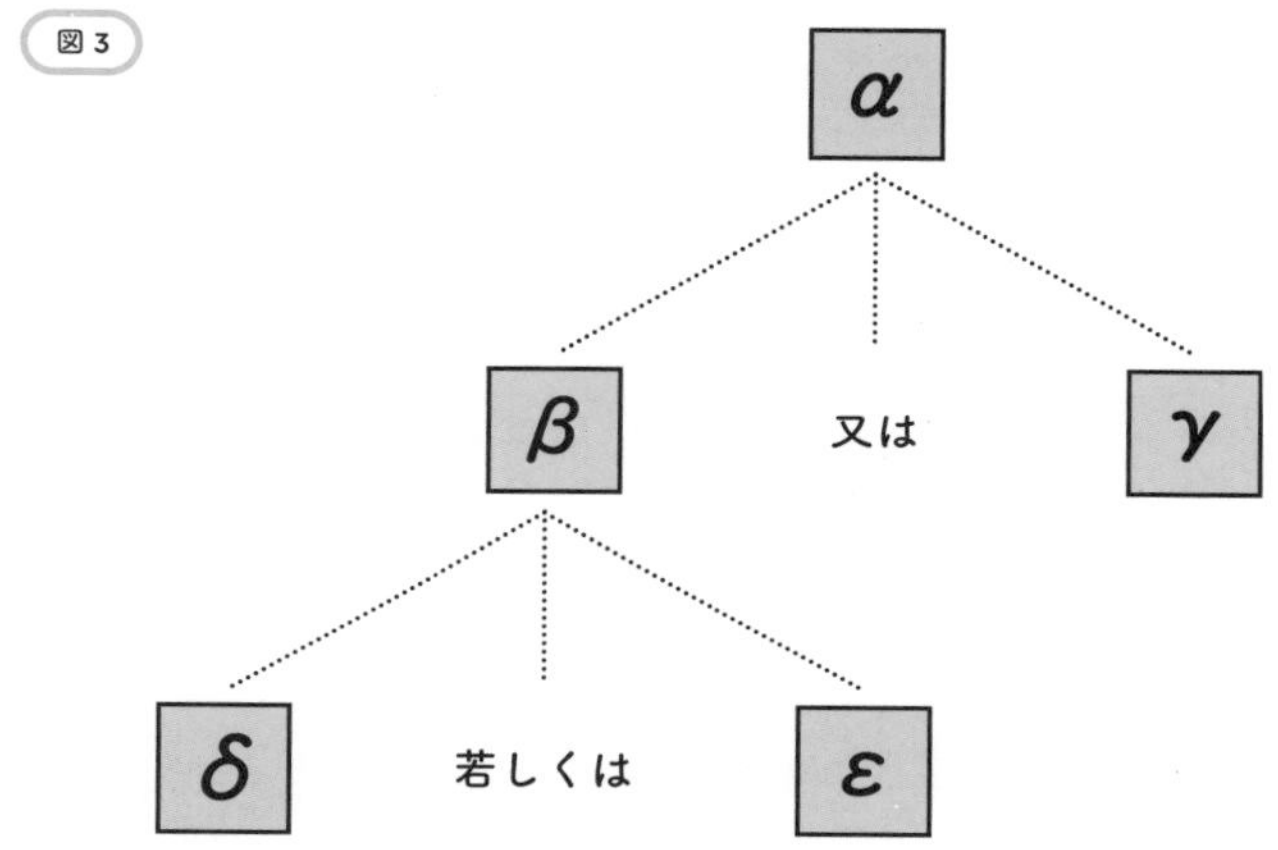

（本多久美子「法律文はいかに書かれるか：等位構造の表現を中心にして」『言語処理学会年次大会発表論文集（9）』言語処理学会、2003年、1ページの図をもとに若干の調整を加えて著者が作成）

う意味を含んでいます。ただし、法律文において、「又は」という結合詞は、大きなまとまり同士を結びあわせるときだけに使われます。一方、そのなかにさらに小さなまとまりがある場合、「又は」ではなく、必ず「若しくは」でまとまり同士をつなげなければなりません[7]。これを図式化すると図3のようなイメージになります。

それでは、この図式を今回の法律文に当てはめてみましょう（図4）。

このように分類すると、学校の設

[7] 本多久美子「法律文はいかに書かれるか：等位構造の表現を中心にして」『言語処理学会年次大会発表論文集（9）』言語処理学会、2003年、1ページ。

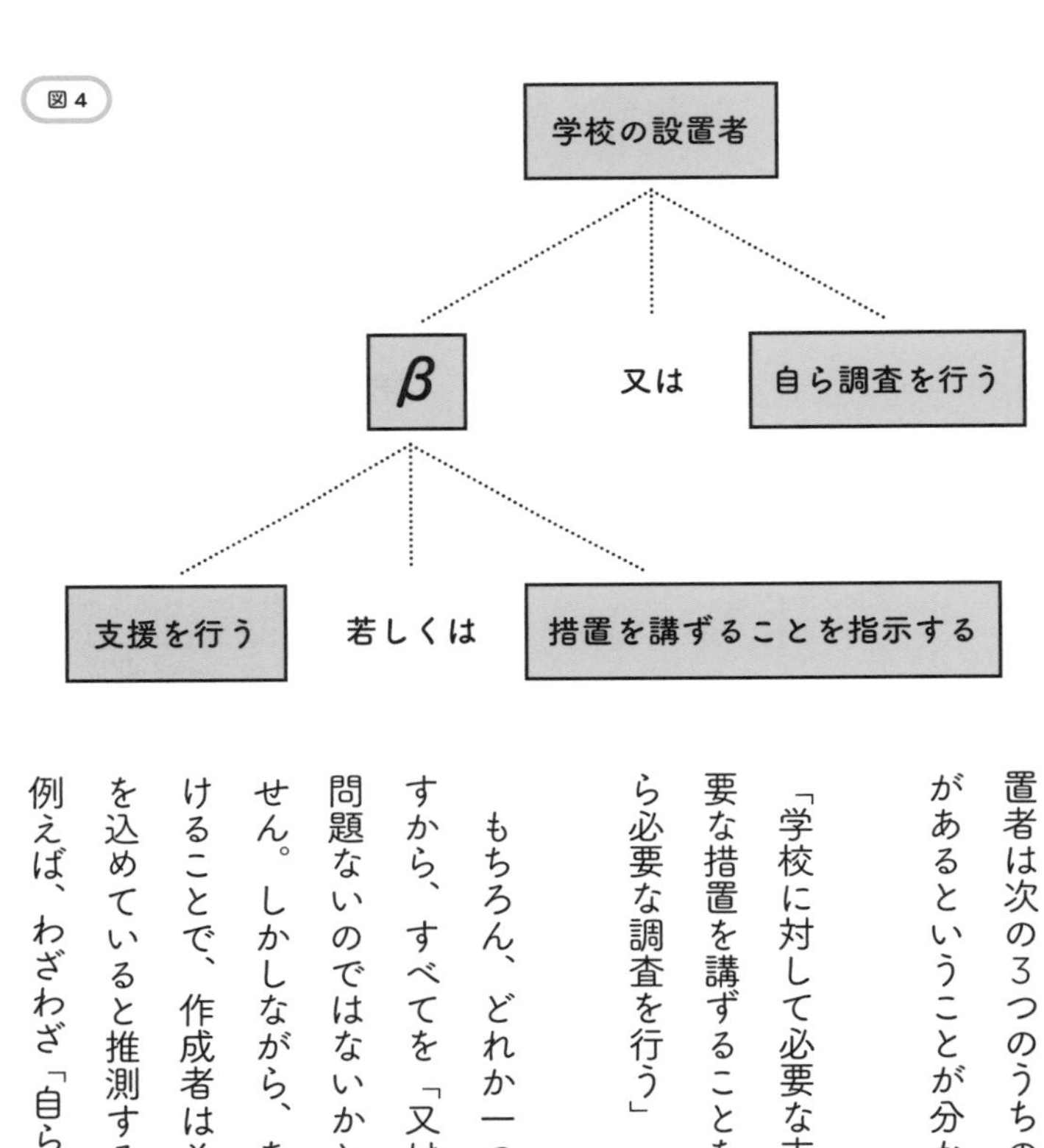

置者は次の3つのうちのどれかを行う必要があるということが分かります。

「学校に対して必要な支援を行う」OR「必要な措置を講ずることを指示する」OR「自ら必要な調査を行う」

もちろん、どれか一つを選べばいいのですから、すべてを「又は」で結びつけても問題ないのではないかと感じるかもしれません。しかしながら、あえてグループを分けることで、作成者はそこに何らかの意図を込めていると推測することもできます。

例えば、わざわざ「自ら必要な調査を行う」

という部分を別のグループに置くことで、作成者はこの箇所を強調しているのかもしれません。例えば、「学校の設置者はたしかに学校に対して必要な支援を行ったり必要な措置を講ずることを指示したりできますが、実は自ら必要な調査を行うことも可能ですよ」というように解釈することができます。このように言葉の違いに注目することで、「作成者がどのような価値観に基づいてこの文を書いたのか」を理解できるようになるのです。

同じようなケースは、「及び」と「並びに」でも見られます。「及び」と「並びに」はどちらも、物事を並べて結びつける言葉です。しかしながら、法律文では、大きなまとまりをつなげる際には「並びに」を用いる一方、そのなかにさらに小さなまとまりがある場合には必ず、「及び」で結びあわせなければなりません（図5）。例えば、第十六条3項を見てみましょう。

3　学校の設置者及びその設置する学校は、当該学校に在籍する児童等及びその保護者並びに当該学校の教職員がいじめに係る相談を行うことができる体制（次

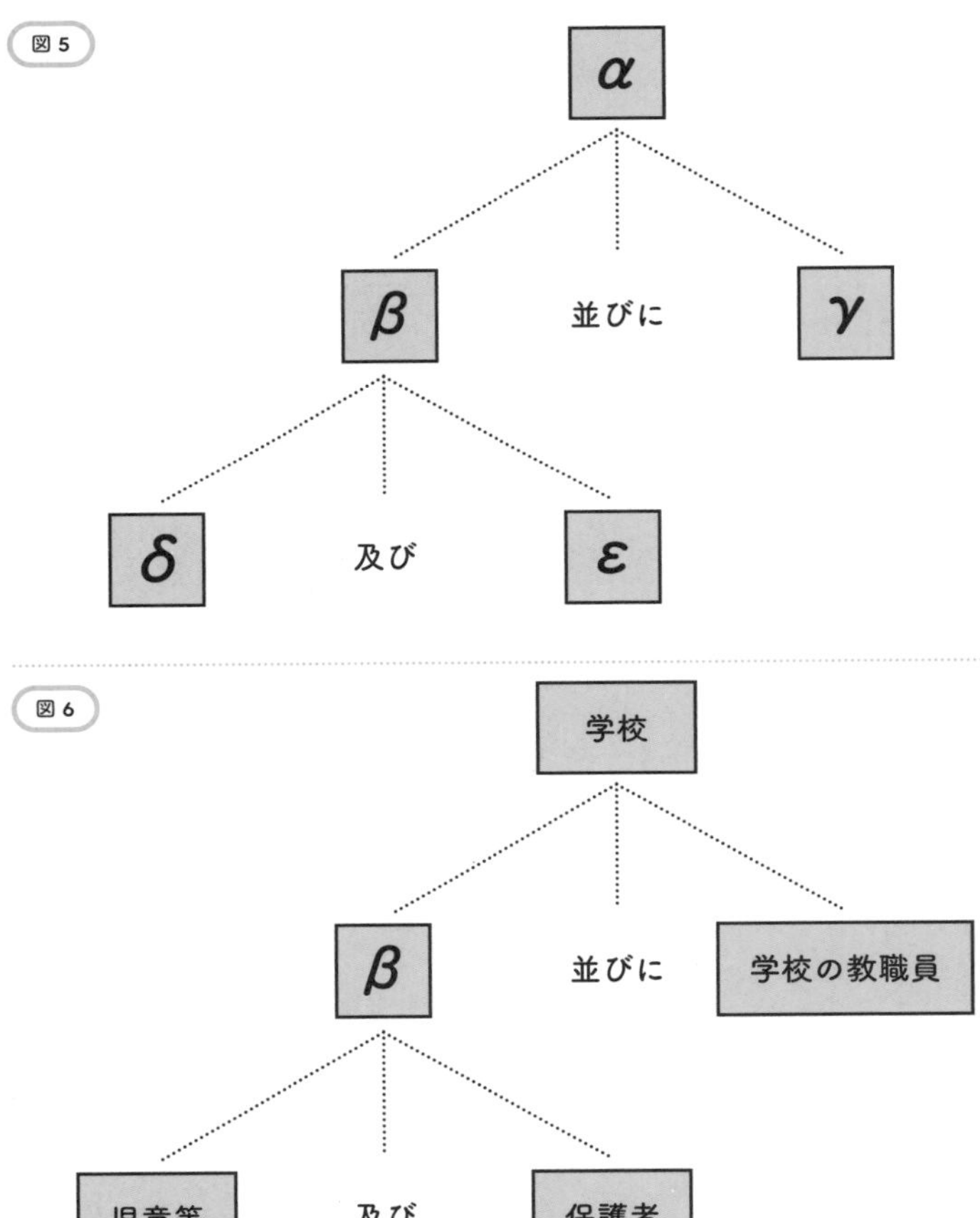

（図5、6ともに本多久美子「法律文はいかに書かれるか：等位構造の表現を中心にして」『言語処理学会年次大会発表論文集（9）』言語処理学会、2003年、1ページの図をもとに若干の調整を加えて著者が作成）

項において「相談体制」という。）**を整備するものとする。**

ここでは、「児童等」と「保護者」を同じカテゴリーに分ける一方、「学校の教職員」を別のくくりで分類していることが分かります（図6）。このように区切ることで、読み手はそれぞれが異なるグループに属していることをすぐに理解できるのです。

STEP 4

それぞれのメディアの種類に存在する特徴を分析する

異なる意味で使われる法令用語

法律文にも、日常的に使われている言葉がたくさん登場しています。しかし、ときにはそうした言葉の意味が世間の常識からかけ離れているケースも少なくありません。例えば、民法において使われる「果実」という言葉は、「物から出る利益」のことを指しています。したがって、「牛乳」や「利息」も、民法では「果実」に含まれるということになるのです。

また、「善意」や「悪意」という言葉にも、独特の意味が込められています。一般的に、「善意」とは「他人に対して持つ良い心」のことであり、「悪意」とは「他人を憎む心」のことを指して使われています。ところが、法律においては、このような道徳的な価値は含まれていません。「善意」は単に「事情を知らないこと」を意味し、反対に「悪意」は「事情を知っていること」を意味する言葉として使われています。

このように、法律の用語には、一般的な使い方とは異なった意味で用いられている言葉が数多くあるのです。

☑「〜から」と「〜から起算して」の違い

「〜から」と「〜から起算して」は、どちらも期間や日数の数え方のために使われる言葉ですが、意味は異なります。例えば、「翌日から3年」という言葉は、**翌日を含まない**3年の期間のことを指します。一方、「翌日から起算して3年」と書かれている場合、**翌日を含んだ**3年の期間のことを意味しているので、注意が必要です。

「場合」と「とき」

「場合」と「とき」はどちらもある条件を仮に設置する際に使われます。ただし、「とき」と「場合」が同じ文に登場している際は、大前提が「場合」となり、その条件下でさらに別の条件を設ける際には「とき」が使用されるという決まりになっています[8]。例えば、今回の法律文における「ルール」の部分を見てみましょう。第二十三条には、児童からいじめに関する相談を受けた際のルールを次のように定めています。

第二十三条　学校の教職員、地方公共団体の職員その他の児童等からの相談に応じる者及び児童等の保護者は、児童等からいじめに係る相談を受けた**場合において**、いじめの事実があると思われる**ときは**、いじめを受けたと思われる児童等が在籍する学校への通報その他の適切な措置をとるものとする。

ここでは、「児童等からいじめに係る相談を受けた」という条件が大前提となっており、その後で「いじめの事実があると思われる」という別の条件が加えられている

[8] 小六法編集委員会『法律等を読み解くうえで必要な基礎知識』みらい、2017年、15ページ。

ことに注意してください。たとえ「いじめの事実があると思われる」という条件をクリアしていても、「児童等からいじめに係る相談を受けた」のでない限り、教職員や保護者は直ちに学校へ通報をする必要はないということになります。

ただし、第八条には、「学校及び学校の教職員は……**当該学校に在籍する児童等がいじめを受けていると思われるときは**、適切かつ迅速にこれに対処する責務を有する」と明記されていますので、教師はすみやかに児童に事情を聞くなど、何らかの処置が求められるでしょう。

STEP 5

メディアのレイアウトを分析する

法律文の文章は長くて読みにくいと感じる人は少なくありません。しかしながら、法律文をよくみると、法律の作成者はなるべく読み手の負担を和らげるために、さまざまな工夫を加えていることが分かります。

例えば、それぞれの条文のとなりには、「目的」「定義」「いじめの禁止」などといったように、内容を手短に表した「見出し」が置かれていることに注目してください。もしもこうした見出しがなければ、読み手は自分が知りたい部分をすぐに見つけることができないかもしれません。このように見出しを挿入することで、作成者はそれぞれの条文がどのような内容を扱っているのかについて、できる限り分かりやすく伝えようとしているのです。

さらに、とても長いフレーズをその後も使う場合、作成者は「以下~という」といったように、なるべく短い言葉に置きかえていることにも注目できます。例えば、第十一条を読んでみましょう。

第十一条　文部科学大臣は、関係行政機関の長と連携協力して、いじめの防止等のための対策を総合的かつ効果的に推進するための基本的な方針（以下「いじめ防止基本方針」という。）を定めるものとする。

2　いじめ防止基本方針においては、次に掲げる事項を定めるものとする。

一　いじめの防止等のための対策の基本的な方向に関する事項
二　いじめの防止等のための対策の内容に関する事項
三　その他いじめの防止等のための対策に関する重要事項

ここでは、「いじめの防止等のための対策を総合的かつ効果的に推進するための基本的な方針」という長い文が「いじめ防止基本方針」というシンプルな言葉で置きかえられていることが分かります。このように工夫することで、読み手が何度も長いフレーズを読むことがないように配慮しているのです。

STEP 6

メディアのメッセージに対する受け手の反応を分析する

この法律を読むことで、私たちはどのようなケースが「いじめ」に該当するのか、また「いじめ」が起きたらどのように対処すべきかについて理解を深めることができます。もちろん、条文のなかには、具体的な点が明確に述べられていない場合もあるかもしれません。例えば、第二十五条には、校長や教員が「学校教育法第十一条の規定に基づき、適切に、当該児童等に対して懲戒を加える」ことができると述べられています。しかしながら、「懲戒」という言葉が実際にはどのような行為を指すのかについて、今回の法律でははっきりと説明されていません。

こうした場合、私たちは他のルールや一般常識に照らしあわせて解釈する必要が生じるでしょう。例えば、ここで言及されている「学校教育法第十一条」を調べると、次のように記されていることが分かります。

第十一条　校長及び教員は、教育上必要があると認めるときは、文部科学大臣の定めるところにより、児童、生徒及び学生に懲戒を加えることができる。ただし、体罰を加えることはできない。

ここでは、「懲戒」が「体罰」と明確に区別されていることに注目できるでしょう。

つまり、生徒を叩いたり、蹴ったりする行為は「懲戒」として認められていないのです。このように、一つの法律は決して独立して存在しているのではなく、さまざまな他の法律と密接に関連しあっていることが分かります。山本貴光が指摘しているように、法律はまさに「常に一つのまとまった装置のように存在し、機能している[9]」のです。

[9] 山本貴光『文体の科学』新潮社、2014年、110ページ。

Column 15

知っていると得する法律

法律のなかには、知っていると助かるようなルールがたくさんあります。例えば、民法715条の「使用者責任」について考えてみましょう。「使用者責任」とはどういう法律かについて理解するために、次のような事例を想像してみてください（今回の事例については池田真朗『民法はおもしろい』講談社、2012年、54〜56ページ参照）。

Aさんは、Bさんが運転するトラックにはねられて、入院しなければならなくなりました。そのため、Aさんは賠償金をBさんに請求することにします。ところが、Bさんにはあまり収入がありません。これでは、せっかく訴訟を起こしても、Bさんから賠償金を払ってもらうことができなくなってしまいます。

しかし、もしもBさんが、Cという運送会社から仕事を請け負っていたという事実があったらどうでしょう？この場合、C社はBさんを会社のために「使用」していたということになり、「使用者責任」というルールが当てはまります。その結果、AさんはBさんとC社の両方に賠償金を請求することができるのです。

このように、事業のために他人を用いている人間は、自分が使用している人間が生みだした損失を負担する責任があります。これが「使用者責任」というルールにほかなりません。こうした法律を覚えておくことは、私たちがこの社会を生き延びるために、とりわけ有益であると言えるでしょう。

おわりに

果てしなく続く荒野に一人立ちつくしている自分の姿を想像してみてください。荒野には舗装された道も標識もありません。渇きをいやすためにオアシスを探そうとしても、どこへ向かっていけばいいのか分かりません。もしもこうした状況に直面してしまったら、ほとんどの人は途方にくれてしまうのではないでしょうか。

このような時に大変役に立つのがコンパスです。コンパスは、円盤の上に載っている磁針が常に北を指すだけという、とても簡単な構造をしています。しかしながら、もしも正しく使うことができたら、たとえ不毛な砂漠の中にいても、自分の命を救うことができるのです。

実のところ、私たちが生きている現代社会は、ある意味でこのような荒野に似ています。20世紀に起きた技術革新の結果、あらゆるメディアにおいてフェイクニュースや陰謀論が果てしなく飛び交うようになりました。こうした状況において、「何を信じればよいのか」が分からなくなっている人もいることでしょう。また、爆発的に増える情報量に圧倒されて、特定の報道機関が発信するニュースだけを見ようとする人も少なくないかもしれません。

このような状態に陥ると、私たちは間違った情報を鵜呑みにしてしまい、適切な行動をとることができなくなってしまいます。例えば、2020年にコロナウイルスが流行した際には、「コロナウイルスの死亡率はインフルエンザの死亡率よりも低い」「長期のマスク着用で肺がんになるリスクがある」などといった不正確な情報が拡散し、世界に大きな悪影響を及ぼしました。このように、情報を正しく評価するスキルがなければ、自分の命さえも失う危険性があるのです。

私たちがこれまで見てきたメディア分析のプロセスは、混乱した現代社会における「コンパス」のような役割を果たします。私たちは、多くのメディアがただ単に情報を提供しようとしているわけではなく、読者を説得しようともしていることを学んできました。メディアは特定の目的を達成するために、さまざまなレトリックを用いたり、言い回しに工夫を加えたりしています。また、読者の視覚に訴えるために、文字や図のデザインを操作することもあるでしょう。

もちろん、すべてのメディアが悪意をもってこれらの編集を行っているわけではありません。しかしながら、正しい情報を発見し、適切に評価する上で、私たちがこうしたテクニックを分析するスキルを身につけることは大変重要であると言えます。実のところ、現代では政治家が「賄賂（わいろ）」を「政治献金」と述べて正当化しようとしたり、企業が「買収」を「接待」と呼ぶことで法の網の目をかいくぐろうとしたりと、言葉を言いかえて世論をだまそうという事例が跡をたちません。私たちはこうした言葉のトリックや罠に陥らないためにも、積極的にメディア分析を行っていく必要があります。私たち自身が、あらかじめ分析のスキルを身につけておくことが重要なのです。

メディア分析を行う機会は、私たちの日常生活の中にあります。スマホで見るニュース記事の言葉づかいに注目したり、友人がシェアした広告やブログを評価したりと、メディア分析はいつでも可能なのです。ぜひ、本書で培ったスキルを応用し、日々接するメディアを分析してみてください。そうしたトレーニングを日常的に行うことで、私たちは情報化社会における「コンパス」を手に入れることができるのです。

＊

最後に、本書の出版を快諾していただいた笠間書院編集長の村尾雅彦氏に深くお礼申し上げます。また、面倒な編集作業にご尽力くださった糸賀蓉子さんに感謝のことばを述べさせていただきます。

本書が、現代社会を生きるすべての人に、ささやかでも貢献できることを願いつつ、稿を閉じることにします。

2021年7月

小林　真大

小林真大（こばやし　まさひろ）

山形県生まれ。早稲田大学国際教養学部卒業。IB JAPANESE オンラインスクール代表。現在インターナショナルスクールにて国際バカロレアの文学教師を勤める。また、オンラインで海外の生徒への指導も行っている。著書に『文学のトリセツ―「桃太郎」で文学がわかる！』（五月書房新社、2020年）、『「感想文」から「文学批評」へ：高校・大学から始める批評入門』（小鳥遊書房、2021年）など。
ホームページ：https://www.ibjapanese.com/

生き抜くためのメディア読解

2021年9月10日　初版第1刷発行

著者　小林真大
イラスト　fancomi
発行者　池田圭子
発行所　笠間書院
〒101-0064
東京都千代田区神田猿楽町2-2-3
電話03-3295-1331　FAX03-3294-0996

ISBN 978-4-305-70945-5

アートディレクション－細山田光宣
装幀・デザイン――鎌内文（細山田デザイン事務所）
本文組版――CAPS
印刷／製本――大日本印刷

https://kasamashoin.jp